陳芳明作品集 1

晚秋夜讀

【編輯前言】

持續延長的傲岸身影

台灣歷史上不乏遭逢危如累卵的境遇，在最危疑的時刻，知識分子所表現出來的姿態和身段，不僅反映自身的人格與信念，往往也折射出時代的曲直。在五〇年代白色帷幕下成長的陳芳明教授，其生命所經歷的轉轍、挫傷、再起與昂揚，幾乎可說是與戰後台灣的民主化歷程以及文學流變等高同寬。

身為一個積極參與、介入社會的學者，陳芳明教授在文學創作上所投入的心力，絲毫不遜於對公共議題的關注。除了以扎實的學術論著證明他在學院內的辛勤勞動，更透過散文書寫凝注生命中曾經的霜痕；從被迫流亡海外的黯淡歲月，到義無反顧投入政治的翻騰，再到文學殿堂裡的反璞歸真，一路走來起伏跌宕的心路歷程，率皆可以在他的文字裡找到線索。

此外，以《危樓夜讀》開啟的一系列文學與文化評論，則是陳芳明教授緊貼著文學界的脈動，藉由閱讀與評介，一步一腳印為當代的台灣文學留下歷史。讀者在《夜讀》系列裡讀到的，不僅有他對作品文本的剖析、思索與評價，同時也可從中窺見跨世紀以來台灣文學面貌的流轉和嬗遞。如今危樓孤燈下那道堅毅傲岸的身影，在逐漸延伸迎向人生的晚秋之際，依舊一筆一筆嚴謹地以文字梳整著自己的思考與意志。

能夠以一人生命之歷程，含納並且折射戰後台灣文化、文學與歷史轉折的創作者並不多見，尤其當作者臨近向晚時創造力仍持續不輟，更是令人欣喜與期待。印刻文學極其有幸出版《陳芳明作品集》，希望能藉此完整呈現陳芳明教授的文學理路與生命軌跡，以為未來世代回顧這個時代的指標及索引。

《陳芳明作品集》前言

到達年齡的一定高度時，似乎可以回望過去所有的書寫。這套散文系列，是我一九九二年最初回到台灣時，開始累積起來。仍然記得，最初回到這塊土地時，一種前所未有的陌生感席地而來。這裡是我早年的知識啟蒙、思想啟蒙、政治啟蒙的出發點，應該相當熟悉台灣的颱風與暴雨。那年夏末抵達台北時，正好迎接一場颱風的襲來。那時走在街頭，冷冷的雨水打在肌膚上，讓我感覺又陌生又熟悉。只要經過一場雨淋之後，我便確知自己終於回到故鄉了。雨水與淚水盈眶，我非常明白那是從心裡所湧出的喜悅。

生命的再出發，就在那時刻展開。出版《典範的追求》之後，從此便不斷地埋首書寫，從未中斷一直綿延到今天。二十餘年之後，印刻出版社的初安民，邀請我把這套散文系列重新整理出版。在整頓之際，我必須銘記一場無法忘懷的友誼。以黑名單的身分第一次回到台灣，是在一九八九年的六月底。回來時，沒有多少人敢於前來相認。我在海外的所作所為，當然已為自己留下惡名。許多舊識未能與我重續前緣，我不會有任何責怪。畢竟那段時期的政治氛圍，已經把我塑造成為可畏的禁忌。就在最陌生的時光裡，初安民與沈花末一起前來看我。當時初安民是《聯合文學》雜誌的總編輯，與我是素昧平生。但是，在我人生最低點的時刻，他不僅毫無畏懼與我說話，而且是從下午陪伴到黃昏。我回到聖荷西時，就立即接到他邀稿的信件。

我在民進黨擔任文宣部主任時，他也是不時來看我。在美麗華飯店的咖啡廳，可以對坐一個下午。當時他就提議我，把已經完成的文稿交給他出版。我在聯合文學叢書的第一本之後，凡有散文都會交給他。初安民是非常大氣的人，竟然決心同時出版我四本散文集，包括《風中蘆葦》、《夢的終點》、《時間長巷》、《掌中地圖》。於我而言，文學書寫恐怕不只是靜態的演出而已，在一定程度上，也有動態的友誼注入其中。這四本散文容許我收入了大學時代以來的所有書寫，縱然只是篇幅有限的四冊，卻橫跨了我生命中的三十年。如果沒有初安民的慷慨邀約，恐怕這些作品都已經散逸在四方。只要這幾冊散文集還在，始於一九八九年夏天的友誼，就會持續延伸下去。

在二〇〇八年所出版的《昨夜雪深幾許》，是我跨過六十歲時的散文結集。這系列的回憶文字，如果不是初安民的鼓勵，恐怕不會以這樣的面貌出現。生命一甲子，無疑是到達了生命的另一個轉接點。一方面可以向後回望，一方面也可以向前瞭望。就在那一個中介點，我陸續寫了二十位難忘的人物。他們是我的長輩，老師，朋友，論敵，各種感情的拉扯才使我形塑了這樣的精神面貌。這些篇章容納我太多的愛恨情仇，其中不免也帶著血痕。

在書寫過程中，既有痛意，也有快意。到達七十歲之前，初安民再次催生了我在海外流亡的回憶。經過兩年的書寫，終於結集成為《革命與詩》。

書寫是一種自我療癒的過程，如果不說出來，從前的挫折、傷害、損毀、刺痛，也許都會積壓在內心底層。書寫是必要的淨化手段，也是重要的超越身段。讓腐朽的、下墜的、沉淪的，都能夠化為具體可見的文字。正好可以逼迫自己去面對，從而給予消化，最後深化為藝術生命的一部分。如此漫漫的精神之旅，其實就是一種救贖。只要獲得救贖，整個心靈空間也為之開闊。這當然是我最幸運之處，畢竟我的朋輩裡，有不少人經歷太多的委屈與挫折。他們也許在海外，也許在自己的土地上，因為無法言宣而終於採取自我放逐的方式，在不為人知的角落舔舐傷口。我所有的書寫，包括散文、書評、序文、論述，無疑都是屬於救贖的一部分。能夠仔細寫下去，人生格局就不再那麼窄仄。

印刻願意把我所有的散文作品合輯在一起，於我而言，這是相當奢侈的待遇。生命中不同時期的文字，可以同時並置在同一個系列叢書，正好帶來一個可以自我觀照的契機。我的書寫習慣，便是在稿子完成後，都會押上日期與地點。或許編輯成書時，日期與地點可能不見了，但是在我的檔案裡卻可以覆按。從原稿上的時間地點，大約可以看出在什麼時候、什麼地方，我做了怎樣的思考。在我的文稿裡，有幾個熟悉的地名常常出現。海外時期包括西雅圖、洛杉磯、舊金山，那是我流亡海外時的生命軌跡。許多黯淡的心情或飛揚的神采，因地點的不同而有了起伏升降。回到台灣後，地點往往包括台北、台中，或甚至是我的故鄉高雄。這些旅途上的驛站，鮮明記錄了我特定時期的特定感覺。當這一套作品集完整羅列在一起之際，我更加清楚察覺生命版圖曾經擴張到多麼遙遠的境界。那曾經是我的宿命，不斷在不同的城市旅行或浪遊。現在似乎已經到了收攏的階段，這一套文學叢書就是我心路歷程的軌跡，也是我生命的終極歸宿。

二〇一七年五月廿二日　政大台文所

目次

第二輯　導言與評論

時間越來越傾斜

——《晚秋夜讀》自序

我所有閱讀過的書，最後都會捐贈給政治大學台文所圖書室。那裡是我記憶的歸宿，也是我日常生活存檔的地方。每次收到贈書，或是我購買的新書，都會在扉頁上簽上自己的名字，並且押上日期。這樣我就可以提醒自己，什麼時候與新書的第一次相遇。這是我的習慣，只有知道日期後，我可以重建最初翻閱新書時的某些感覺。如果說這是歷史研究者的脾性，也應該可以接受。對於時間的敏感，對於記憶的珍惜，從我大學時代就慢慢養成。在閱讀上，我是雜食主義者。在藏書的行列裡，並非只有文學與歷史的專書，也會有許多涉及社會學、政治學、文化理論的書籍。英文有一句庸俗的話：You are what you eat. 最淺白的翻譯是，你吃什麼，你就長成什麼。從我藏書的內容，大概可以解釋為什麼這輩子我會長成這個樣子。我的思維方式與書寫途徑，無疑就是一本書一本書累積起來。透過閱讀，我可以窺見社會的一角，也可以察覺時代的一抹。閱讀帶著我走出孤獨的研究室，也帶著我走入這個社會的活動。

如果二十歲是青春期，四十歲是中年期，那麼進入六十歲後，我便開始迎接晚秋的季節。對我的生命而言，晚秋是一個隱喻，似乎暗藏著一個成熟穩定的魂魄。這是慢慢傾斜的季節，生命走到這個階段，時間就越來越傾斜。在斜坡上的滑動，速度遠遠超過從前的任何一個時期。從前在青春時期，是一個爬坡的階段。有時覺得時間的峰頂是何等陡峭，幾乎高不可攀。到達晚秋時，我不僅可以向下俯望，也可以向四周瞭望。那樣開闊的風景，絕對是從前所無法企及。快要到達峰頂時，心情也逐漸調整為透明而清晰。在閱讀上，慢慢擺脫過去那種偏食與挑食的習性，而開始養成雜食的脾性。因為懂得放開，或者放下，這十餘年來更加可以接受並置或參差的閱讀方式。

唯一沒有改變的，就是夜讀。很多人都說，老年人是早睡早起，我還是維持著研究生以來的晚睡晚起。我的工作時間是下午十二點以後，到半夜十二點以後。中間毋需午睡或假寐，可以擁有書寫與閱讀的完整時刻。老人不是一天造成的，夜讀其實也不是。我的身體自然有一種規律的流動，就像潮汐升降那樣，我也是屬於天體活動的一環。當我的前輩與朋輩逐漸停止筆耕之際，我自然而然會把眼光投向年輕世代。我是典型的現代主義者，相當熟悉文字的鍛鑄與濃縮。至少有二十餘年的時間，相當樂於穿梭在精緻的詩行或精練的散文，以及精製的小說作品。對於文字所釋放出來的魅力，有時在深夜時刻我也會產生悸動。尤其在現代詩行中間，相當訝異於詩人在行與行之間的銜接藝術。現代小說所帶給我的吸引力，或許不會讓我驚聲尖叫，但也有拍案叫絕的時刻。這樣的閱讀，使我的生命增加了質感，也使我的情緒變得特別敏銳。

當我開始翻開年輕作者的詩或小說，已經可以清楚察覺，我對現代主義的鄉愁逐漸淡化。於我而言，在我閱讀的定義裡，一九八〇年代崛起的作家就是屬於新世代。尤其是見證女性作家大量出現於文壇時，我在內心告訴自己，現代主義的輝煌時期就要變成過去。迎面而來是一個鬆綁的時代，最能清楚感受的是，家國議題不再是那麼嚴重。代之而起的，無疑是性別與族群的關切。余光中、白先勇的國仇家恨已經變成過去式，在斤斤計較的文字營造之際，總會注入濃烈的鄉愁。當我開始接觸女性文學、同志文學、原住民文學時，一個全新時代已經巍然誕生。這種微妙的變化，正好為戰後文學史發展做了精確的詮釋。

我是一個晚歸的流亡者，終於踏上海島的土地時，新興的都市紛紛誕生。我所熟悉的六〇年代、七〇年代城市，都已經歸檔在記憶深處。晚期資本主義終於改造了台灣的文化面貌，相應於這樣的變化，讀書市場也產生重大的變革。一九九二年回到台北定居時，才慢慢去熟悉新興的作者群。張大春、平路、朱天文、朱天心、林燿德、楊照的作品羅列在眼前時，才終於強烈感覺我遲到了。我是屬於受政治干涉的一代，但是在這些陌生作家的小說裡，他們竟是干涉政治的一代。這樣的翻轉，也對我的閱讀習慣造成極大挑戰。他們是屬於一九五〇或一九六〇年代出生的作家，僅僅相距十年或二十年，文字與美感的落差竟有如此。

投入新世代作品的密集閱讀，正好顯示我的時間焦慮感。彷彿被他們遠遠拋在後面，不免有著前生今世的反差。我願意持續閱讀下去，其實是在追趕我來不及參與的時代。必須要回到學界之後，我才能夠以比較從容的心情，重新閱讀年輕世代的作品。面對那樣龐大的年輕作家群，我更加可以感覺時間消逝的速度，也更加可以體會文字技巧的表現更為豐富。必須回到台灣十年之後，我才真正趕上了曾經失去的年代。伴隨著文學史的撰寫，也伴隨著公民運動的參與，我才真正感覺自己的生命有了寄託。這種感覺非常緩慢，我逐漸消化台灣，也被台灣消化。通過這樣的互動，我的生命才有紮根的感覺。其中最重要的關鍵，便是透過閱讀的實踐。

距離上一本《星遲夜讀》的出版，四年已經過去。未曾預料我所寫的書序與書評，竟然超過二十萬字以上。在文學史研究與散文創作之餘，這些額外的文字正好記錄著我長年夜讀的軌跡。無論是創作或批評的出版，其實都是在對自己生命過程的一種整頓。沒有閱讀，就不能研究。沒有研究，就無法教學。沒有教學，就不能整理自己的思考。這些連鎖的關係，我體會得特別深刻。現在我願意整理過去在聯合文學出版社的《陳芳明文集》，重新在印刻改版為全新封面。這冊《晚秋夜讀》是我過去四年的閱讀紀錄，容納了許多對新世代作品的感覺。這是我長途旅行的一次總結，新書出版只是代表著旅途上的一個驛站，也預告著下一程的長途跋涉。生命有多長，閱讀就有多長。

二〇一七年五月一日　政大台文所

第一輯——序文

「Essay時代」前言

戰後以降的三十年，從一九五〇年到一九八〇年，文學潮流歷經自由主義、現代主義、鄉土寫實主義。縱然不同的歷史階段，有各自不同的文字表演，但是家國主題不時在作品中起伏出沒。進入後三十年，亦即一九八〇年至二〇一〇年，有關國家民族的緊繃情緒逐漸淡化；代之而起的是性別、族群、環保的議題，分類中縱有不同，每位作家都站在與社會公開對話的位置。

政治權力退潮時，作家的發言更形開闊，作家關心的面向更趨多元，新時代散文也應運而生。所謂新時代散文，在於強調作者的筆不再只是停留於抒情傳統，而是進一步觀察當代社會龐雜而多元的文化轉型。創作者在追求藝術之際，毋需再借助濃縮的文字，大可放膽卸下語言符號的枷鎖。現代主義時期盛行的文字鍊金術，慢慢後退成為歷史背景。心靈的解放，也帶來文體的奔放。伴隨著民主改革的逐步提升，許多社會議題也慢慢升格成為文學主題。文學作品不再只是一種特殊技藝，而是朝向公民社會發出聲音。前所未見的原住民、同志、女性、環保、移工、全球議題的散文，開始與前輩的精緻藝術並排羅列。到達世紀末時，許多作品已經具有世紀初的特質。

面對新時代作家散發異彩的未來，不能不令人充滿期待與喜悅。在戒嚴時代，可能需要目光如炬，可能負有任務需要訴諸大敘述、大場面、大格局。在解嚴後，作家應該擁有從容情懷去關心日常裡的細節、細膩、細微。尤其整個社會開放之後，曾經被家國議題所掩蓋的議題，如核能發電、環境汙染、都市更新、性別歧視，都開始嚴厲質問下一個世代。這些擱置已久的巨大問號，無疑是在挑戰我們這時代的文學心靈。

值此之際，麥田規畫推出的「Essay 時代」系列，別具時代意義。此系列的選書，不限世代，不限領域，舉凡能體現當代社會價值的散文觀，以及反映多元議題的書寫，都是我們關注的對象。我們期許一個創新的文學聲音，在新的世紀展現應有的文化能量。

又冷又熱的散文
——序劉思坊《躲貓貓》

劉思坊是一個才女，是一個鋼琴高手，也是師大國文系與政大台文所傳說中的人物。她在二〇〇六年考進台文所，就已經展現令人側目的才華。在研究生期間，參加過各種文學比賽，無論是小說或散文常常拔得頭籌。文壇上的文學評審，常常向我提到她的名字，總是為她的故事情節或文字技巧所著迷。她是一位相當安靜的研究生，總是默默讀書、默默來去。她是第一屆的台文所畢業生，當她繳出碩士論文時，便要求我幫她寫推薦信。她決定到美國加州大學爾灣校區（UC Irvine），繼續攻讀文學。這個學校以文學研究知名，許多當代大師包括馬庫色、詹明信都在那裡任教過。我當然是樂於幫她寫推薦信，而且對她頗具信心。在她出發前夕，我只給她兩個建議：第一，不要放棄書寫；第二，記得回到台灣。

她獲得全額獎學金，並且在系裡擔任助教，使她很快就融入了美國的生活。她是一個開朗又開放的女性，對於陌生文化往往可以很快就吸收。雖然沒有任何音信往來，但在她的臉書可以看到生活動態。她從純粹的中文書寫，一直到流利的英文表達，似乎在短短四年之內就迅速完成。其中所遭到的感情起伏跌宕，不免使人心痛，她卻都能夠在最短時間內克服。遠在台灣，我所能給她的，就是默默的祝福。她返台省親時，也曾經來學校拜訪，每次我都提醒她記得要交一本散文給我。她答應了，而且也做到了。

《躲貓貓》的文稿寄到我手中時，一份喜悅也跟著到來。忙碌的留學生活，終於沒有使她遠離創作。恰恰相反，她總是利用匀出的時間，從蟹行文字轉換到直行書寫，進出自如，似乎毫無障礙。時空的遷移是那樣巨大，使她心情的流動更加頻繁。她從來不找任何理由原諒自己，而是在緊湊的節奏中，保持著文學心靈。那是一種高度的自我要求，稍有偏離便形同放棄。所有的文學創作與學術研究都需要紀律，至少在心靈裡必須擁有一個不可侵犯的空間。據有那思考的城堡，進可攻、退可守，才有可能使書寫源源不絕。思坊是一位勤奮不懈的研究者，也是一位創作不斷的書寫者。凡是熟悉英文思考的人都很明白，邏輯思考必須非常清楚，而且對於時態變化也必須相當警覺。長期在英文世界裡閱讀的思坊，在書寫散文之際，都會注意到句子與句子之間的相互照應，並且會把她內心的思考交代得非常清楚。她所呈現出來的面貌是那樣眉清目秀，又是那樣動人心弦。她的文字乾淨而精確，從不拖泥帶水，直指意念、意象、意義的核心。

她在寫散文時，好像是在營造一篇微型小說，頗有畫面，故事也很緊湊。南加州是一個到處充滿陽光的地方。她所住的城市，曾經是盛產橘子的田地，整個天空也特別開闊。她的文字往往散發著一股微熱，有時不免也帶著一種溫情。每當提到台灣時，總是帶著微微感傷，那是她的過去，是她感情的寄託。每當打開窗口時，看到的卻是陌生土地。在運筆之際，往往流露出無可掩飾的孤絕感。在海島與美洲之間，膨脹著她無窮的鄉愁。捧讀她的散文時，總會感受到一股寂寞強烈襲來。但是，冰雪聰明的她，很快就以顧左右而言他的方式迅速稀釋。

以「躲貓貓」作為書名，意味著躲藏與尋找的過程。她以捉迷藏的遊戲來形容自己在台灣消失，卻又在太平洋彼岸出現，她好像是躲起來了，卻又可以尋找到她。現在這冊散文所呈現的文字，其實就是留下許多線索，容許讀者循著文字的跡線，可以發現她躲藏的空間，以及延伸出來的心情變化。她的文字速度很慢，頗富節奏感，她運筆時，想必以她彈鋼琴那樣非常在意音調的起伏跌宕。這種節奏感，在她的那篇散文〈史努比先生〉就表現得非常鮮明。史努比是她白色車子的名字，每天陪伴她在不同的空間移動。開車是一種藝術，就像散文裡所描述的那樣，「彈巴哈大概就像開車一樣，左腦和右腦是要並用的，不夠協調的話，就要把油門踩成煞車，煞車踩成油門，前進變成後退，後退變成前進。」這段話來自她朋友的告誡，卻似乎也暗示了文字書寫的祕訣。文字的駕馭，是一種全心投入的實踐，照顧意象與音色之餘，還必須掌握整篇作品的前後呼應。更重要的是，文字的展開就像迎接陌生的風景，永遠保持著篤定的心境。

她的留學生涯，不斷在城市與城市之間移動。彷彿是星際之間的旅行，整個世界是那樣空曠，而內心是那樣寂寞。無論是自己開車，或單獨坐火車，或坐飛機長程旅行，在迎向未知時，總是在文字中不經意洩漏一種飄泊感。她在〈帶你去遠方〉說，「什麼是遠方？遠方是走過的路，去過的城，是還沒有說盡就已經告別的情感。」這種感觸，如果未親臨其境，就不可能有這樣深刻的體會。她一直在遠方奔走，追求美感，追求知識，追求愛情。那麼漫長的旅行，永遠都是屬於未竟之業，因為是未完成，所以永遠都處在不斷追求的狀態。

思坊的博士論文，也許是要專注討論好萊塢電影所呈現的高速公路。在這本散文集裡，已經展現了她對電影藝術的熟悉，彷彿引經據典那樣，在討論文學之際，往往以電影作為佐證。她的文字彷彿像鏡頭在移動那樣，淡入淡出，各種不同的畫面層出不窮。有些散文段落好像圍繞著某種知識或理論，卻常常能夠突圍而出，表達了她柔軟的抒情。知性與感性的並置，總是帶給讀者意外的驚喜。在字裡行間充滿了豐富的感情，但她往往可以驟然抽離出來，容許我們在閱讀之餘，找到散熱的空間。在某種意義上，思坊散文是一種躲貓貓的文體，有時好像被抓到，卻又立即溜走。在年輕世代的作者行列裡，她的文體冷熱相容，剛柔並濟，帶來的感覺特別強烈，是那樣溫暖，又是那樣悲傷。這是她的第一本散文，卻蓄積了十年以上的書寫功力，我對她的期待就更加殷切了。

二〇一五年八月二十日　政大台文所

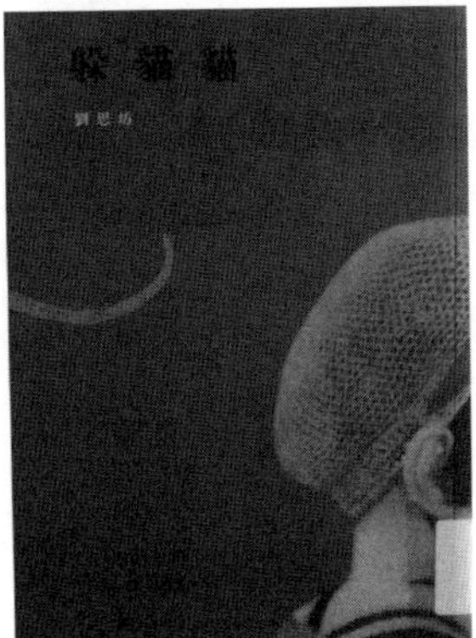

劉思坊《躲貓貓》

三代的細微感情
——序張輝誠《祖孫小品》

每次遇到張輝誠時，總是迎來他的笑容，很少有這麼快樂的高中老師。他在台北中山女高所推行的學思達教學，已經是舉國聞名，而且也遠播到香港與東南亞。在忙碌的行程中，他從來都保持著好整以暇的態度。令人不能不相信，他一定擁有祕密武器，否則無法在緊湊的工作節奏裡，還可以表現得那麼從容。第一次捧讀他的散文《我的心肝阿母》時，總是讓人有會心一笑的時刻。很少作家樂於以整本書來描寫自己的母親，他藉由開朗的文字，與讀者分享母子之間的親密感情。台灣社會逐漸進入後現代之際，傳統的倫理已逐漸受到淡忘，遑論兩代的互動關係。在他的文字之間徘徊時，不免使人產生濃厚的懷舊病。

曾經在中山大學與他相遇時，看見他與母親、妻子、孩子坐在餐廳的桌前，他們彼此不時會發出微笑。縱然坐在鄰桌，也能感受到他們全家釋放出來的溫暖。那時，西子灣的夕照投射進來，昏黃的光照在他們的餐桌。總覺得上面有一位不知名的神，默默賜予罕見的幸福給他們。

微近中年的輝誠，稍微消瘦，卻有穩定的肩膀。我可以感覺，他坐在那裡，彷彿是一座城堡，護衛著全家大小。他母親是一位樂觀的人，充滿了母性。與她的金孫張小嚕坐在一起，保持著飽滿的笑容。那幅景象，使我聯想到自己與大小孫兒相處時的心情。只有親臨其境，才知道什麼是幸福的滋味。我未曾與他母親談話，但是看到他的笑容，就足夠神會相通。到現在，我常常想起那黃昏海邊的家庭晚餐。不知名的神安排我見證了這一幕，我也可以感受到從上面所賜予的幸福感。他們被祝福時，我也一起領受。

輝誠是大開大闔的人，卻也是非常專業與敬業的老師。我相信坐在教室裡的學生，可以感受到這位老師散發出來的熱力。尤其是他樂觀的心情，似乎這個世界沒有什麼可以阻擋他。只要他想實現的計畫，必定會不畏艱難去完成。他與我並不是可以常常見面，但我非常明白，他珍惜著每天的分分秒秒，教學、閱讀、書寫都未嘗使他的時光虛擲。他的樂觀態度，便是幽默感的根源。在臉書上，我們是臉友。總是從他的字裡行間，體會到他對學生的照顧，對朋友的尊重，對長輩的敬愛。在恰當時刻，他會讓朋友看見母親與金孫的對話。那些平凡的文字，暗藏著不平凡的豐富感情。所謂倫理親情，不免是老掉牙的價值觀念。但是，在他的家庭裡，那是生動而新鮮的感情，而且是自然流露。

三年前，他邀請我為下一本散文寫序。時間過了那麼久之後，反而是我忘記了。沒有想到在九月中旬，我收到一份厚厚的郵件，信封是台北中山女高的頭銜。我才發現，輝誠一直惦記著這件事。捧讀他的文字時，覺得非常開心，卻又感動無比。尤其看到書名《祖孫小品》，心裡微微震動著。我想，他的心肝阿母又老了一點，張小嚕又長高了一點，而輝誠的文字也加重了一點。在印刷稿的紙張之間翻閱時，仍然可以聞到紙頁與油墨混融的氣味。不知道為什麼，他們全家在西子灣晚餐的那一幕，再次鮮明浮現出來。我終於明白，為什麼他可以保持那麼樂觀。也明白他所做的任何事情，從教學到書寫，一直保持喜悅的穩定狀態。那種喜悅感，我可以體會，因為那完全是來自他家庭的加持。他的心肝阿母，他的寶貝兒子張小嚕，還有他含蓄內斂的妻子，都是他生命力量的泉源。在行文之際，也把他內心的喜悅傳達給讀者。

我偏愛他乾淨流利的文字，每篇文字從第一句開始，到最後一句結束，總是帶給我一次平穩的航行。這樣的航行總是順流而下，中間也許出現微微的急湍，有時候也有一些轉折，到達終點時一定是換取一個開闊的心情。在他的世界裡，很少出現激情，更未洩漏任何憤懣，當然也未曾有過譏刺的語言。我深深相信，他所享有的和諧，全然釀造於他們家裡三代的融洽感情。他的散文之所以精采，就在於他擅長捕捉剎那的畫面。在生活裡有太多稍縱即逝的時刻，卻因為他的專注與關注，許多靈光一閃的時刻都讓他適時把握。

這冊散文分成八輯，包括小事、小情、小事情、小言語、小變化、小遊戲、小飲食、小逍遙。這正是張輝誠語言藝術的特色，當整個傳統文學或現代作家都在強調目光如炬時，他反其道而行，永遠保持著目光如豆的觀察。真正能夠品嘗生活樂趣的人，從來不會去追求大敘述，更不在乎場面開闊的情節。他寧可珍惜小情小愛，在大城市的小小角落，穩穩守住他與世無爭的家

張輝誠《祖孫小品》

庭生活。書中的幾個篇章，如〈剪腳趾甲〉、〈抱抱〉、〈手機癮〉、〈溫泉〉、〈洗身軀〉、〈屎尿〉，從他細微的描寫，讓我深深感受到母子之間的真情。尤其〈屎尿〉那篇短文，讓我內心震動不已。二十一世紀的今天，母子之間可以在身體上的照顧毫無芥蒂，確實讓我開了眼界。

生活中有那麼多的瑣碎，人不堪其憂，輝誠卻不改其樂，對自己的母親、兒子、妻子照顧得無微不至。妻子在書中並沒有多少語言，但是許多母子合照的照片，都由妻子來拍攝。在平凡的歲月裡，在尋常的時間裡，讓我第一次感受到什麼是幸福的滋味。讀完他全書的文字，我久久不能自已。這冊日記體的散文，是我多年來難得一見的藝術境界。身為他的讀者，可以優先窺見他生活的全部。我也能夠體會，他與家人分享的感情，也優先與我分享。在感動之餘，我必須對他表示最深的感謝。

二〇一六年十月卅一日　政大台文所

大稻埕的光影

——序《春花忘錄》

必須要到二〇一一年的晚夏，我在助理的慫恿下，才開始登錄臉書。於我而言，在臉書上發表文字是非常新鮮的探險。所謂探險，指的是還不知道在公領域與私領域之間如何拿捏。從來不知道可以同時閱讀許多精采的文字，介入這樣的空間，我決定把臉書文字當作我可以空開的日記。在我緊湊的流動時間裡，臉書成為我每天的閱讀。就在那段時間，我看見了夏樹的文字。到今天，我還未有機會與她認識，卻已經非常熟悉她的文字節奏與技巧。那時，她正在寫一系列「親愛的夏」，全然是在與內心的自我進行對話。

在閱讀中，我有太多從未謀面的作者。他們的文字常常帶我到達我這輩子未曾見到的世界。未曾與他們認識，卻並未影響我在文字裡的耽溺。或許從未見面，反而更能誘發我的想像力。夏樹的文字恰恰就是如此。我只隱約知道她是一位社會工作者，常常遠行到東海岸，給予老人關懷與照顧。那是很辛苦的工作，但我可以感覺她有很美的心。她偶爾會提起自己的家人，我才知道她是台北大橋頭的人。那裡容納著最陳舊也最豐富的城市記憶，也延伸出太多奇幻的人與事。

對這位勤於書寫的作者，我只是默默追蹤，直覺告訴我，她一定擁有平凡而非凡的生命記憶。大約是一年前，我私訊給她，是否可以為「Essay 時代」結集一冊散文？不久她就回信，欣然答應。對於一位陌生的書寫者，向她發出邀請的信息，其實是非常冒險。畢竟，臉書的文字只是吉光片羽，未能呈現整體的藝術風格。我敢於冒險，是因為長期閱讀培養了一種敏銳的嗅覺，可以聞出文字裡暗藏的各種氣味。而那樣的味道，在什麼神祕的時刻打動了我，從而也讓我做了決定。又過一年，她把全部的文字寄來，竟然比我最初的預期還要感到驚喜。手中的這部《春花忘錄》，讓我反覆閱讀了許久。

怎樣的記憶，創造怎樣的人生。怎樣的故鄉，形塑怎樣的人格。在台北大稻埕長大的夏樹，能夠擁有豐富的記憶，不僅是家族的恩賜，也是大稻埕的文化所帶來給她。記憶使她的生命變得非常廣闊，也使她的日常生活極為精采。如果不打開記憶的盒子，很少人能夠回顧自己的生命是如何形成。對於那些熟悉的事物，許多人會感到尋常無比，但是一旦訴諸文字書寫時，才發現自己的生命過程是何等精采。夏樹所拉出來的記憶軸線，千絲萬縷，條條都通往她童年時期的大稻埕。那是台北都會裡庶民生活的集散地，似乎與現在稱為萬華的艋舺相互呼應。這一北一南的舊城區，蘊藏了多少故事與傳奇。夾在民生西路與忠孝西路之間的許多長巷，正是最佳的城市記憶容器。

整個日治時期的台北文人，無論是參與政治運動或文學運動，很少人不在這個地方出沒。

只要走完延平北路與迪化街，大概就可以寫成一部殖民地時期的現代化歷史。出生在大橋頭的夏樹，也許就是與這些歷史人物的浮沉一起成長。可以想像，政治傳奇或鄉野傳說想必偶爾會與她擦身而過。而這些記憶，斷斷續續注入她的生命深處。對於後來的歷史研究者，往往必須從近代的書籍或檔案去尋找多少塵封的舊事，甚至需要經過仔細的踏查與勘查，才能點點滴滴構築歷史記憶。對夏樹而言，她的成長過程就是一部活字典。這部散文以「商店街」作為開篇第一章，就已經展現她不凡的成長歷程。她並非大家閨秀，也非小家碧玉，生下來就涉入了滾滾紅塵。以日語來形容，她的筆充滿了人間性，不僅觸及人情義理，也深入社會底層，勾勒出無數世俗的往事。

她握有一枝敏銳的筆，能夠自由進出高雅與低俗之間。但是收在這本書的文字，並不能簡單稱呼為「台妹散文」。當她寫到最庸俗的地方，反而能夠彰顯出她有一顆優雅的心。全書分為三輯：舊情綿綿，漂浪之女，牽阮的手。全部都是以台語歌曲來命名，自然都寓有她的微言大義。第一輯是她的成長環境，第二輯是她的家族生活，第三輯則是她的成長與閱讀。她寫到最細微的地方，往往使人產生悸動。收在第二輯的一篇散文〈如晤〉，把台灣青少年的小情小愛生動刻畫出來。那是一段未完成的感情，卻足以擊打多少脆弱的心靈。每個人都擁有無以言宣的過去，有多少這樣的感情不知如何掌握，最後只能容許它釋手而去。那麼平淡，又那麼深刻。那麼喜悅，又那麼惆悵。在得與失之間，每個人就這樣過了半生。這是夏樹文字的動人之處，能夠使所有的剎那化為永恆。

這冊散文埋藏著夏樹的一個企圖，便是嘗試把台語滲透於優雅的漢字裡。稱之為夏樹風格，亦不為過。她有意破壞不著人間煙火的美文，而這樣的破壞，其實就是一種創造。她有意改造我們習以為常的閱讀方式，在恰當之處挾帶著台語的文法。幾乎可以想像，她的生活方式與所有在地的台灣人沒有兩樣，總是處在雙軌的語言之間。台灣話一直被官方視為不入流的語言，有教養的讀書人也漸漸不習慣說台灣話。夏樹這位台妹，已經成功開發了新的散文形式，容許官話與方言同時並存。她在家裡與阿嬤、父母、兄弟姊妹的對話，應該都停留在台客的表達方式。在學校或公共場合，就必須轉換語言頻道，使用所謂的國語與人溝通。這冊散文集的動人之處，就在於它能夠出入於台語、國語之間，毫無任何阻礙。

她以「春花忘錄」為這本散文命名，顯然是從台語歌〈春花望露〉轉化而來。對於戰後成長的世代，似乎已經習慣固定的表達方式，而這冊散文卻是一個改變的徵兆。曾經被壓抑的歷史記憶，被排斥的說話方式，在迎接開放時代來臨之際，又再度獲得勃勃生機。她也許汲取太多前人的風格，卻成功地揉雜在一起，並添加個人的書寫格式，而造就了一個全新的文體。她的文字，代表了開放時代的風格，一方面嫁接古典的記憶，一方面探索全新的經驗，終於鍛鑄了夏樹體的散文。

夏樹《春花忘錄》

二〇一六年七月七日　政大台文所

台灣就是女性

——序洪素麗《台灣好女》

閱讀洪素麗的散文，已經有很長的時間。那時我還在加州寄居，如飢如渴捧讀著從台灣寄來的文學專書。許多精采的作品都錯過了，即使沒有錯過，在字裡行間穿梭時，也感到非常陌生。一九八〇年代是台灣社會最為動盪不安的時期，潛藏在社會底層的文化力量開始慢慢釋出。特別是解嚴前的威權體制動搖之際，不動如山的政治權力開始出現裂痕與縫隙。文學思考的能量，便是透過體制所暴露的那些坑洞而洩漏出來。窩藏在聖荷西的谷地，能夠做的工作便是每天瘋狂地閱讀，瘋狂地書寫。洪素麗的詩集，也在那段時期從台灣寄來。她住在紐約，我未曾有過謀識的機會。對於這位陌生的作者，我反而貼近了她文字裡的脈動。

我最早讀的，是她的《十年詩草》與《十年散記》，頗訝異於她文字之精省。受中文系訓練的她，似乎對於漢字結構的掌握極為精確。我深深相信古典文學的訓練，使她的風格顯得特別內斂。那時我才知道她與我同齡，而且是高雄人。如果沒有閱讀她，我可能與高雄的感情更加疏離。她是在港都哈瑪星長大的，那裡也是我的記憶寶庫。在青少年時期，我常常單獨坐公共汽車到港邊去觀望漁船的進港與出港。她的散文裡有太多哈瑪星的味道，俯首在她的散文之際，隱隱約約可以嗅到空氣裡傳來的腥味。她的文字讓我的鄉愁更加濃厚，在苦澀的望鄉歲月裡有時不免會捧讀她的作品。她乾淨的文字總是帶是一定程度的吸引力，連帶著也讓我產生豐富的想像，久久不能自己。

我為她寫過詩評，曾經稱呼她的散文是屬於「素麗體」。素，指的是她風格之簡約；麗，指的是她文字帶來想像之繁複。她的文學修養與藝術修養，常常挾帶著雙重性格。既是現代，也是古典。長期旅居於紐約，不僅見證了大都會的文化，也體會了多元的種族交會。她的文字之所以能夠收納重層的感情，顯然都是在那個尖端都會裡孕育出來。身處在曼哈頓島，面對的是美國東岸的大西洋，但是她的心靈之眼，卻是朝向西岸的太平洋彼方。在營造文字之餘，她也投入木刻藝術的追求，甚至也做了無數的油畫。旅行有多遙遠，藝術媒材有多複雜，她的心卻定定地凝視海島台灣。

《台灣好女》是屬於台灣女性的故事集，與其說是為台灣女性畫像，不如說是在為驚濤駭浪中的台灣命運尋找定位。在北半球泅泳的台灣，處在亞細亞大陸的東南海洋，也處在東北亞的南端，與生俱來便帶著悲劇性格。或者更精確一點來說，台灣就是一位女性。在歷史上不斷被出賣，不斷被背叛，甚至不斷被審判。在那樣曲折的歷史過程中，台灣的歷史枷鎖就落在島上女性身上。洪素麗以「台灣好女」為這本書命名，顯然有其微言大義。她們生來就是要與險惡的環境對抗並抵抗，把書中十一位女性的故事集合起來，並構成一幅龐大的流亡圖。洪素麗

洪素麗《台灣好女》

的散文筆法，或許不能進入故事女性的內心世界。但是，她好像採取一個超然的觀點，仔細觀察每位女性的生命遭遇。

〈躺成一座橋〉寫的是鍾理和與鍾平妹的流離故事。她透過對話的方式，以鍾平妹為主角，串起他們年輕歲月的私奔故事。鍾理和去世時，骨灰放在鍾家祠堂。平妹則下定決心，絕不入住鍾家祠堂。畢竟他們的婚姻，未曾受到整個家族的祝福。但是鍾家能夠撐起，完全是依賴鍾平妹的畢生努力。她也為台灣文學扶持了重要作家鍾理和，這份心力從未被人看見。她把自己的丈夫推到台前，自己則默默隱藏在幕後。這樣的故事，典型顯示了台灣女性所扮演的角色。她的兒子鍾鐵民終於把她的骨灰與牌位請回鍾家祠堂，也強烈暗示了家族的世代和解。洪素麗在這個故事裡，刻意站在平妹的位置，顯然有其微言大義。

一位遠離台灣的作家對台灣持續付出感情，唯一能夠表達的方式，便是讓自己的文字不斷在這個海島上發表。縱然作家本人是缺席的，但是四十年來，洪素麗卻從未放下手握的筆，以散文、以木刻、以自然書寫的關懷，證明她是在場的。《台灣好女》所鋪陳的故事，更加顯示她為歷史上的台灣女性說出內心話。洪素麗從未以女性主義者自居，但是她很明白，女性在歷史上是如何受到遮蔽。這些故事集合起來時，讓我們更加覺悟，台灣就是女性。當她訴說故事時，也未嘗偏離長期以來所養成的散文藝術。掩卷之際，身為她的朋友，我更加能夠體會她的用心良苦。

二〇一六年九月八日　政大台文所

她的退休與未休

——序廖玉蕙《在碧綠的夏色裡》

曾經自封五十歲公主的廖玉蕙，終於到達退休之年。但是，她的筆並未退休，反而以凌厲之勢持續前進。她的大開大闔，為台灣文壇樹立罕見風格。她敢於自曝其短，敢於自我嘲弄，敢於滿紙荒唐言，甚至敢於尷尬時把自己推到台前。從不躲在暗處的她，在諷刺調侃之餘，從未傷害任何朋友。廖玉蕙的文字總是走在危險邊緣，往往出現搖搖欲墜之際，卻能夠及時伸手挽住。幽默筆法難寫，尤其牽涉到私密與公開之間的分際時，很容易弄巧成拙。當讀者正要為她捏一把冷汗，她驟然化險為夷。每篇文字，懂得放，也懂得收。那種收放自如的功力，絕對是來自她長期的反覆求索與不斷磨練。

崛起於一九八〇年代的廖玉蕙，很早就受到矚目。整整一個世代的女性作家，浩浩蕩蕩，完全改寫了文壇的風景。躋身於那行列，她並不選擇婉約抒情的路線。在柴米油鹽的瑣碎生活中，找到她的筆可以容身也可以干涉的空間。在煙火瀰漫的紛亂社會裡，更尋得安身立命的位置。她的文字，也許放膽些，卻未逾越驚世駭俗的界線。她的姿態，可能放肆點，卻不失溫柔敦厚的身段。生命的沉澱與超越，並非有任何捷徑可以模仿；往往必須親自參與試煉，在痛苦中獲得教訓，在挫折中學習站起。不管是做人或作文，似乎要在無數的險境裡找到出口。

廖玉蕙顯然已經到達另一個生命峰頂，具備了足夠視野，對這世界投以深情且寬容的回眸。在不同的年齡階段，對於世事的態度也自然有所歧異。年輕時，她以銳利之眼看待人間情感，善惡分明，愛恨交織。如今，生命已經像穿越高山深谷的激流，終於進入廣漠的平原。流水的速度與聲音，逐漸緩和下來，隱約浮現應有的慈悲。她用情甚深，凡是有任何交錯，都在心靈底層留下印痕。有些是斧斤的鑿痕，有些是刀片的割痕，即使深淺不一，卻是記憶裡的重要印記。她對於每段感情百般珍惜，在錯縱複雜的血脈裡，也有漲潮與退潮的升降。三年來，她站在時間此岸，望向過去彼岸，許多模糊的形象，忽然鮮明起來。她動用的每一個文字，不吝注入飽滿的想像，使即將淡忘的人物幾乎呼之欲出。

在女性作家中，她勇於描寫人間煙火，不怯於在街頭巷尾穿梭，每次讀她的散文，似可源源不斷聞見沸騰的市聲。她的筆探向世俗坊間，完全不作姿態，也不矯情，為台灣文學開出另一種格局。她的風格或許可以納入台灣抒情傳統，但似乎不能輕易歸檔；既非屬於含蓄或婉約，也不屬於暗示或象徵，而是在人間事物中寄託感情。在冷漠社會裡，燃燒她的熱情。因此觸摸其中的每一個字，有時是暖和，有時是熾熱，最後總會留下餘溫。廖玉蕙散文動人的地方，不在於文字技藝的華麗，而是以真情牽動讀者的心靈。她開創出來的這條道路，無疑是抒情傳統的異數。

廖玉蕙《在碧綠的夏色裡》

這部作品的主題散文〈在碧綠的夏色裡〉，無疑是這個路數的範例。當她站在教書生涯的盡頭，湧上心頭不是學術研究的得失，而是與學生之間的感情與緣分。在學界，自然都會遇到不少難忘的學生。每年的流動是那樣頻繁，那樣來去倏忽，能夠在記憶裡留下凹痕，才是生命中真正的緣分。即使許多年已經過去，她依舊保存著學生的卡片與字條。她的感情如此細膩，多少年前彼此過從的誓言與笑語，都能清晰記起。或許並非依賴敏銳的頭腦，而完全是藉著感情的波動而勾起影像。她的真情，完全從心靈底層迸發出來，以致能夠牢牢記住師生之間的最瑣碎最細膩的往事。

最困難的感情，出現在惆悵而矛盾的〈人生不相見〉。文中所描述的H教授，亦師亦友亦情人。跨越多少界線的感情，跨越多少時間的悸動，即使到達黃昏歲月，似乎也很難解釋清楚。廖玉蕙勇敢選擇去面對，甚至具體以文字標誌出靈魂曾經出現過的缺口。尤其H教授婚前捎來一信，透露深藏許久的愛意。對於二十二歲的她，無異晴天霹靂，簡直不知如何收拾。這段生命的未完成，懸宕在血脈裡，像一隻看不見的蟲在咬囓傷口。數十年後，與H教授相約見面時，她終於對自己說出刻骨銘心的真話：「幾度栽在愛情的坑洞裡，呼天不應，喚地不靈，而和他的今生緣會則是其中的憾恨。」當苦纏糾結的感情無法找到出口時，大約只能歸諸命運的安排。

站在退休的終端，廖玉蕙對於半生的因緣際會，顯然有了澄明的領悟。人生確實有太多的回不去，也有無數的過不去。面對這種挑戰，如果不是勇於承擔，便是決然放下。在退出上半場的舞台時，她蓄積無比膽氣，重新整頓無解、未解、已解的內在情緒波動。人生總有太多懸而未決的困惑，不少人都選擇逃避或遺忘，或者任其腐蝕既有的意志。唯廖玉蕙堅持不忘，不僅不忘，還願意重新挖掘出來，直視纏繞許久的情感，而且處理它，總結它。她的散文之所以引人入勝，就在於她從來以正面態度面對生命的蜿蜒曲折。

她文字裡暗藏太多的溫情，不忍讓感情或記憶褪色。她樂於重新經歷一次生命中的急湍與激流，容許沖刷力量刺痛沉埋血脈裡的陳舊往事；也樂於沐浴在風和日麗的歲月，容許有過的帶淚歡笑再次飛揚。閱讀她的散文之際，總覺得有毫不止息的波濤擊打讀者的心坎。她的文字速度不是行雲流水，也不是雲淡風輕，而是驚濤拍岸。不知不覺之間，也被捲入她創造出來的情境。抒情散文可以寫到這種地步，絕對不只是憑恃她過人的勇氣，而是以一種感動力量與讀者的心靈連結起來。

歲月悠悠，摧折了多少年少夢幻。年輕時承受過的一切跌宕，如今看來是那樣縹緲虛無。穿越她的文字時，似乎感受時間顏色慢慢黯淡，青春感情也次第隱退。廖玉蕙卻仍然不願忘懷，並非是要執著什麼，也不是要堅持某種原則，但既然是親身經歷，就構成生命不可分割的一部分。縱然十年、二十年已經過去，她選擇繼續捧在手掌，訴諸文字，飛揚的，低盪的，她都細細體會。即使到今天還是找不到答案，她最後都選擇原諒。

二〇一三年六月廿五日　政大台文所

內斂的青春旗手

——序林禹瑄《夜光拼圖》

她是我所認識最年輕也最早慧的詩人。七年級後段班，一九八九年出生。今年二十五歲，詩齡已近九年。害羞，靦腆，卻充滿自信，這是林禹瑄給人的最初印象。她善於靜靜觀察外面那世界，藉著外物反射她內在的風景。騷動的靈魂，飄搖不定，浮現於詩句時，則凝止如一瓶靜物。她唱出的歌，低調，知性，疏離，淡漠。意象不停替換，讓讀者以為已經捉住，瞬間立即又溜走。她不是抒情歌手，但肯定是青春旗手。對於情愛，從不熾熱擁抱，而是獨自在心靈底層細細反芻咀嚼。她吞噬憂愁，吐出的則是明亮心情。對於她所生存的時代，不發一語。寫詩時，則勇敢以筆干涉。她很少喧譁，只是用銳利眼光掃射粗糲現實。

她這個世代，往往被詬病沒有特色與風格。這種評語，完全是因為我們品詩的脾性已經受制於前行代美學。台灣新詩的現代主義運動始於一九五〇年代，到達林禹瑄時，半世紀已經過去。累積起來的藝術成就，足以睥睨漢語詩的世界。這個運動投射下來的長影，遮蔽了後來的多少詩人。文學史也許證明，後來的創作者並不必然就比前人優秀。或者說，影響焦慮往往使年輕詩人走投無路。長期生活在這傳統下，讀詩似乎也養成了一套既定的欣賞標準。林禹瑄受到議論，說她頗像某一詩人，卻又無法指出如何相似。對於新世紀的台灣新世代，不宜這樣遽下論斷。他們畢竟才出發不久，還在尋找自己的語言，還在確認自己的節奏，也還在學習如何掙脫前世代的陰影。如果以較為寬鬆的態度看待，應該是觀察他們現階段具備怎樣的創作潛能，毋需性急地以既定標準給予苛求。

七年級的她，能夠被看到，並不是獲獎無數，而是她辛勤書寫，毫不間斷。十七歲就以〈那些我們名之為島的〉一詩獲得台積電首獎，但那才正要預告她後來創作的起點。得獎作品，便成為她第一冊詩集的書名。辛勤，不是抽象的形容詞，她總是專注於一個主題，反覆求索，渲染成為巨幅連作。收入第一本詩集的「寫給鋼琴」系列詩作，利用聲音演奏，敲打出幽微的情緒。現在這第二冊詩集《夜光拼圖》，也是密集營造與書名同題的詩作，連續二十二首，分布在書中四輯。像是練習曲，又像是舞曲，在篇幅有限的詩行裡，掌握一定的感覺，順利完成簡單或複雜的素描。她不貪多，卻維持不滅的火苗，等待恰當時機星火燎原。寫詩已經不純然是仰賴才情，她具有一份傲慢的意志，堅決抵抗時間，讓意念轉化成意象，終於釀造成詩句。在年輕世代的行列裡，她是卓然成家的罕見少數。

正在出發的這位年輕詩人，令人特別重視的理由，就在於她孜孜不倦嘗試翻新各種句式與語法。她可能在夏宇那邊獲得些微啟悟，但又不盡然相同。夏宇的詩行有些狡黠，文字盡量切斷，造成巧思，引起聯想。禹瑄也是該斷則斷，把不同意象羅列起來，製造語義上的衝突，簡潔而耐人尋味。「夜光拼圖」系列，以都市為中心，以青春為主軸，環環相扣，描繪著躊躇不安的寄居場景。如果年齡是流離失所的象徵，青春就是無可駐足的驛站。在啟蒙歲月中，有太多的惆悵，也有過剩的忐忑。在不斷告別過去時，面對的是不確定的未來，而且無法遁逃。來自南部小鎮的林禹瑄，落入不眠的都市夜晚，必須反覆咀嚼懷舊病與烏托邦。她以各種相生相剋的意象概括內心的矛盾。例如第七首：「多癢的義肢／新漆的牆／一個不斷漏水的杯子」，堆疊出沒有感覺，難以收束的處境。或者第十三首說：「我們是比較快樂一點的／那種悲劇」，以矛盾語法創造出豐富想像。或者第四首：「喧譁，黏膩，於今盤桓在你後頸，安安靜靜／蛻成一只蛇皮」，從生氣勃勃到死氣沉沉，僅僅三行，就完成過渡。這些生動的實例，足以證明她並不耽溺於文字鍛鑄，而是乞靈於悖反語意的銜接。

《夜光拼圖》是青春成長期的蛛絲馬跡，對於愛情的追求與幻滅，夢想與願望的乍起乍落，讀來有時不免感傷。她的詩行一直是在風塵僕僕的旅路上，時間與空間的旅行相互交錯，心理與地理的流動未嘗稍止。在持續移轉的歲月裡，她反而選擇緩慢的節奏呈現內在世界。她善於使用跨句，使過多情感可以分散。她是年少詩人群中，擅長讓情感受到節制的少有者。稱她是知性詩人，是因為她相當警覺不讓情緒過於氾濫。

她到達柏林圍牆時，正好二十歲。出生於一九八九年的詩人，未及參與那個時代的關鍵轉變。民主之風席捲了亞洲到歐洲，也拆解了看見的與看不見的鐵絲網。直到青春年華盛放之際，她才踏上歐洲之旅，到達柏林，終於與傳說中的歷史相遇。當她撫摸那倒塌的圍牆磚塊，心情想必激動不已。詩集裡的長詩〈牆外——於柏林圍牆倒塌二十週年〉，典型表現了她的內斂風格。

當年柏林城市的孤立，她以如下詩行鮮明地彰顯出來：「還記得嗎，那道牆／穿過三座森林，十條河流／和五百個荒蕪的陽台／將嘆息與陰影分開／把光和自由圈養起來」。在中間，她有意置入「五百個荒蕪的陽台」，為的是不要淪為地景的純粹描繪，陽台之所以荒蕪，是因為光與自由已經遭到隔離。數字五百，看似精確，卻帶著嘲弄。

對於激情的歷史，許多人習慣用節慶或狂歡來詮釋。但是，她寧可抱持旁觀的態度。林禹瑄的冷靜，於此更加清楚，當她寫出這樣的詩行：「他們拆除了所有昨天／並為此創建了眾多節慶與花園／而我們仍舊逐日醒來，逐日／被困在一個個太美麗的明天」。這是此詩最強悍有力的地方，她不願與眾人一起歌頌歷史，因為不想被困綁在太過美麗的許諾。這正好呼應了詩的開頭：「他們說：所有真理都曾是／太過堅實的謊言」。美麗的夢想，會不會是另外一種謊話？在這裡，她又一次恰如其分地流露出知性的思維。她並不感情用事，詩的睿智與銳利，於此形成它邏輯嚴謹的結構。

類似的思考方式，也表現在「夜光拼圖」第二十首：「彷彿攤開報紙，一千輛坦克／轟轟壓過眼前」。用誇示的句法，表示對政治與時事的關心。她藉由寫詩來干涉現實，較諸同世代的年輕人有過之而無不及。政治並非庸俗，而是如何以恰當態度介入。她與戀人「談論年代與廣場／鮮血與花／想像一些過剩的死亡」，足以反襯她對時代的觸覺仍然保持非常敏感。在詩行之間，她的關切極為雍容，完全不落俗套。

受到更多議論的〈對坐——給Y〉，寫的是感情的疏離。

林禹瑄《夜光拼圖》

每當涉及愛情，林禹瑄總是顧左右而言他。她把細微、瑣碎、片段的事物不斷插入詩中，好像要分攤過重的感情。對情人來說，對坐，自然就是相望。但也只是相望，並未構成纏綿悱惻。心靈深處的對話，在實際生活裡反而是對峙。「那時我們仍保有各自的疾病／一些隱喻，保有幾行對白／談論天氣與愛情、晚餐與饑荒／尚未顯得拘謹」，顯示相處的兩人，猶各懷心機，毫無交集。細節的鋪排，可以體會詩人盡量避開敏感議題，再三偏離兩人所關切的主軸。這首詩，是否記錄著情人之間的由熱入淡，頗費猜疑，但可以確認的是，這場戀愛已經步入冷卻。就像詩的最後五行，暗示了情感的沒落：「世界分作兩堤，我們對坐／逐日擺渡小小的死亡和夢／那時屋簷對坐屋簷，窗對坐窗／沒有暴雨穿行而過，一雙眼睛／看見了彼此，始終沒有擁抱」。她旁觀世界，也旁觀自己。站在一個抽離的位置，好像可以從事哲學分析，完全解構自己。這正是林禹瑄詩學最迷人也最惱人的地方。

身為台大牙醫系的學生，她的知識訓練與藝術實踐好像也是相互對坐。這可能是她未來創作的資產，永遠站在相對的觀點，處理醫學與詩學，可以相互牽動，也可以避免相互干擾。她可能不會成為文字魔術師，只是專注在遮蔽的技藝。她的語言明朗而開放，當新世代詩人被批評沒有自己的語言，林禹瑄的作品當可勝任成為最佳雄辯。抒情傳統一直是戰後台灣現代詩的主流，知性詩學似乎未受到重視。早期的方思、黃荷生、吳望堯，都是值得重新評估的寫手。林禹瑄可能有她的師承，夏宇也許是可疑的啟蒙者，但又不是那麼確切。或者說，她綜合所有閱讀的經驗，自我消化並釀造之後，逐漸開出屬於自己的格局。對於一個甫臻二十五歲的詩人，不必過於迫切給她壓力。容許她在時間淘洗中緩緩成熟，當她告別青春，告別學院，她將握有一枝富有自信的詩筆。詩壇的寫手，都是她的前輩。但是，作為一個青春旗手，她所創造的藝術特質，卻是前輩無可比擬。她擁有熾熱的心，吐露出來竟是內斂冷酷的語言，唯有她具備這種獨門技法。

二〇一三年七月十一日　加州聖荷西旅次

記憶的黑暗與光明

——序《茶行的女兒》

記憶的彰顯與遮蔽，往往需要從文字紀錄來檢驗。如果沒有說出或者書寫，即使是轟轟烈烈的歷史，最後也要歸於沉寂。二十世紀的台灣史，從戰前殖民時期到戰後威權時代，有多少生命曾經精采演出，只因為政治浪潮過於洶湧，最終一個一個都遭到席捲淹沒。個人的命運，也許很難抵擋政治權力的干涉，但只要勇敢留下紀錄，生命就會在歷史圓柱上刻下痕跡。只要有一點點刻痕，縱然面目模糊，漫漶不清，畢竟還是可以沿著深淺不一的文字，追尋失落的記憶。王淑婉完成《茶行的女兒》時，其實已經在歷史的石柱上，留下痕跡。無論她的刀工多重或多輕，都逼著我們在辨識她的文字時，必須脫帽並且沉思。

我之遇到淑婉，是在敏隆講堂的教室。每年春天，我都會在講堂開授一門適合大眾聆聽的課程。我的用意是，把學

王淑婉《茶行的女兒》

院裡的知識化為尋常的學問，與學院門外的大眾心靈相互對話交流。淑婉來聽課時，總是選擇坐在第一排，她的專注神情與埋首筆記，往往使我不敢懈怠下來。有一次下課時，她偶然提起，她的二叔就是在二二八事件受害的王添灯。聽到這個名字，心情不禁肅穆起來。遠在海外時期，我的台灣史研究，便是始於二二八事件的探索。當時，在西雅圖華盛頓大學的東亞圖書館，我翻閱著戰後初期的台灣報紙，包括《台灣新生報》、《民報》、《人民導報》，王添灯作為台灣第一屆的參議員，不時會在新聞報導中浮現名字。他對行政長官公署官員的貪汙腐化，曾經在議會公開質詢批判。事件爆發後，他遭到逮捕，並且被丟進汽油桶活活燒死。王添灯的悲慘命運，在我歷史研究的經驗裡，一直是巨大的傷痛。

我未曾預料，那悲傷的記憶其實距離我並不遙遠。淑婉說出她的身世背景時，我才驚覺歷史往往不時與我們擦肩而過。這次捧讀她的成長記憶，王添灯身影雖然在文字裡退到遙遠的背景，卻總是覺得，在什麼地方會與歷史幽靈不期而遇。那個時代的父母，為了避免讓傷痛傳承到下個世代，竭其所能創造樂觀明朗的環境。生下來就有聽障的淑婉，可能比起同輩還要辛苦。但是經營茶行的父親，無論在商場受到何等挫折，無論外面政治環境是何等黑暗，都想盡辦法使女兒享有快樂的童年。在她細緻的描寫裡，怵然讓讀者看見，戰後的台灣男人承擔起多少折磨。在面對兒女時，好像什麼事情都未曾發生過。因為她擁有一個善於隱忍的父親，往往單獨消化記憶的悲痛與政治的險惡，為女兒換取一個毫無煩憂的家庭。她筆下的文字，帶著閃亮的光線，愉悅的節奏，把那個時代擦拭得非常透明。

台灣的茶葉，從晚清開始，就已經把小小的海島推上世界貿易的版圖。大稻埕的王家，是這行業其中的一個典範。在她的回憶中，描寫茶行忙碌的景況，容許讀者窺見它所散發的時代氣味與光影。在熱鬧喧囂的日常工作裡，一位女工也融入繁忙的生產線。故事就在這裡展開，在千絲萬縷的人際關係中，父親終於遇見這位女工，後來也就是淑婉的母親。作者有她個人的筆法與技巧，很容易誘使讀者陷入她形塑出來的情調與格調。

戰後台灣社會庶民生活的光景，都清晰倒影在她抒情的文字。淑婉有一個善良的心，有意在她童年回憶的書寫，髹上一層光澤。其實，她避開了一些悲劇故事，例如王添灯的遇害，或者大媽的委屈命運。她自己在學校的成長經驗，不時受到同學的欺負與奚落。如果沒有父母灌注她豐富的愛，或許不可能以大方磊落的態度面對人生。書寫，原就屬於一種過濾或救贖的實踐。記憶，本來就是屬於一種選擇性的遺忘。當記憶與書寫結合起來時，她已經抹去生命裡太多的淚痕與傷口。縱然生來就是聽障者，但她看到的世界卻都是完美無缺，也必須要有這樣的心房，她才有能力克服童年時遭到的屈辱，以及成年後遇到的殘缺愛情。

人生本來就是有許多偶然與巧遇拼湊而成，它無法事先預約，也無法量身訂做。命運到來時，只能坦然接受。淑婉所承接的生命遊戲規則，就像下棋那樣，可以寫出變化無窮的棋譜，卻只能在一定的格局裡面完成。她把完全受到遺忘的大稻埕歲月，又重新構築起來。無論是吉光片羽，或是細膩紀錄，都讓讀者感受到時間與空間的溫度。她擅長使用柔軟的文字與句法，描繪那遙遠時光裡的黑暗與光明。無論如何看不到一絲光線，卻因為她的寬容，終於還是照見時代心靈的挫折與昇華。全書結束時，她的生命也獲得拯救。

二〇一三年十二月廿七日　木柵

從旅行到踏查

——阿潑《介入的旁觀者》序

阿潑自稱是菜鳥人類學家，她一直把自己視為初學者，或是外行人，這當然是一種謙稱。相對於學院裡的研究者，阿潑的行動，完全不輸專業的人類學家。她所關心的議題非常廣闊，對於國內的原住民、新住民，對於第三世界與有色人種，她都投以注目的眼光，並且以文字記錄下來，作為最鮮活的見證。她的第一本書《憂鬱的邊界》，書名顯然是受到李維史陀《憂鬱的熱帶》所啟發。所謂邊界，有時看得見，有時看不見。看得見的想必是屬於國境，而看不見的則是屬於種族、性別、階級。這些界線阡陌縱橫地在人群之間，畫得非常明白。這種文化邊境其實就是文化傷痕，其中包括了歧視、羞辱、醜化、汙名的種種行為，在膚色、省籍、地域、國界之間流竄，因為存在太久，我們就習以為常。我們甚至也扮演了共犯角色，使種種傷害漂白化，並且永久化。

阿潑的文字在網路上流傳甚廣，特別是她的「島嶼無風帶」，點閱人口甚眾。她的視野從來並不局限在海島上，而是跨越國界，到達歐洲、非洲，她的人文關懷也延伸到整個東亞。對她而言，資本主義最發達的國家，製造出來的文化壓迫往往特別殘酷。到達中國時，這個自稱社會主義的國家，在其境內對於邊疆民族、勞工階級所進行的壓迫與歧視，遠遠超過西方資本主義國家。中國存在著全世界最右派的共產黨，他們依賴農民的力量革命成功。但是建國以後，農民階級、勞工階級所受到的壓迫，全然不亞於國民黨統治時期。那種欺罔的壓榨手段，比起任何右派政府有過之而無不及。阿潑在寫「中國夢」時所見證的景象，簡直令人毛骨悚然。

盛行於中國境內的漢人優越論或是中心論，簡直是歷代以來最高漲而又最精緻的時期。阿潑在新疆所看到的回族兒童教育，進行的是一場徹底洗腦式的漢化思想。金髮碧眼的回族小孩被強制灌輸了所謂中國人的教育，完全無視於在地文化的存在，而代之以訓誨式的教導。阿潑的觀察相當銳利，她特別指出新疆民變的爆發，起源於廣州兩個維吾爾族青年的被殺。那種不幸事件，根源於漢回之間的種族歧視與階級歧視。她帶著我們走到中國的大西部，走到中亞的邊界，到了那麼遙遠的地方所傳回來的訊息，是那樣令人心痛，那樣令人氣餒。

在她的文字裡，即使只是一兩個段落，就膨脹著太過豐富的資訊。書中她引述了中國異議作家李承鵬所說的話，為的是要回答「書寫改變過什麼」的問題。在中國，文字可能是最沒有力量，但是李承鵬在他的書《全世界人民都知道》說，「我的寫作不是為了真理，真理離我太遠，我只不過為了尊嚴。智力的尊嚴，記憶的尊嚴，親情的尊嚴，表達的尊嚴，生育的尊嚴」。而我在閱讀阿潑的文字時，她似乎也傳達了同等分量的訊息。她十年來的書寫從未中斷，而且越來越勤勞。所有的書寫者都會對自己這樣提問：文字沒有力量，能夠改變什麼呢？如果以她的文字來印證台灣社會的演變，無可否認，那是最真實的見證，是當代歷史最確切的資料。十年前，公民社會一詞尚未蔚為風氣；十年後，卻已經升格成為新世代知識分子的普遍認同。阿潑，是這個演變過程中不可或忘的名字。

她是一個旅行家，但絕對不是開懷觀光的漫遊者。每次出發到一個城市，或越界進入一個國家，事先都會做好研究的功課。她做的是人類學家的旅行，或精確地說，她是一個文化踏查者。帶著敏銳的鼻子，她可以嗅出當地的種種偏頗現象，並且也銳利地透視貧富不均與城鄉差距。到達突尼西亞時，茉莉花革命已經結束。然而，她在北方城市所看到的富庶景象，幾乎與革命之前沒有兩樣，富則愈富，窮則愈窮。全球化資本主義的文化邏輯，繼續支配著當地的經濟結構，這種現象也同樣可以解釋台灣。海島的南北落差，即使經過一九八〇年代的民主革命，卻仍然無法使貧富不均緩和下來，反而使年輕世代看不到任何前景。

她最近的一篇文章，討論法國巴黎《查理週報》的槍殺事件，為我們提供了一個新的視野。西方基督教文明與阿拉伯回教文明，往往被政治學家解釋為文明衝突論。他們總是強調，西方的價值觀念是如何與回教徒不同，卻從來沒有從受害人的立場來檢討。西方資本主義永遠都站在優勢的層面，只看到自己受到傷害，卻完全無視長期以來對阿拉伯的剝削與掠奪。後殖民理論家薩依德曾經提出對位式閱讀（contrapuntal reading）的策略，認為在強調自身文化的價值時，也應該對等地解讀對方的文化價值。

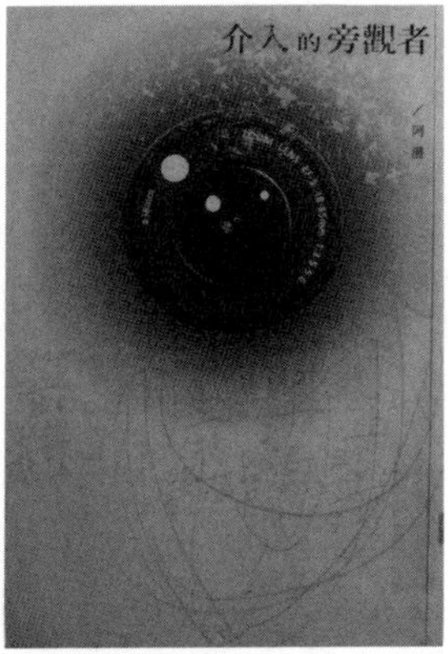

阿潑《介入的旁觀者》

巴黎的刺殺事件如果還是堅持文明衝突論來解讀，似乎不可能遏止不幸的再次發生。

阿潑穿越過那麼多的國境，也觀察了不同的文化差異，絕對不是僅僅止於報導而已。她把那麼多的資訊帶回台灣，為的是填補島上文化思考的空缺。台灣長期存在著南北問題，那不只是城鄉差距而已，其實還帶著某種首善都市的優越與傲慢。從偏鄉出來的年輕人，要進入國立大學越來越困難。僅是教育一端，就充滿了無形的歧視與壓迫。整個社會對於原住民、新住民的壓榨與歧視，無疑也是在複製全球化資本主義的文化邏輯。身為菜鳥人類學家，阿潑所寫的文字始終是鞭辟入裡。有些文字看來是雲淡風輕，讀完後卻帶給讀者太多的憂鬱與憂慮。她在說理時循循善誘，總是挾帶飽滿的資訊與知識。她從來不說教，當然也不做任何道德式審判，但是她提供的視野與觀念，足以帶著讀者走出個人的偏執與固執。朝向公民社會前進的台灣，因為有阿潑的文字，就顯得更加雄辯。

二〇一五年八月廿四日　政大台文所

愛的背面與內面

——序王聰威《生之靜物》

在愛裡，人與人之間的距離最親密。在愛的內心世界裡，真實的人生才會浮現。王聰威的小說《生之靜物》，為我們揭開人間愛情的祕密。所有最親密的愛人，各自擁有內心的世界。而在那內心深處，竟是驚濤駭浪，暗潮洶湧。這部小說描繪了愛情的殘酷面貌，逼著讀者必須接受，而且是全盤接受。

很少看到一部小說裡的人物，都是共時性地並列在一起。每位出場者，面目模糊，甚至也不知道他原來的身分。王聰威做了一次前所未有的大膽嘗試，便是讓出場的每個人說話，而且只有說話。不管那是對話或是獨白，只能從說話者的語氣，測出是男性或女性，是情人或情敵，是母親或女兒。這樣的書寫策略，恐怕是台灣小說中的第一次演出。整本小說讀起來，好像是在讀一部劇本。所有出場的人，都必須說話，但是又不像劇本。因為每段話的發言者，並未標示姓名，也未標示性別。必須把整段的敘述讀過之後，才知道他們各自的發言位置。出場的人物包括：丈夫、妻子、女兒、岳母、外遇者、舊情人、同學。當所有的出場者都說話之後，故事的面貌才一步一步浮現出來。

完成《濱線女兒》、《複島》、《師身》之後的王聰威，似乎一直在摸索小說的形式。已經沉默四年的小說家，終於完成《生之靜物》時，無疑是顛覆了他從前的創作技巧，而且也顛覆了台灣文壇既有的實驗技巧。在書寫過程中，王聰威顯然做了許多不同的形式設計。最後才決定讓這部小說，以這樣的形式出現。當他讓小說人物的形象消失，甚至也讓小說的場景跟著消失，整個構思不可不謂大膽。由於毋需描述每個人物的線條，也毋需設定說話者的背景，整部小說便不能不選擇獨白的形式，讓每位出場者說出內心的語言。恰恰如此，小說家才能全心挖掘每位發言者的無意識世界。

這是一個沒有時間、沒有地點、沒有背景的小說。所有的故事，都是由出場者來表達自己的思考與感覺。其中有太多的部分，是屬於回憶的敘述。因為是回憶的，時間的縱深也因此而拉開。這是一場愛情的興亡史，也是一場感情的繼承史。因為是興亡史，所以充滿了太多的幻滅、失落、絕望。因為是繼承史，所以也浮現了太多的憧憬、希望與期待。王聰威的企圖是什麼？他其實是要告訴我們，愛情從來不是甜蜜的，也不是平靜的，更不是美好的。在愛裡，隨處都會遇到傷害、背叛、說謊。因為是如此，他才選擇讓出場者藉由獨白的方式，說出靈魂底層的真實感覺。

小說中的男女主角，阿任與美君，便是撐起整個故事的主軸。他們的長相如何、性格如何，都不是由小說家來形塑，而是由彼此的自白中描摹出來。這正是這部小說厲害的地方。無懈可擊的愛情，也許可以使這個世界更為完美，更為圓滿。但是這部小說告訴我們，愛情故事從來不是如此。當情人面對面的時候，也許不會說出真心話。只有在兩個人分開之後，男女愛人各自在內心的獨白，才讓真實的感覺鋪陳出來。愛情可能不是虛偽的，兩情相悅時，男女都把最好的一面呈現給對方。但是愛的另一個極端，就是恨。當恨意升起時，許多真實的語言，即使沒有說出，也會在內心裡流動著。

王聰威便是把分手的一對夫妻，作為整個故事的主軸。經過彼此的自我解剖，才讓讀者感受到愛的真實。背對著愛人時，每個人的內心終究是愛恨交織。王聰威並不集中在這兩位分手男女的真實感覺而已，刻意穿插著女方的母親，以及兩人的共同女兒。身為母親，自然是為自己的女兒說話。但是在家庭裡，女兒並不是最受寵愛的一位。反而是家中的弟弟，顯然比姊姊重要。即使是母親，在獨白時，也必須為自己辯護。親情尚且如此，何況是愛情。他們的女兒，無知於大人世界之險惡，她在乎的是是否可以養一隻貓。完全不知道父母之間，已經出現巨大裂痕。孩子的純潔，更加襯托出對於甜蜜家庭的嚮往，她並不知道父母之間的恩愛早已消失無蹤。

王聰威的這部小說，是一次前所未有的大膽嘗試。整個故事的進行，完全藉由聲音的傳達來維持。只要獨白的語言還在，故事便仍然在進行中。獨白結束之際，也是人物退場的時候。每位說話人物的長相如何，只能藉由旁人的敘述去推測。全書都充滿了聲音，在那聲音的底層，便是真實的感

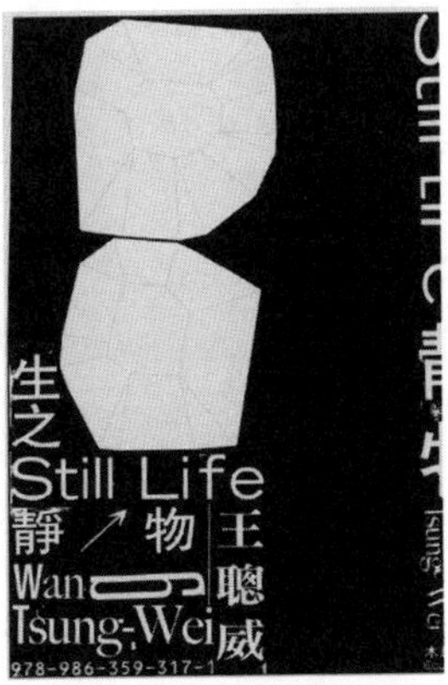

王聰威《生之靜物》

覺在支撐。王聰威逼著讀者，去面對殘酷的愛情。因為只有內心獨白，才能傳達真實的語言。愛情果然是千瘡百孔，填滿了太多的幻滅、虛妄、挫敗、傷口。《生之靜物》之命名，恐怕是在形容愛情男女的表面，而在內心的深淵卻是壅塞著怨毒、自私、魅惑。這是我偏愛的一部長篇小說，王聰威勇敢突破了過去的小說形式，只容許聲音在故事裡流動。世間的愛情，總是以華麗的面貌呈現。但是在愛情的背面，才是真實的人生。

二〇一六年十月十七日　政大台文所

愛的輓歌

——序王定國《敵人的櫻花》

王定國的小說非常古典，他所寫出的人間感情，永遠是那樣執著、沉溺、哀傷。對於愛情的信仰，永遠是那樣執迷不悟；縱然面對人生的缺憾，那份愛往往徘徊不去。這種執念在台灣小說家中，可以說非常稀罕。世間的愛情可以寫到如此相信的地步，甚至已經化為一種迷信。王定國從來都是百般珍惜，嘗試用各種故事去描摹、去定義，甚至重新命名。完成了兩部短篇小說，《那麼熱，那麼冷》與《誰在暗中眨眼睛》，似乎為我們這個時代帶來不少震撼。進入後現代的台灣社會，愛情開始產生變貌，並且流動於網路的虛擬世界裡。但是，在他的短篇故事裡，他總是塑造得那麼莊嚴而崇高，他所堅持的愛情價值，完全背對著庸俗的人間。

他的小說，從來不是以頭、腰、尾的黃金結構來鋪陳。整個小說敘述的過程，往往有太多的留白，在塑造人物的感情時，總是使用反白體的手法呈現出來。所謂反白體，便是並不直接進入故事核心，而是在人物的周邊釀造氣氛。有時不惜拉出毫不相干的情節，好像迷宮那樣找不到出口，但是到達終點時，讀者才覺得豁然開朗。留白或反白，在於創造豐富的想像空間，逗引著讀者的某種意念或欲望，不時會帶著高度好奇，最後終於發出驚嘆。他惜字如金，每一個逗點或句點都有微言大義。往往故事攀爬到峰頂時，他便勇於切斷，不再拖泥帶水。這種決絕的手筆，總是讓讀者晾在那裡，必須為自己過剩的情緒尋找自我排遣。千瘡百孔的人生，最難參透的莫過於愛。王定國的筆鋒之所以銳利，就在於他能夠處理我們所熟悉的恩怨情仇，並且將之陌生化，使陳舊的故事再度翻新。

在兩部短篇故事的基礎上，他終於為我們寫出一部長篇小說《敵人的櫻花》。有關情場與商場的故事，這是一個老掉牙的議題，稍微不慎，就有可能淪為言情小說。同樣是俗不可耐的愛情，來到他的筆下，卻發生點石成金的效用。他的姿態相當矜持，他對詩意也相當堅持。因為是矜持，他從不給愛情一個明白的說法。因為是堅持，他在遣詞用字時，簡直就像寫詩那樣，一行一行羅列起來，放射出太多的聯想。這是一個屬於失妻記的故事，或是一個被騙失身的小說，這樣的題材好像已經到了羅掘俱窮的地步。王定國卻開出一個新的格局。小說的開始其實就是結局，緊接下來的一切敘述，都在於解釋生命的哀傷是如何形成。

四個人物構成了張力相當飽滿的愛情對決：我、小秋、羅毅明、羅白琇，形成了兩個敵對的陣營。我與小秋是一對新婚夫婦，年老的富豪羅毅明卻奪走妻子，白琇是羅的女兒，似乎扮演著贖罪的角色。年輕夫婦的前景顯然非常亮麗，他們擁有確切的目標共同追求，兩人希望有一天擁有一幢房屋可供棲身。但是生命道路卻在最細微的地方出現岔口，從此愛情也跟著變質。最小的事物往往牽動著巨大的命運，我與小秋這一對新婚夫妻，購買了一個相當可愛的小嘴茶壺，卻得到一個小型相機的贈品。小秋從此沉溺於攝影技巧，岔路從此便因而展開。她去選修攝影課程，負責義務教學的正是富豪羅毅明。這位在鄉里獲得尊敬的長者，最後竟橫刀奪愛，使小說中的我，在一夜之間整個人生變得支離破碎。

故事裡，我是一個奮發的青年，在建設公司裡是負責行銷的創意設計。這種題材無疑就是王定國拿手的本行，從購地養地，一直到建設大樓、行銷創意，各種眉角都在他的掌握之中。故事設定在九二一大地震之後，歷經SARS的侵襲，使整個建築業有了重新洗牌的機會。在最精采的世紀之交，有多少小人物正要通過最殘酷的考驗。擁有善良心靈的小秋，為了追求更美好的生活，在花店工作之餘，還特地去學習攝影。她看見自己的丈夫我，在建設公司獲得提拔，並且也有機會購買房屋時，她也想盡辦法去籌措貸款。在最迫切的時刻，小秋向羅毅明要求借貸，為的是讓丈夫沒有後顧之憂。如此善良的動機，卻使羅毅明有了可乘之機。小秋失身之後，從此也宣告失蹤。

王定國在處理故事時，從來不會交代細節。他擅長採取跳躍式的敘述，讓出相當寬廣的空間，容許讀者自行填補更多的想像。在小鎮擁有善行美譽的羅毅明，背後其實隱藏著相當深邃的黑暗面。他的德行獲得肯定之際，他的良心譴責也就相形更加沉重。這種人格上的反差，點出了王定國用筆之幽微。在陽光下獲得稱讚越多的羅毅明，反而在內心幽暗處找不到任何救贖。而失去小秋的我，終於無法在建設公司裡繼續賣命，而選擇到小鎮的海邊經營咖啡店。命運之神自有安排，讓羅毅明無意之間走進咖啡店，卻相當錯愕，與店主的我不期而遇。在愛情的疆界裡，他們是對敵的兩個人。懷恨的我並未惡語相向，但羅毅明離開咖啡店後，便開始生病，終而跳樓自殺。

羅毅明的女兒羅白琇事後來造訪咖啡店，似乎希望理出頭緒，並且獲得諒解。藉由倒敘的記憶，小秋的行蹤逐漸清晰起來。白琇攜來兩張羅家豪宅的照片，一張是櫻花盛開的景象，一張是櫻花全部遭到剷除的荒涼。整部小說的象徵，在櫻花的盛開與消亡之間獲得詮釋。燦爛的花開是羅毅明生命旺盛的暗示，也是小秋學習攝影時的主要景物。當櫻花全部鏟除，意味著小秋的失蹤，同時也象徵著羅毅明生命的終結。小說中的我寫了一行字：「敵人在夢中殲滅，櫻花在床頭盛開。」整部小說既是失妻記，也是復仇記。在愛情裡，從來沒有人是勝利者。

王定國《敵人的櫻花》

故事最迷人之處，便是背德者羅毅明與愛妻小秋從來沒有真正現身，而是透過主角我與羅白琇之間的對話，逐漸敷衍而成。王定國擅長使用墨汁暈開的方式，讓故事緩緩延伸出去。當他描述人物心情時，都是以襯托的手法彰顯出來。當敘述者向白琇小姐說出這句話：「一個悲劇竟然是從喜悅中醞釀出來的」，似乎已經暗示人的命運從來無可躲避，注定即將發生的任何悲情或悲劇，沒有人可以輕易獲得庇護。縱然是明朗的天空也會投下陰影，而櫻花的盛開，似乎也無法逃避凋萎的命運。王定國所使用的抒情語言，總是沾黏著難以拭去的哀傷。在他遺詞用字之際，總是把讀者的心情逼到一個角落，彷彿陷於一個困境，終於不能掙脫。

王定國借用反白體的敘述，穿插太多懸宕的過程。他並不說出完整的故事，總是在關鍵處引出一條跡線，任由讀者去摸索。在第一章就已經出現這樣的暗示：「當然，在我們剛開始前往羅家或者海邊的路上，什麼事都還沒有發生。如果那是一條歧路，也只是忽然出現的歧路而已，沒有人知道它即將通往黑暗的幽林，何況沿途還有綺麗的風光，我們甚至為著迷人的景緻而一路充滿著歡喜。」福禍是如此相倚，命運是如此深不可測。閱讀王定國的文字，不免沉溺在他迷人的抒情節奏裡。但是，那終究是一首愛的輓歌，讓我們深深被遺棄在無盡的悲傷裡。

二〇一五年七月十四日　政大台文所

詩的哲學浪子

——序吳懷晨詩集《浪人吟》

吳懷晨是一位衝浪者，有著黑亮的皮膚，可以想像那顏色是由陽光與海水沖刷而成。他喜歡微笑，卻很拘謹，對於哲學、歷史、文學都抱持高度興趣。在年輕詩人的行列裡，並非是多產者，但他一直維持穩定的節奏，在恰當時刻寫出詩與散文。他是政大哲學系畢業，我未曾在文學院遇見他，必須要到他任教於台北藝術大學時，我受他邀請前往演講，才得以認識這位深思而又敏感的詩人。

他的詩學與哲學似乎都在探測同樣的主題，那就是黑暗的人性。這是進入現代以來，最為迷人的議題。人性是那樣深不可測，簡直是沒有底部的深淵，其中所容納的情欲、邪惡、貪婪、自私、驕傲，往往化成有形的事物，呈現在我們面前。對於文學創作者而言，幽暗意識永遠充滿了致命的吸引力，也持續逗引著人們去窺探、摸索，並且創造。每個人的內心都擁有一個深邃的黑洞，難以描摹，也難以定義，卻生動地存在那裡。因為是看不見而且沒有具體形狀，正好容許創作者不斷嘗試去索取。看不見的人性正是現代文學的泉源。

從事哲學思考的吳懷晨，對於法國思想家巴塔耶懷有高度好奇。巴塔耶的《情色論》已經譯成中文，對國內許多研究者與創作者產生極大衝擊。情色一直是東方儒家所逃避的議題，或者確切而言，儒家思想從來都是強調人性光明面，刻意逃避黑暗面，凡涉及身體、欲望、鬼神的議題，絕對不可能出現在儒家的思想傳統。去人欲而存天理的訓誨方式，終於使東方文化傳統變得乾乾淨淨，甚至是一塵不染。巴塔耶的理論正好站在東方思想價值的對立面，他逼迫許多道學家去面對身體內部的魑魅魍魎。巴塔耶所牽動的美學觀念，其實是逼迫現代人去正視真實的人性，讓受到道德譴責的身體與情欲翻轉過來，容其回歸到應有的位置。人性從來都不是上升的、正面的、光明的，在許多神祕時刻，反而是下降的、負面的、黑暗的。文學不應該是刻意逃避人性的真面目，凡是淪為逃避或偽裝，文學便不再是真實。

吳懷晨的學術與藝術，從來都是持續在對話。學術的誠實與藝術的真實，在他的思考裡具有同等分量。這本詩集《浪人吟》，似乎與他的散文《浪人之歌》構成了雙軌式的美學表現。他的散文集寫的是個人的衝浪生活，接受訪談時，他曾經提起衝浪的活動帶著求生與求死的兩種驅力。生命裡充滿了太多搏鬥的經驗，身為哲學研究者，在學術上必須生產論文才得以生存，那是思想上和精神上的搏浪。有多少生命在學術中滅頂，似乎也暗示著學界的殘酷。吳懷晨藉由海邊的衝浪經驗，而鍛鍊了他在學術

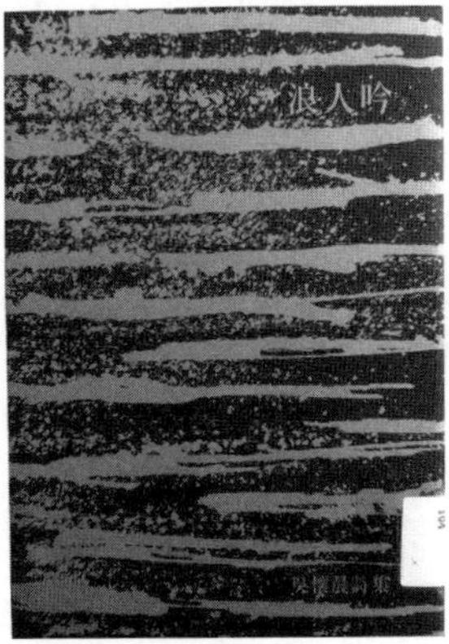

吳懷晨《浪人吟》

上的搏鬥意志。肉體與精神的相互激盪，使他在思考上更加富有戰鬥力。

《浪人吟》所歌頌的不是海洋生活，而是描述都市高樓陰影下生命的浮沉。喧譁的街道，奇異的夜晚，其實也洶湧著看不見的激流，有多少年輕心靈受到沖刷，終而失去自己的方位。在城市的角落，隱藏著許多漫遊的靈魂，他們的魂魄似乎也可以使用「浪人」來形容。而這些漫遊者似乎也可以拿來與海邊的衝浪者相互比並，詩集裡的第一輯「海」與第二輯「大正町」，正好構成海潮即人潮的隱喻，也構成了求生與求死的辯證關係。

他追逐生命的意志，可以在那首〈衝浪人之歌——山海經〉窺見：

阿波羅日神啊！
請借給我您那雙火炬之眼
舉目，那怕只有一瞬
在您的注視下
世界的意識便熊熊綻放
地大的神祇，水與光，山與海
浪裡來去的哲學浪子
愛與恨的元素
要將永劫綻放著……幻化著

在陽光下，衝浪的詩人其實是在追逐他個人的藝術。無論在浪頭或在水底，都在於證明自我生命的存在。這位哲學浪子在他體內，永遠飽滿著、豐富著愛與恨，那種求生的頑強意志歷歷可見。或者更確切而言，他在追求一個完整的人，擁有生命的熱情，知識的冷峻，敢愛敢恨，求生求死，那無疑是他最崇高的美學。「浪裡來去的哲學浪子」其實是一種自況，把兩種不同的元素，揉雜在他的身體裡。顯然他不甘扮演純粹的學者，當他以肉身介入海洋時，似乎也在測試挑戰大自然的極限。他傾向獨自思考，卻不是一株容易折斷的蘆葦，而是禁得起驚濤駭浪的折騰。他不是鳳凰，無法浴火重生；他是衝浪者，卻能浴水而生。

具有孤高靈魂的詩人，從來並不逃避世俗，而是進入人間，見證許多在人海浮沉中的年輕生命。詩集的第二輯「大正町」，寫的是台北市林森北路的夜生活。在暗夜街巷，從一條通到七條通，遊蕩著生命的盲流。這一系列作品，頗受前輩詩人楊澤的影響，深深帶著「人生是不值得活」的況味。第三輯的「含羞葉」，對於年輕女孩物質追求的感嘆，似乎也彰顯了詩人對於價值觀念劇變的憂心。青春的身體從來就是探險與冒險，在「子衿」的系列詩裡包含了十三個子題，彷彿是為年輕女孩所譜出的輓歌。現代都會的樓影下，遊蕩著多少無家可歸的靈魂。她們離鄉背井，容許巷弄陰影遮蔽她們的容顏。沒有身分，沒有認同，也沒有目標，更沒有歸宿。這十三首短詩其實是青春的抗議與生命的吶喊，一如〈成年禮〉所顯示的詩行：

喔，我是個帶電體
被同儕排斥好遠

遭網路誘引好深
幽幽蕩蕩的浮標符碼
流浪，字元的深邃處
逃家。男人總要喝醉
爸爸總要遲歸，總在
窗下嘔出我的睡眠，吐
出我的，口區
口區　口區
口區
我成年禮的強迫症

每個生命的啟蒙過程，都要穿越許多歧異的途徑，最後才跨入惆悵的成年階段。有人是被迫選擇，有人是主動投入，卻都不一定是出於自主意願。這首詩充滿了無奈情緒，無論外面遇到的男人，或是家裡掌握權力的父親，竟都是她命運的支配者。這位少女只能把自己鎖在網路裡，那渺茫虛無的空間無遠弗屆，那是一種變相的離家出走，也是一種虛擬的背叛社會。這首詩把嘔吐的「嘔」，裂解成「口」「區」兩個字，顯得非常拗口，既艱難而又困頓，正好構成女孩走向成年的一種困難儀式。充滿挑戰的生命過程，所有的成年禮無疑就是一種強迫症，跨過了那一條界線，生命再也不存在著任何夢想。青春，就是流浪的旅途，也是逃家的出口。這首詩充滿了反諷，卻也是對成人世界的最大譴責。

吳懷晨是罕見的知性詩人，他偏離抒情傳統，而以一雙冷靜的眼睛注視著這個家國。他的詩行看來是採取旁觀的態度，但是整本詩集合觀時，卻有他積極的介入。對他而言，詩是一種干涉的行動，當他的詩行在進行時，無疑是帶著強烈的人文關懷。他的詩，就是他的哲學思考。捧讀他的詩行之際，我們不能不對這位哲學浪子投以專注的眼眸。

二〇一五年十月二日

歌手與寫手的奏鳴
——序陳綺貞《不在他方》

音樂歌手與文字寫手之間的距離，究竟有多遠？動態的聲音與靜態的文字，兩者產生的想像是不是一樣重？音樂是時間藝術，文字也是時間藝術，占領的空間都是在心靈深處。收到陳綺貞散文的印刷稿時，這樣的問題不禁在我的心裡浮現。在坊間，她一直被視為才女，或被尊稱為女神，顯然是因為她歌曲創作所塑造起來的形象。每個音符，每句歌詞，完全都是由她親筆創作。從抽象思維到具體演出，這樣的過程很難輕易窺見。同樣的，幻化的感覺變成確切文字時，究竟要經過怎樣的折磨？這本散文集就要付梓問世，她的才女形象，是否又將添加更多神祕的色彩？

二〇一二年秋天，陳綺貞出現在我的教室。那年的氣溫很早就下降，穿著厚實而樸素的服裝，她坐在教室的最後一排。我必須很抱歉地承認，當時我只發現一位陌生女子，坐在學生中間。我上課的方式總是精神集中，完全鎖在自己的思考裡。為了讓我的課講得很精采，我從未做任何無謂的聊天，也不會在教室點名。只記得那天下課後，開門時發現許多學生擁擠地站在外面。原來整個校園早已盛傳，陳綺貞回到學校。如果說那是一個事件，我毫不訝異。只見許多學生搶著要與她拍照，請她簽名，那是我回到學界以來從未有過的盛況。

那天回到研究室，我立刻請教助理，陳綺貞是誰？這樣提問時，恰好足以把我劃入另外一個世代。助理推薦我聆聽她所寫的一首歌〈旅行的意義〉，無論是歌詞內容，或者曲調旋律，聽來是那樣乾淨，清晰，且略微帶憂傷。這是我第一次聽陳綺貞，也是第一次體會才女的天分。音樂與文學，都同樣屬於藝術領域，凡是沒有讀過的書，都是新書；沒有聽過的歌，也都是新歌。真正的藝術，沒有新舊之分。我縱然遲到，但也終於趕上了。

陳綺貞是政治大學哲學系畢業，她在學時，我才初到校園，從未有過謀面的機會。那年秋天，她病後不久，希望能夠重新出發。她選擇回到學校來聽課，我那門「文學批評」，恰好與哲學系合開，或許因為如此，她才走進我的教室。第二個星期，她在下課時前來自我介紹，有些內向羞怯，但談吐時落落大方。她說，已經讀完我的《台灣新文學史》，不免令人感到訝異。後來，在台北市立美術館，我為林惺嶽畫展演講時，她也前來聆聽。她在台北女巫店演唱，特別邀請我去。可惜我的行程太滿，錯過那次的演出。

又過一年，二〇一三年底，她寄來貴賓券，邀請我出席她在台北小巨蛋的演出。到達現場時，看到那麼龐大的建築，不免感到懷疑，到底需要多少聽眾才能填滿那廣闊的空間？這是我第一次為一位台灣歌手赴約，走進室內時，四望樓上樓下全部的座位，幾乎擠滿了人頭，這時我才意識到陳綺貞的魅力。在台上演出的她，與坐在教室裡的那位女子，似乎前後判若兩人。她的演出，她的歌聲，充滿了生命力。那種震撼，排山倒海而來，使所有的年輕心靈完全失去抗拒。舉目全場，我可能是少數超齡的聽眾。恰恰必須在現場親身感受，才有可能理解台灣流行文化的特質。我很慶幸自己沒有缺席，那個晚上彷彿經歷一次前所未有的洗禮，見證了藝術力量的衝擊。

那晚有許多感動的時刻，尤其她唱那首〈別送我回家〉，觀眾才發現她的母親就在現場。為母親而寫的這首歌，是她生命經驗的重要橋段。幼年時，家庭破碎的傷痛，使她與母親、外婆的感情非常親近。她不忍看到母親在街的對面，注視她走回家。好像回望彼岸，噙著淚水，成長時期的傷心故事又再次席捲過來。短短的一首歌，可以意會她生命的某種缺口，就像蝕破的葉子，生命再也不能保持圓滿狀態。以隱晦、曲折、暗示的方式，唱出生命的最痛，這正是她內斂含蓄的藝術。而這種表現手法，也正好彰顯在她的散文書寫。

《不在他方》有一個英文命名，「Placeless Place」，似乎是指涉一個無根、不確定、無法命名的空間。如果不在他方，應該就是指向此時此地。這正好點出她的生活寄託。她的居住位置，全然不能定位，不能辨識，不能察覺。這樣的命名，自有她的微言大義。低調，謙遜，內向，是她的性格。即使在演出時歌聲嘹亮，但她的姿態，仍然像教室裡的學生那樣拘謹。記得在演出中間，她穿著工人裝，舉起一支巨型的錄音器具，繞著看台全場走一圈。台前銀幕上出現的影像，則是另外一個場景，她也是同樣的裝扮，站在台北市的十字路口。大約是清晨時分，路上幾乎無人，十字路口有斑馬線，上面則圍繞著行人陸橋。她孤零零一個人舉著錄音器，站在馬路中央。單薄的身影，彷彿在抵抗著整個城市。在小巨蛋的看台上緩緩行走時，她帶著微笑，還是那樣含蓄，那樣謙遜，完全是典型的陳綺貞。

書中的一篇散文〈聲音採集計畫〉，描述的正是這樣場景。身為歌手，或許不能只傾聽自己的聲音，而是要聆聽日常生活中非常熟悉、卻早已遺忘的各種聲音。半夜的大海，早晨的台北，關不緊的水龍頭，到處都可以接收神奇而陌生的音響節奏。對不同聲音的嚮往，其實是表現對生命的一種執著。這篇短文裡，她寫出使人感到詫異的句子：「我聽到垂直降落的不滿，不如落葉瀟灑躺在充滿生命氣息的泥土上，任人踐踏，發出慶祝自己遠離死亡即將重生的歡呼。」這是濃縮的詩意，也是頑強意志的象徵。有人看到落葉，立即的聯想可能是等待死亡，她反其道而行，竟是嗅到重生的氣味。她的敏銳，竟有如此。

詩，從來都是壓縮了龐雜的意象，成為精練的句式。但是在解讀時，壓縮的詩，立即釋出巨大能量，洶湧而來。她的散文作品，便是依賴如此的書寫策略，表面上看似輕盈，但呈現在讀者眼前的畫面，卻是有無可承受之重。猶如水面浮出冰山一角，底下竟潛伏著碩大的軀體，她的語法，伺機要給人突來的一擊。這種逆勢操作，為的是要在讀者的心版上烙下深深印痕。她不畏懼生活中的瑣碎細微，也不害怕近鄰周遭的平凡庸俗。這些習以為常的風景，也正是無可名狀的市井生活。在喧囂吵雜的巷底樓頭，卻是她生命寄託的所在。

在盆地裡的某個高樓，在城市裡的某個角落，正是歌手出發到遠方的起點。對於自己據守的空間，陳綺貞總是以飽滿的情感在觀察。在歌迷眼中的女神，她過著小人物的生活。她文字的細膩幾乎無所不包，甚至輕易錯過的場景，竟是她最溫暖的記憶。她所寫的〈日常生活〉，特別使人珍愛。旅行到全世界的大城市，從巴黎到古巴，跨過千萬里的航程，她所懷念的竟是台北住家隔壁的早餐店。在那裡，沒有咖啡店的文雅和知性的生活風情：「每個人都很聰明，不去理會也無心理會旁人，吃飽，看完報紙，離開。沒有大驚小怪，沒有浪漫情懷，一個精實具體的早晨，一個準備好戰鬥，裝上彈匣的場所。」詩的聯想，在這裡就產生了魅力。早餐店，是一個裝上彈匣的場所。多麼精準銳利，一句話點出一個城市的精神。

真正的藝術工作者，從來都不是憑空想像。凡聽過她的歌聲者，幾乎都會說她的歌聲很純淨，歌詞非常簡潔透明。如果從她的散文作品來窺探，就可察覺她擁有一顆入世的心靈。縱然在成長過程有過親情的傷害，卻可以發現她擁有不碎的意志。作品裡有兩篇文字〈成年禮〉與〈武俠〉，照映著她性格的兩面。從拔牙的艱難過程，到發現自己與生俱來的不服從根性。當她終於把最後一隻智齒拔除時，她說：「我知道，拔掉這顆牙，不只是拔掉多年來的恐懼，也除去了過於早熟的不安，解除了童年被剝奪的傷感，釋放了身體裡自我抵消的力量。」如此莊嚴地描述自己的成年禮，是需要經過深切的覺悟。為自己生命下最精確的定義時，其實也是終結她成長時期所承受的挫折與悲痛。

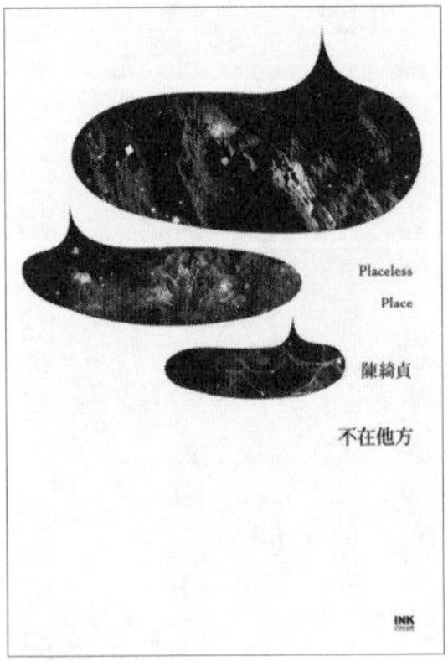

陳綺貞《不在他方》

熟悉她作品的歌迷，恐怕不會料到這位女神對武俠小說特別耽溺。在一次旅行的車上，不意與朋友聊起武俠小說，而談起各自嚮往的武功。有人想要「降龍十八掌」，有人喜歡「生死符」，陳綺貞夢想著周伯通的「雙手互搏」。左右手相互對決，恰好是這位歌手的藝術特色。一手寫歌，一手寫散文，相互頡頏，相互提升。表面上說的是武俠，骨子裡卻是她的理想。她說：

「人生中想做的事這麼多，如果又能摒除雜念，又能同時進行，豈不是太美妙了。」

對自己，對世界，如果充滿了太多幻想與虛構，也許會被視為不切實際。但是她堅信，「這個世界難道不是由虛構再加上生存本能建構起來的嗎？」她對於虛無縹緲的想像，是如此雄辯，又是如此無可理喻。然而她一首歌一首歌親自寫出時，不都是從無可名狀的時空，從無法定義的心靈迸裂出來。虛與實的辯證，歌手與寫手的互補，才有可能奏鳴出起落有致的歌聲，也才有可能釀造如此動人的散文篇章。無論她的音樂或散文有多精緻而空靈，卻都是從尋常庸俗的坊間所孕育出來。她的夢想，不在他方，而是此時此地的台灣。

二〇一四年十一月七日　政大台文所

男女故事，從頭說起

——《親愛的小孩》序

劉梓潔完成〈父後七日〉時，已經為台灣散文書寫創造新氣象。她乾脆俐落的字句，不因循俗套的書寫，很快就為台灣文壇宣告新世代的到來。出生於一九八〇年的她，無疑是一個起點，在此之前，作家不免背負許多傳統的重擔，即使不談家國，也多少要強調性別。她創造節奏活潑的文字，把一場殯葬送別的過程寫得活靈活現，即使不是節慶，卻描述得熱鬧繽紛。那是眼淚與悲傷的淨化過程，也是懷舊與思念的昇華。不久以後，〈父後七日〉又改編成電影，作者本人也參與編劇並執導。一篇充滿戲劇性的散文，能有如此轉折，正好可以彰顯她想像的能量。它可以縮小成篇幅有限的靜態作品，也可以膨脹成為動人心弦的戲劇故事，證明她握有一枝魔術的筆。

戲劇性，原就屬於伸縮自如的概念。當平面想像轉化成立體演出，需要許多藝術的跨越，已經不僅止於文字的操控而已。她寫散文時，本身就隱藏了小說的敘述能力，或者確切地說，在行文之間就具備說故事的欲望。因此，她的文字張力不可小覷。她可以寫散文，更可以是寫小說的料子。她在兩種文體之間的互換，簡直是進出自如。一般散文需要內在邏輯來支撐，在段落與段落之間，多少會保留延伸的軌跡。劉梓潔卻勇於切斷，也勇於跳接，其中有不少懸宕空間需要讀者參與想像。這正是她風格的迷人之處。

《親愛的小孩》是她的第一本小說，最早一篇完成於二〇〇五年。身為現代都會的女性，已經與上世紀的典範拉開一段距離。到一九八〇年代之前，女性被賦予的任務極其複雜，至少要在生命中完成婚姻的任務。在台灣社會解嚴前後，女性扮演的角色更是負有多重任務。她們不僅要衝撞政治體制，也要背叛傳統，甚至連帶必須從事啟蒙運動。到達上世紀末端時，女性小說已經蔚為風氣，卻還是帶著緊繃的情緒。劉梓潔這世代在文壇登場時，看待社會與家國的議題已經非常從容。她所表現出來的自主與自信，毋需投入無謂的論戰，也毋需經過內心掙扎；凡出現在思考或意念，都可融入小說故事裡。

劉梓潔這位都會女性，似乎有某種程度的戀父情結，父親的意象若有似無，往往在她的愛情與記憶中浮現。不管是糾纏或纏綿，父親影像揮之不去。那好像是生命中的祕密，也是她心靈底層的穩定力量。在乍起乍滅的濫情與戀情裡，父親代表著一種救贖的意義。對父親的眷戀，即使在《父後七日》的散文與電影，就已經發揮得淋漓盡致。父親意象，無論是真實或虛構，都暗示著感情上的某種匱乏與嚮往。父親的在與不在，亦即愛情的完成與未完成，不免也牽動著讀者的情緒。

她的文字很乾淨，從不拖泥帶水，從不耽溺於繁瑣敘述，只要三言兩語就把讀者帶進特定情境裡。對於男女關係的描寫，她抱持疏離與淡漠的態度，縱然觸及性愛場面，她仍然扮演旁觀者的角色。小說集裡的〈搞不定〉，是她說故事的一個範式，乾脆俐落，節奏迅速。一個叫老K的男人，擅長調情。他勾搭女人已經有一段歷史，似乎閱人無數，但在內心深處卻有他苦不堪言的挫敗。換過一個女人又一個女人，彷彿充滿優越感，卻乏善可陳。劉梓潔站在一個比較高的位置，俯視著男人是何等偽善、懦弱、不負責任。這篇小說等於宣告男人主宰社會的時代已經過去，或者精確地說，這樣的小說誕生時，這個世界不再只是由男人來解釋。小說中的男人是主角，但他的言行舉止卻是由女人來操控。作者並不訴諸強烈指控，反而藉由輕快冷靜的文字技巧，徐徐彰顯女性批判的力道。

主題小說〈親愛的小孩〉，完全翻轉男女的位置。有這樣一位都會女性，接近男人是為了生小孩。她主動尋找伴侶，也自主決定是否要傳宗接代，這當然是非常嘲弄，也是非常顛覆的一個議題。當女人主宰感情時，男人只能處在被動或配合的地位，截然不同於過去的那種蠻橫或傲慢。試看她寫的這段文字：

> 抽菸喝紅酒交男朋友浪跡天涯像一盒隨時都可能被撞翻的爆米花，滿地狼藉與悲涼隨時一觸即發。我自知不是那塊料，無法過了四十歲無夫無子依然美麗自信叱吒職場。如果沒有小孩，我只會蹲在地上一直撿一直撿爆米花而已。

劉梓潔的文字能力在此徹底表現出來，連續二十八個字，毫不中斷寫出想要生小孩的單身女子心境。她一口氣講完，為的是要表達內心的焦慮與飢渴。婚或不婚，是一種抉擇；生或不生，又是另一種抉擇。而這種選擇權，全然掌握在這位都會女子的手上。這已經不是寫小說而已，她要傳達女性的新觀念，新價值與新身體。有些小說可能在乎技巧與藝術，但這篇小說在某種意義上似乎可以視為一種時代宣言。

劉梓潔，屬於二十一世紀台灣女性的聲音。她說故事時，抽掉了太多不必要的交代，而且也略過許多過場的敘述。她說話的語氣代表高度自信，被動、被解釋、被填補意義的女性身分，在她筆下已經一去不復返。她的故事都是一個場景一個場景銜接起來，也是一個鏡頭一個鏡頭不斷移動。女人的故事，或者男女的故事，就從這裡從頭說起。

二〇一三年七月一日　政大台文所

《台灣新文學史》日文版序

《台灣新文學史》的日文版，即將在東京付梓問世。對我個人的學術生涯而言，這是相當重要的暗示。這本著作在台灣受到廣泛閱讀之餘，又可以跨越國境，與日本的讀者接觸，似乎意味著這本書不僅是屬於台灣讀者，而且也可以與日本讀者分享。畢竟在一九四五年之前，台灣文學運動是在日本殖民統治下展開。這種歷史記憶，不僅負載著台灣知識分子的主體思考，同時也承受了殖民地的權力支配。在終戰七十年的今天，這本書應該可以讓日本知識分子了解被殖民者後裔的心情。書中的歷史觀點與文學解釋，可能與當前日本學界的態度有所歧異。但是我相信，學術的不同立場從來都是可以並存的。

我早期的學術訓練是出身於歷史系，我所接受的歷史研究方法，有一個最基本的原則，就是不知道事實的話，就保持沉默。如果沒有任何史料的支撐，所有的解釋都不能成立。在撰寫這本書時，對我最大的挑戰無疑是史料的取得，以及歷史觀點的建立。如果這本書是在一九八七年解嚴之前撰寫的話，恐怕無法獲得如此豐富的史料。同樣的，如果台灣沒有解嚴，書中的許多觀點恐怕也不能得到伸張。這本書可以順利完成，完全拜賜於政治禁忌的解除。許多台灣作家的作品都逐漸重見天日，台灣社會可以獲得思想的空間也更加開闊。這本書是解嚴後典型的學術產品，突破了過去存在已久的思想禁忌與文學囚牢。

撰寫文學史時，我採取的是後殖民觀點（postcolonial perspectives）。所謂後殖民立場，並非是全盤推翻殖民者所帶來的文化思考與價值觀念，而是以批判性的接受態度來檢討殖民統治的影響。台灣社會是在日本統治以後開始接受現代化，這種運動一方面帶來了解放，一方面帶來了壓迫。它讓島上住民從落後的傳統文化解放出來，也迫使台灣住民接受不符合自主意願的制度。現代化運動使台灣新文學逐漸脫離傳統詩學，也使台灣年輕一代從書生身分轉變為知識分子。由於台灣總督府帶來太多壓迫，知識分子的心靈也終於覺醒，他們引述更進步的英、美的現代化觀念，來批判殖民統治的落後制度。新文學的誕生，是殖民地啟蒙運動的重要一支。他們透過文學作品來傳達批判精神與抵抗意志，並且也介紹了全新的觀念，包括台灣意識、階級意識、女性意識。無可否認，殖民地作家所完成的作品在藝術上，顯然不能夠與帝國文學相提並論。但是從一九二〇年代到戰爭結束，殖民地文學始終是這個海島的最佳歷史見證。

帝國作家對殖民地文學的衝擊非常巨大，尤其是新感覺派小說，對於台灣作家創作的技巧影響頗大。同樣的，《詩與詩論》的前衛詩學，也使殖民地詩人學習了許多創作技巧。在寫實主義方面，台灣的左翼作家，也從帝國盛行的社會主義認識了階級意識與批判精神。帝國文化與殖民地文學之間，一直存在著辯證關係。台灣作家的許多文學思考，往往受到日本的影響。

但是一旦投入創作時，卻又對帝國的統治與支配進行強烈批判。這種批判的實踐，我們稱之為抵抗精神，而且也轉化成為台灣文學的重要資產。台灣文學主體性的建構，整個過程相當複雜。尤其是在面對現代化的道路時，台灣文學更加彰顯了它的重層性格。台灣作家不僅接受日本的現代性，同時也借鑑了西方社會的現代性。從事文學創作之際，對於中國古典文學仍然抱持嚮往，而對於中國新文學運動也具備高度關切，這些文化背景是台灣作家的宿命。他們更重要的課題是，如何透過文學來反映他們困難的歷史處境，並如何精確地寫出他們在殖民地社會的生活困境。

這本文學史所作的歷史分期，曾經引起很大爭論。因為書中把戰前的文學發展，定義為殖民時期；而把戰後文學一直到解嚴的階段，定義為再殖民時期。一九八七年解嚴之後，台灣文學才進入後殖民時期。我的論敵陳映真，一直把台灣文學視為中國文學的支流。他的解釋完全忽視了台灣歷史的真實脈絡，他的解釋只不過是在合理化他個人的政治立場。為什麼戰後歷史可以定義為再殖民時期？理由非常清楚，國民黨來台灣接收，完全繼承了殖民地時期的制度與統治策略。從國語政策、文藝政策、專賣制度、省籍制度、民族主義、領袖崇拜，都與戰爭時期的皇民化運動相當類似。戰爭結束，台灣人並沒有獲得任何解放的感覺。一黨獨大的威權統治、思想檢查、媒體控制，與殖民地時期完全沒有兩樣。台灣社會能夠走進後殖民時期，是因為經歷了草根民主運動的洗禮。當人民反抗的力量崛起時，威權體制不能不鬆綁。國民黨終於接受了反對黨的存在，也接受了總統民選的制度。國民黨不再是一黨獨大，而是成為民間的一個政黨。這是戰後台灣史的重要關鍵點。

戰後文學史變得特別精采，由於受到美國文化的衝擊，而出現了一九六〇年代相當精采的現代主義文學。一九七〇年代，台灣被迫退出聯合國，以及《上海公報》的簽訂，使得虛構的中國體制終於暴露其統治本質。當中國體制動搖之後，台灣鄉土文學運動也開始崛起。台灣文學的主體性逐漸顯露出來，寫實主義文學蔚為風潮。一九八〇年代，全球化浪潮席捲了台灣社會，國民黨威權更形沒落，終於不得不容許民主進步黨的存在。這種歷史轉變，使得文學想像變得更加開放而豐富。女性文學、同志文學、原住民文學，開啟了一個前所未有的多元化時期。

《台灣新文學史》正式出版於二〇一一年十月，距離最初完成第一章的二〇〇〇年，十一年已經過去了。這本書可以說是新世紀的產物，也是台灣完全民主化以後的著作。如果是在威權時代，書中的許多思考與議題，可能都是屬於政治禁忌。我是在嬰兒潮世代誕生，經歷了二二八事件，也經歷了白色恐怖時期，並且全程走完整個戒嚴時代。我曾經被視為黑名單人士，在海外流亡長達十五年。我是一個典型的思想犯，出版的書籍曾經遭到查禁。那些痛苦的經驗，都化為書寫這本文學史的力量。我樂於以這本厚重的文學史作為個人的歷史見證，希望黑暗的時代不再捲土重來。非常感謝下村作次郎教授主動建議將此書譯成日文，也感謝四位翻譯的教授：垂水千惠、池上貞子、野間信幸、三木直大。

二〇一五年九月八日　政大台文所

陳芳明《台灣新文學史》中文版書封

舌頭的台灣探險
——序焦桐的《味道福爾摩莎》

焦桐展現他的美食品味，始於他的詩集《完全壯陽食譜》。那本詩集無論就詩行而言，或就食譜而言，都是上乘的演出。食與補，一直是漢人生活中的關懷與關鍵。以他的文字功力來撰寫食譜，或者來描述美食經驗，絕對是綽綽有餘。在台灣散文研究中，終於開出一個「飲食散文」的分類，焦桐應該是居功厥偉者之一。從世紀末到世紀初，他陸續寫了《台灣味道》、《台灣肚皮》、《台灣舌頭》的三部曲，彷彿是台灣踏查筆記，相當周全地走過台灣的城市與鄉鎮。他嘗試從食物的味道，點出地方文化的特色。這種細緻的勘查旅行，為的是要精確掌握台灣本地人的飲食習慣。

日本人在十九世紀末期取得殖民地台灣時，就已經派遣人類學家伊能嘉矩去調查台灣的人種。他以實地觀察，把各個不同族群的生活方式記錄下來。伊能嘉矩在一八九七年終於完成《台灣踏查日記》，為日本帝國提供了相當關鍵的資訊。統治者還更了解被統治者的生活習慣，這是經營殖民地的祕訣。在短短一年之內，伊能嘉矩就已經把整個中央山脈全部走過一次。伊能嘉矩探險的經驗，給我們一個很大的啟示，那就是殖民者永遠比在地的台灣人，還更熟悉台灣。那是一種實地考察的方式，以眼睛、以觀察去了解原住民的生活習慣。清朝統治台灣兩百餘年，對於原住民生活的了解永遠停留在《番俗六考》的初階，直到割讓台灣給日本之後，北京對台灣的了解就永恆地停留在那裡。

要了解台灣這塊土地，並不必然要像殖民者跋涉整個中央山脈。身為現代的台灣人，可以從不同的入口去認識這個豐富的海島。無論是顏色、香氣、味道的各個層面，都暗藏許多機關，讓我們可以感覺真實的台灣。尤其是台灣社會底層，都擁有非常精采的文化，不僅誠實，而且徹底。島上百姓的淳樸性格，往往是透過他們的味覺來呈現自己。往往在小鎮街頭的夜晚，可以看見一盞暗黃的燈，明滅在蕭索的街道，那是台灣最尋常的切仔麵。尤其在寒冬之際，遠遠就可以看見熱氣蒸騰，不禁使人感覺溫暖。隨風傳送過來的，是肉燥的香氣，往往觸動脆弱的心靈。黑夜的燈光，冬夜的香氣，往往使小鎮的陌生旅人意志動搖，終於情不自禁，坐在麵攤前長長的木條椅上。流亡多年以後，我坐在一個麵攤享用切仔麵，整個感情都融入了那素樸的風景，最後不禁淚下。那是故鄉接納我的一個重要儀式，經過那樣的洗禮，我確知已經回到台灣。

回到台灣，我就知道自己是一個小市民，遊走在城市大樓陰影下的大街小巷。因為是小市民，走在路上沒有人認識，坐在路邊攤也相當自在。因為是小市民，所以能夠品嘗各種民間的小吃，尤其是台灣的鄉土食物。夾雜在人群裡，可以在各種特殊風味裡，重新建立童年時的記憶。在暗夜的巷口，與尋常百姓坐在小板凳上，與他們剖腹相見，享受著社會底層的台灣人情。

我曾經涉入政治領域，深深察覺那是最不自由的地方，不僅沒有言論自由，也沒有行動自由。政黨輪替時，曾經被邀請入閣，我立即拒絕。因為進入公部門以後，小市民的身分就立刻喪失。失去的不僅是言論自由、行動自由，連帶也要失去品嘗台灣小吃的自由。

捧讀焦桐的這本《味道福爾摩莎》，許多童年的記憶剎那間轟然回來。我的故鄉是高雄左營，直到十八歲考上大學那年才離開，生命中最初的記憶都完整保留在那寧靜、樸素的小鎮。左營菜市場裡面的小吃，從炒米粉、擔仔麵、扁食、肉粽、肉圓，都形成我最初的人生滋味。記憶容器是一個奇異的空間，許多人、事、物的感覺，常常在無意之間湧現而出。回憶時，不必然是依賴文字或影像，有時某種顏色、溫度、味道所勾起的思念，往往是雷霆萬鈞。童年時期曾經在寒冷的冬夜，坐在巷口的福州意麵攤前，享用一碗熱騰騰的湯汁，整個身體立即溫暖起來。那是我永恆的印象，遠在海外飄泊時期，那碗具有嚼勁的麵條，以及伴隨而來的芹菜味道，彷彿是一種親情的召喚。

故鄉食物所挾帶的感情，總是像湯麵那樣煨燒著寂寞的心靈。回到台灣之後，第一次訝異發現，所有的台灣小吃已經在豪華餐廳供應。那時還是黑名單的身分，被邀請去青葉餐廳宵夜，才發現上桌的菜脯蛋、番薯粥、燒酒螺都搖身變成高貴的菜餚。那時心情頗受震撼，這不就是小時候我們蹲在後院所吃的尋常食物嗎？看到餐廳的定價，完全不敢置信，但是看到圍坐餐桌的朋友那麼勇敢而自信地吃下去時，心裡不得不承認，台灣發了。鄉土小吃升格為宴客料理，不也證明台灣本土的口味，開始受到敬重。

焦桐把台灣的小吃分成飯之屬、粥之屬、麵之屬、粉之屬、羹之屬，林林總總，都在鄉下的市場或攤販可以嘗到。在我的偏見裡，焦桐可能是認識的朋友中，最具敏銳舌頭的人。能吃便是福，但我以為能吃出味道的才是福。焦桐是這麼有福氣的人，凡是談到台灣小吃，他總是能夠旁徵博引，而且對每個城市的吃，也都深入品嘗過。他不僅是飲食文學的典範，而且也是城市導覽的指引。例如談到鱔魚意麵，他就說：這是南台灣的風味小吃。緊接著他便為我們介紹：外地人來台南，要品嘗古早味，若無把握，不妨按「阿」字輩尋索，像「阿美飯店」、「阿霞飯店」；連小吃也是，諸如開元路的「阿銘鱔魚意麵」、公園路的「阿輝炒鱔魚」、西門路的「阿鐵鱔魚意麵」、民族路的「阿江鱔魚擔」。

焦桐《味道福爾摩莎》

《味道福爾摩莎》簡直就是台灣小吃的雷達站，彷彿是翻閱字典那樣，應有盡有。他帶著自己的舌頭，探索整個台灣的風味。在措詞用字之際，從未疏忽文字之美的營造。即使是介紹豬血糕，他就說得如此令人信服：「簡單，是豬血糕的美感特徵，也是生活的藝術，不矯飾，不包裝，不過度加工，透露一種質樸憨厚的美學手段，可當點心，可作菜餚，又可取代主食，是藍領美食的典型之一。因此吃豬血糕少了正經八百的身段，一支豬血糕在手，可以享受邊走邊吃的快感。」捧讀這冊美食介紹之餘，我更加慶幸自己是一個小市民，可以嘗遍台灣民間的各種小吃，穿梭在各地小鎮具有特色的餐館，那種幸福感，簡直不是任何權力可以輕易換取。如果享有這些民間美食，我相信不會有人選擇入閣。

二〇一五年五月八日　政大台文所

我們追求怎樣的東亞

——寫在白永瑞《橫觀東亞》書前

這是白永瑞教授的第二本中文書，他第一本中文著作《思想東亞》，為台灣學界帶來新的視野。他每本書的命名，總是暗藏著微言大義。例如「思想東亞」就具有雙重意義，如果把思想當作名詞來看，似乎就是在討論東亞範圍內的思想內容。如果當作動詞來看，顯然是對東亞政治生態進行深刻的思考。現在新書的命名是「橫觀東亞」，顯然有他個人的用意。如果使用縱觀，似乎有上對下的意涵，而橫觀則是把東亞各國放在平等的位置來觀察。如果譯成英文應該是：Horizontal Observation of East Asia。那是一種平視的態度，也是一種均衡的理解。從書的命名，便可反映作者的用心良苦及其微言大義。畢竟東亞一詞，曾經具有帝國權力的象徵。在整個二十世紀，日本壟斷了整個東亞的解釋權。如今進入後東亞時期，原有帝國的象徵應該容其退潮，並且讓東亞各國來填補全新的解釋。

最早與白永瑞教授的認識，始於中興大學的一場學術會議。當時他提出一篇論文〈中國有亞洲嗎？〉，那是我認識白教授的一個起點。在那篇論文裡，他期待中國在崛起之際，必須注意到東亞各國存在的事實。而不是以北京的觀點，來觀察整個東亞。那年，他所主持的瑞南論壇，與政治大學台灣文學研究所合辦。當時的主題是「透過在地性重構本土文化：台灣與韓國的本土文學與民族史學一九七〇—一九八〇」，在那次會議中，白永瑞發表〈民族史學與本土化史學：一九七〇—八〇年代韓國與台灣史學史的比較研究〉，而我提出論文〈一九七〇年代台灣民主運動與鄉土文學運動的雙軌發展及其互動〉。他側重在歷史解釋，我則強調文學的詮釋。雖然論述的領域有所差異，但是以東亞作為思想交會的場域，兩人都帶著高度期待。第二次在政治大學主辦的會議是在二〇一〇年，主題是「東亞中的韓國與台灣：歷史經驗的省察」。我的論文題目為「皇民化文學在台灣的評價及其意義」，並且在會議總結時，兩人對於「近代超克」的歷史議題進行對話。

台灣與韓國，在二十世紀的歷史進程上，有太多雷同之處。戰前，兩個國家都是屬於日本帝國的殖民地。戰後冷戰時期，台韓又同樣被編入美帝國東亞防線的一環。國家命運受到外來政治權力的支配，兩國的知識分子都同樣感到非常苦悶。雖然歷史分成戰前戰後，但兩國同樣是屬於殖民地則沒有改變。脫離帝國控制的願望，始終蓄積在台韓的知識分子內心。這樣的歷史處境，便是構成我們持續對話的契機。我們都曾經是屬於熱血青年，在一九七〇年代都涉入政治運動。他受到判刑入獄一年，而我則是在海外成為思想犯，列入黑名單長達十餘年。這種生命經驗，也是構成我們相互對話的重要基礎。在思考行動上，我們都是屬於自由主義者。而在學術的詮釋立場，則都同樣偏向左派。我們對於各自國家的資本主義政權，總是抱持批判的態度。雖然身在學界，卻不時觀察校園圍牆外的社會變化。這是我們共同的人文精神，對於開放、公平、正義的理想社會，我們從來沒有放棄追求。

多年來，我不斷邀請他在台灣出版學術專書。這次他交給我《橫觀東亞》這部作品，讓我更加體會他是一位不懈而盡職的思考者。我一向敬服他的專業與敬業，他的思維模式是如此細膩，如此周延，點出了東亞國家所面臨的困境。知識分子的工作，從來不是在製造問題，而是在解決問題。如何為自己的國家尋找出路，正是二十世紀以來知識分子的天職。我很慶幸在精進的道路上，與他相遇。從他的思考與行動，讓我獲得豐富的靈感，也讓我必須不斷向前邁進。

在這本書裡，他提出兩個重要觀念：一個是「核心現場」，一個是「雙重周邊」的角度。所謂核心現場，指的是帝國權力的矛盾輻輳處。所謂雙重周邊，指的是東亞的政治地緣位置。在戰前，日本帝國是東亞的中心。在一九八〇年代以後，中國的崛起又變成了另一個中心。但是在東亞之外，美國又是整個東亞的權力中心。這種雙重邊緣的性格，決定了東亞的政治命運。而台灣與韓國，似乎無法脫離殖民地的歷史命運。曾經扮演日本殖民地的兩個國家，在歷史進程上雖然相當吻合，但各自的命運卻有所差異。韓國至少是聯合國的成員之一，現任的聯合國祕書長潘基文也是韓國人。在國際政治的能見度上，遠遠高過台灣。到今天為止，台灣仍然是國際孤兒。縱然如此，兩個國家所面對的國際霸權，其實是一樣的。尤其是中國在一九八〇年代崛起，開始改變整個東亞政治的生態，更加強化了白永瑞所提出「雙重周邊」的概念。

這本書的第二輯「韓國的中台論」，相當細致而深入地討論了台灣與中國之間的關係。在字裡行間，韓國知識分子對於中國是否會演變成新的帝國，一直都保持審慎而密切的觀察。白永瑞不僅考察了歷史上的朝貢制度，同時也把台灣的地位拿來與沖繩之於日本的狀況相互比較。他指出，在日本政治勢力的範圍內，沖繩不免是一種內部殖民的範例。從現實層面來看，白永瑞的觀察相當犀利。他在中國與台灣之間的關係裡，提出朝貢制度一詞，顯然有其現實政治的一面。北京所堅持的「九二共識」，便是有意把台灣框限在中國的勢力範圍之內。在馬英九執政的八年過程中，便是致力於九二共識的實現。確切而言，馬英九總是以北京的政治意願為優先考量，從而換取兩岸的和平。在相當程度上，白永瑞所說的朝貢制度誠然有其事實根據。

白永瑞可能是我所認識的韓國學者中，少有的活潑思考者。身為歷史學家，他一直保持辯證的、動態的、有機的思維方式，來觀察整個東亞政治的演變。他在看待台灣問題時，除了從歷史角度來觀察之外，也同時從國際政治霸權的擴張來探索東亞的關係。身為台灣的文學研究者，我相當敬服他謹慎、縝密的研究態度。從台灣外部來觀察兩岸關係，確實有其獨到精闢之處。但是從台灣內部來看，我可能比白永瑞還更能感受這個社會所擁有的生命力。台灣民主運動所展現出來的國民性，可能不是九二共識一詞就可定義。在地緣政治上，台灣民主運動釋放出來的能量，一定程度上也對整個東亞政治具有正面的衝擊。換句話來說，馬英九政權在九二共識上，所表現的妥協與退縮，已經證明是不得人心。我深深相信，經過二〇一六年台灣內部權力

白永瑞《橫觀東亞》

的翻轉之後，必將對整個東亞形勢投出更強烈的訊息，而那不可能是朝貢制度的陳舊觀念所能框限。

二〇一六年一月十一日　政大台文所

看待台灣文學史的另一個方法

——《同志文學史：台灣的發明》序

1

文學史，在一定的意義上，也是一種文學批評史。從來沒有一種歷史，都是以單一的價值在發展。依照傅柯的新歷史主義觀念，沒有一種歷史是連續不斷的。也沒有一種歷史，只能容納一種觀點。他認為所有的歷史都是複數的，各種不同的價值觀念，都同時在進行。因為不是連續的，在時間發展過程中，往往充滿了縫隙與裂痕。身為歷史學訓練出來的學生，我曾經也以單一的觀念在回望歷史。尤其是接受中國歷史的教育，總是以為中國歷史最悠久，而且連綿不斷。這種錯誤的觀念，曾經主導著我的前半生。二十世紀中葉以來，新歷史主義的觀念浮現之後，才漸漸發現自己曾經接受過嚴重的誤導。

中國歷史是男性史，是異性戀史，是漢人史。凡是沒有寫進歷史紀錄的性別、族群、階級，從此就從歷史地平線消失。這種史觀非常粗暴，尤其是以儒家的立場來寫歷史，更是粗暴。由於史家都是男性，都是異性戀者，都擁有當權派的地位，他們習慣於偏向自己所堅持的理念。這種史家，擅長以二分法的方式，來區別這個世界。而且也擅長以審判的語氣，來看待他們眼中的異類。凡屬邊疆民族，便被劃入野蠻的領域。凡屬女性，就輕易被貶低身分。更可怕的是，傳統史家總是堅持萬世一系的觀念，他們堅持著長子繼承制的閉鎖態度。一個父權的、統治者的、貴族的中心史觀，便如此建構起來，而且牢不可破。如今我們已經發現，所謂主流歷史都是發明出來的。主流史觀一旦誕生，其他支流的脈絡必然遭到湮滅。這說明了為什麼，我們後代在看待歷史時，都只發現一條歷史主軸，其他都消失不見。

不見，其實就是偏見。我們只看到傾斜的、歪了一邊的歷史。在戒嚴時期，歷史教育可以說非常成功，都只容許看到中國、男性、漢人、異性戀史。新歷史主義特別強調，人類歷史的發展並非只依賴一條主軸，而是以多軸的線索持續延伸。從來沒有一種歷史是連續不斷的，而是充滿了太多的缺口、縫隙、斷裂，並且是以多軸的形式持續發展。歷史學家慢慢發現，在縫隙與斷裂之處，就可以填補不同的歷史記憶進去。由於歷史是多軸的，就不可能有所謂的主流或支流之分，而是同時並排進行。所謂歷史主軸，其實是一種二分法、兩元論的觀念。把男女分別放在主客的位置，也同樣把黑白膚色區隔開來。從世界史的角度來看，白人歷史總是優先於有色人種。從中國史來看，漢族總是優先於邊疆民族。白人的重要性，或漢人的重要性，便是不斷把不同人種遮蔽起來，而彰顯了白人或漢人的優越位置。這種偏頗的歷史觀，無法讓後人看到過去的全貌。從而也使歷史舞台上的主要人種，壟斷了文化解釋權。

如果我們接受歷史多軸的觀念，則曾經受到遮蔽的種族、性別、階級，又可以重新登上歷史舞台。從這個角度來看，紀大偉所寫的文學史，應該可以視為台灣學界值得大書特書的事件。把這本書的出版，視為一個事件，並不過於誇張。長期以來，我們一直抱持著偏見來看待同志族群，也一直以扭曲的態度來解釋同志文學。紀大偉有意撥開歷史迷霧，讓被遮蔽的同志文學撥雲見日。身為《台灣新文學史》的作者，我無法掩飾內心的喜悅。縱然在自己所書寫的文學史也討論了同志文學，卻只能以極小的篇幅讓台灣同志文學被看見，無法讓讀者發現同志文學的全貌。一部台灣文學史，必須由集體的力量來共同撰寫，才有可能讓受到蒙蔽的文學書寫展現真貌。

我也深深相信，在未來新的文學史一定會誕生。不僅是同志文學史，還包括女性文學史、原住民文學史，都有可能問世。身為異性戀的文學史家，我無法深入同志文學的世界。同樣的，身為男性文學史家，我也不能窺見女性文學的全貌。身為漢人文學史家，我也必須承認，對於原住民文學傳承的真相，我還停留在皮毛之見。如果要建構一部完整的台灣文學史，就有必要讓女性、原住民、同志的文學史家共同合作來撰寫。當代台灣文學史可能時間稍短，但是內容卻相當龐大而豐富，絕對不是依賴一個人的力量就可容納全部。這也是為什麼看到紀大偉所寫的《同志文學史》完成時，我不只是喜悅而已，也已經預見了一個更開闊的史觀就要誕生。

2

在這本書裡，紀大偉企圖突破線性的史觀，而是借用傅柯的新歷史主義，來重建台灣同志文學史的發展軌跡。具體而言，他並不依賴連續不斷的時間感，而是利用歷史發展過程中所顯露出來的縫隙、斷裂、空白，填補了同志文學的記憶。他所遵循的是複數歷史觀，讓同志文學與一般的文學類別並列。借用所謂並置（juxtaposition）的觀念，使多軸的歷史發展平行陳列出來。這種並置的發展論，既可與所謂的主流歷史軸線相互參照，也容許了同志文學的獨立發展。這使得整本書更為豐富而精采，尤其他透過細讀（close reading）的方式，讓同志作品再次浮出歷史地表。他的挖掘與鉤沉終於讓讀者看見了從前所未見。

對於異性戀讀者而言，許多文本往往輕易瀏覽過去。但是，紀大偉則重新詳細穿越許多被忽略的文本與作品，而再次發現字裡行間所暗藏的同志傾向。在同志文學的文本正式誕生之前，前輩作家早就有過閱讀同志文學的經驗。這是非常了不起的解釋，他把同志文學史往前延伸，並特別指出，更早的前行代作家已經有過閱讀同志文學的經驗。尤其他在解讀日治時期台灣作家的小說文本，如巫永福的〈慾〉，以及楊千鶴的〈花開時節〉。對於一般讀者而言，總覺得那是非常尋常的作品。卻由於他的發現，才知道小說裡的情節隱藏了前人未曾發現的幽微感情。紀大偉雖然是在寫文學史，卻為讀者提供了一個閱讀範式。在文本底層，其實是潛藏許多未能定義的流動情感。

他的史觀應該可以成立，也就是把閱讀史納入文學史的一環。眾所周知的台灣文學史家葉石濤，他早年從事文學創作時，也曾經耽溺在法國作家紀德的唯美文學裡。紀德的詩與小說，也曾經是西川滿的模仿對象。如果沿著這一條軸線去挖掘的話，當可發現台灣社會的同志文本閱讀，應該還更深遠。身為西川滿學徒的葉石濤，早年所寫的唯美小說，乾淨而透明，幾乎直追紀德的耽美。作品閱讀史，在不知不覺之間，為文學發展埋下一定程度的暗示。這也是為什塵紀大偉在第二章第一節揭示「先有讀者，才有作者」。這是相當睿智的解釋，也是使同志文學史的源流找到線索。

性別差異往往也會導出閱讀差異，這正是文學史精采之處。對於同志文本或酷兒文本，紀大偉在閱讀之際，總是採取游移、流動、跨界的態度。以白先勇的《孽子》為例，就可分辨出《台灣新文學史》的解讀，與他的解讀非常不一樣。身為異性戀的作者如我，把小說中父子決裂的那一幕，認為是對儒家傳統的背叛。在書中特別強調，「這個場景是台灣文學的一個經典：那位憤怒的父親，可能是傳統歷史的最後投影；那位被驅逐出走的兒子，則正要開啟一個長路漫漫的新時代。兩條取向完全不同的歷史長河，從此就要改流。」換言之，我的閱讀是把小說文本置放在儒家傳統的歷史脈絡裡，仍然沒有擺脫大敘述的史觀。紀大偉的解讀，則是把離家出走的阿青，視為一種「罷家」的行動。這兩種不同的解讀，正好彰顯阿青的被動轉換為主動。離開了父權的家庭，阿青便獲得了喘息甚至新生的機會。這種文本閱讀的差異性，正好可以證明一部同志文學史的建構有其必要。等於把同志小說的文本，從傳統文學史觀拯救出來。同時，也讓同志文學獲得獨立自主的空間。

捧讀這本書之際，或許讀者對於紀大偉所建構的歷史分期會有意見。因為他劃分的方式，仍然是以一九六〇年代、一九七〇年代、一九八〇年代的模式來劃分，似乎太過於異性戀男性的觀點，也太過於強調歷史的線性發展。但是，如果考察戰後的台灣歷史，就可以發現台灣的政治經濟結構每十年就發生一次變化。例如一九六〇年代台灣社會首次開放外國資本家投資，一九七〇年代加工出口區開始普遍成立，一九八〇年代新竹工業園區正式完成。整個社會的發展，都受到不同程度的資本主義衝擊。在這種經濟發展的浪潮下，文學生產在一定程度上也受到強烈影響。具體而言，同志文學可能也與其他文類的發展，都同樣被編入資本主義的共構。整個大環境的變化，自然而然就反映在文學生產裡。

Queer一詞，紀大偉是第一個把它翻譯為「酷兒」，舞鶴把它翻譯成「鬼兒」，朱偉誠把它翻譯成「怪胎」，所以才有張小虹所寫的《怪胎家庭羅曼史》。雖然只是一個名詞的翻譯，卻代表了台灣同志文學的發展軌跡。從單一價值的最初原點，慢慢發展到多元跨界的階段。這本書的重要意義，在於標誌著台灣同志運動的漫長道路，也在於彰顯台灣社會風氣如何從封閉走向開放。任何一部小說或散文，都可視為一個時代的墊腳石。面對一個非常不寬容的社會，同志文學的書寫正好代表了一股不滅的意志，不僅在文學上開花結果，也在文化上開枝散葉。確切而言，同志文學史的出現，意味著戰後台灣歷史從來都是以多軸的形式在發展。

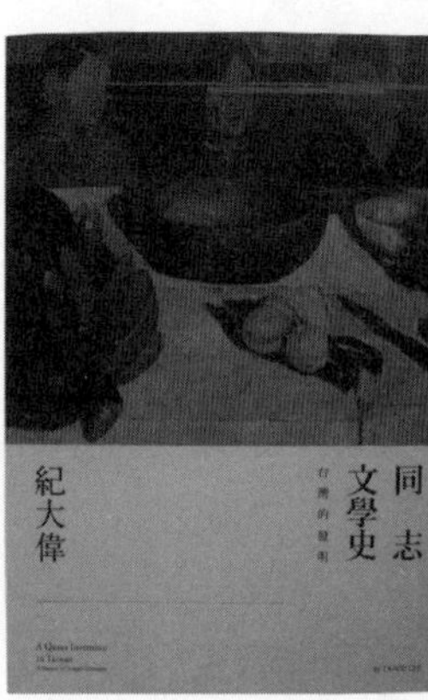

紀大偉《同志文學史：台灣的發明》

台灣民主運動走到這麼遙遠，也等同了同志運動所開創的格局。當整個社會陷入「婚姻平權法」的爭議之際，這本書的誕生，等於提出了相當雄辯的歷史證詞。在爭議的硝煙高漲之際，紀大偉引導我們重新去回顧文學史是如何發展的。其中的起伏跌宕，都在他的歷史敘述中歷歷可見。身為他的文學同伴，身為他的教學同事，我以嚴肅但揉雜著喜悅的心情，向街頭對抗的人們呼籲，請大家靜下心來，好好捧讀這部《台灣同志文學史》。

二〇一六年十二月一日　政大台文所

美與雄辯

——林惺嶽《帝國的眼睛》序

流亡者的回歸

從來不能忘懷當初與畫家林惺嶽的相遇，彷彿那是一種命定。我在一九八九年夏天回到台灣，正是北京發生天安門事件的時候，那時台灣已經解嚴兩年，但是空氣裡還是瀰漫著緊張的氣氛。經過了十五年在海外的飄泊，台灣於我而言，已經是一個完全陌生的故鄉。亞熱帶陽光照射在我的皮膚上時，一股燥熱直抵我內心深處。這樣刺痛的光，並不可能在遙遠的加州感受。當手臂變成猩紅時，才確知已經回到我的海島。那時正在學習如何熟悉自己的土地，我適時與林惺嶽相見，並且很快就在他的畫室看到他的作品。

當龐大的畫布展現在我眼前，我感受到一股強烈的震撼。那時他正展開「濁水溪系列」的畫作，站在顏料猶新的風景前，我的靈魂立即謙卑下來。在海外夢過多少次的濁水溪，竟然如此具體而鮮明地呈現在眼前。一種膜拜的心情油然而生，尤其在辨識一個一個巨大的頑石之際，我好像被引領到河床中間去觸摸。那時才具體定義了什麼是遊子的心情，我蹲在畫前端詳著石頭的顏色，以及水中的倒影。每一塊頑石都有不同的顏色，散發出來的輝光是那樣動人，沒有什麼再能夠解釋我對台灣的懷念，只有那溫柔的頑石接納我的歸來。站在身旁的林惺嶽也許無法感知我內心的激動，到今天我仍然深深感謝他的邀請，讓我在觀賞畫作時，隱隱感覺飄泊的魂魄已經獲得安頓。

我回來時的感情，再也不是一九七四年出國時的心情。在那時刻，我也發現林惺嶽的畫風再也不是一九七〇年代的格調。曾經嚮往超現實思潮的林惺嶽，完全擺脫了曾經有過的冰涼、孤寂、幽暗的美學。他敞開自己的胸口，容許台灣的山光水色一一注入他的靈魂。他畫出的每一筆顏色，無疑是為了重新詮釋台灣的歷史命運。而那種命運，讓我在海外感受得刻骨銘心。當我開始重新涉獵台灣歷史，並且也投入台灣文學的研究，深深覺悟我們這一代的知識分子，是如何在欺罔與蒙蔽的教育體制中，被引導而偏離了海島的方位。我們從來沒有任何的對話或交談，甚至也沒有隻字片語的通信，卻在時代浪潮的推擁中，我們不約而同找到通往台灣歷史的管道。默默噙著淚水，看著他的每幅畫作，我暗暗告訴自己，我們這一代的知識分子，不僅覺醒，而且也相約回到台灣。

這樣的記憶我是如此眷戀，因為在那個場景，並不僅僅是作家與畫家的不期而遇，背後其實暗示了整個時代風氣正在轉變。我從來不是一個宿命論者，但最後還是不能不相信，台灣歷史確實是有一個命運之神在安排。無論是放逐海外，或是留在台灣，其實我們都是流亡者。無論是心靈的流亡或身體的流亡，都指向一個歷史事實，沒有一個統治者願意在台灣真正地生根。即使是落魄的國民黨，永遠是帶著帝國統治的心態，凌駕在這海島之上。林惺嶽的畫風改變，我的歷史轉向，可能是屬於非常個人的行動，但是這樣的行動其實挾帶著回歸精神的浮現。我是一尾縱浪大海的鮭魚，無論遊蕩有多遙遠，總是可以找到故鄉的方位。我回到島上時，林惺嶽早就擺脫西方美學的桎梏，安然在自己的土地開啟全新生命。經過如此迂迴的旅路，我們終於覺悟什麼是台灣的命運。

我必須重新回憶這段一九八九年的相遇，才能夠解釋為什麼長年以來林惺嶽一直保持雄辯的身段。那一年台灣發生鄭南榕自焚事件，對岸的北京也發生天安門事件，在規模上，兩個事件也許並不相稱，但是都在暗示各自對於民主自由的價值，抱持高度嚮往。如果心靈不能獲得解放，則回歸的意義就受到限制。正是在那一段危疑時期，我們展開深刻的對話。兩個人的領域各自不同，但是都指向共同的文化關懷。我們都在尋找開放的心靈，從而也在追求開放的社會。身為台灣作家與畫家，應該是台灣本土文化的最好詮釋者，而這樣的本土不應該囚禁在一定的意識形態裡，而是思索如何從戒嚴時期的思考鬆綁，並且不要再度遭到綁架。我清楚看見，林惺嶽在一九八〇年代擺出的姿態，是那樣強悍，而且具有咄咄逼人的氣勢。他的文字就是燥熱的陽光，使所有的皮膚都感到刺痛。

向帝國反撲

戰後台灣知識分子的困境，往往是被禁錮在各種帝國論述的囚牢裡。這裡所謂的帝國，絕對不僅僅是指殖民地時期的日本，戰後以來所引進的歐美帝國論述，毫不稍遜於日本文化在台灣的壟斷。以中國法統自居的國民黨政府，在一定程度上也是以帝國的身分綁架台灣。在一九八〇年代改革開放以後的中國，也是以近乎帝國的論述，來侵襲台灣的文化生態。從歷史座標來看，這個海島原來就是東方、西方帝國的交錯之處。如何在帝國陰影下避開帝國，正是戰後台灣知識分子擔負的使命。林惺嶽在創作之餘，從來沒有放棄文字的論述，他的畫筆充滿了雷霆萬鈞的爆發力，他的文筆也同樣蘊藏著千言萬語的礦苗。他是一個文格與風格相當一致的人，他所說的每句話，都是他真實的信仰。而這樣的信仰，也是他實踐行動的準則。

《帝國的眼睛》這部文集，相當完整收入了林惺嶽一九六〇年代以來的單篇文字。他所橫跨的領域極其廣闊，相當充分展現了他美學表現的背後，其實是以龐大的知識為基礎。對他而言，知識從來不是靜態的，而是動態地可以干涉政治與社會。他早年與劉國松的長期論戰，就已經展現一定的美學觀。進入一九八〇年代之交，他的本土論述才逐漸顯露出來。書中的兩篇文字，〈黃土水悲劇何時了〉、〈台灣美術自主意識出頭天〉，隱隱預告了他未來的思考走向。他與同時期的畫家截然不同之處，就在於他擁有穩定而深刻的台灣史觀。他的每篇文字所挾帶的濃厚時間感，足以呈現他的文化透視能力。所謂時間感，便是在文字與畫作的背後，累積了不同時代的美學價值，這種時間感注入他的文字與作品時，便轉化成可以撫觸的空間感。因此他的畫筆與文筆都具備了相當的深度，而這樣的深度，使他與後現代美學劃清了界線。後現代往往偏向於符號的表演，欠缺一種文化的鄉愁。林惺嶽當然不是只是依賴鄉愁，他是在深厚的時間基礎上，開出本土美學的格局。在一九九〇年代他寫的一篇長文〈疏通歷史的長河〉，就相當充分地表達他完整的台灣史觀。這篇文字在於強調台灣美術的自主性，縱然是受到帝國的影響，但是殖民地畫家已經知道如何自我詮釋、自我定位。他的這篇論述，其實已經在為自己的論述畫出一條鮮明的跡線，沿著這條線走出去，就是他真實的行動與實踐。

我是在一九九二年正式回到台灣，一方面投入民主運動，一方面也專注於文學研究。在相當的程度上，我與林惺嶽的史觀其實相當接近，由於台灣歷經各種帝國的統治，所以在文化累積上往往滲透太多的雜質於其中，而那種複雜的成分，也是構成台灣文化主體的一部分。我們在交換意見時，都同意台灣文化從來不是屬於本質論，而應該比較偏向建構論。具體而言，台灣的文化主體並不可能像過去的漢人文化那樣純粹而乾淨，不同帝國在島上的權力運作，也帶來了許多殖民母國的文化影響，最後都彙整到台灣歷史脈絡裡。正是這種混融的文化，才構成了台灣文學與美術的精采。

進入二十一世紀之後，林惺嶽的論述更是蔚然可觀，尤其他交出一本厚厚的《中國油畫百年史》，這本書的副題是「二十世紀最悲壯的藝術史詩」，恰恰可以彰顯他的史觀之博大。收在本書裡的長文〈中國近代繪畫的百年——悲壯的藝術史詩〉，是這本書的濃縮呈現。當厚厚巨冊出版時，引起某些人的議論，為什麼不好好寫台灣，卻去寫中國的美術史。這樣的議論者，其實是最典型的被殖民心態。長期以來，台灣從來都是扮演著被凝視、被解釋、被書寫的角色，因為在歷史上未曾擁有歷史解釋權。真正的台灣觀點，並非只是解釋台灣歷史而已，應該還可以跨出一步，去解釋中國的歷史。這種突破的格局，才使台灣文化更具備自信心。

當他不斷發揮論述能力，在畫論上提出許多相當可觀的見解，卻從來沒有放棄在繪畫創作上的努力。從「濁水溪系列」之後，他又開展了「東海岸系列」、「木瓜系列」、「香蕉系列」，有些畫作長達三〇〇〇號，俯視著整個寬闊的美術館。他大概是我所看到的最為傲慢的畫家，也是最為傲慢的文字論述者。同時兼有論述與實踐的能力，使他的人格看來像是驚濤拍岸的頑石，屹立不搖。這部《帝國的眼睛》為我們留下了可貴的記憶，幾乎每一個十年，他的視野與觀察總是會發生一次重大轉折，而這樣的轉折卻是與台灣社會的變化同步前進。台灣社會曾經是帝國的眼睛所凝視的對象，林惺嶽願意這樣命名，其實在展示他個人的姿態。他對自己的作品具有信心，也對台灣的文化具有信心，所以他蓄積足夠的勇氣，正面直視著歷史上帝國的眼睛。這樣的相互凝視，其實是一種對決，只有畏懼者才會逃避那樣的眼睛。現在，邁入七十六歲的林惺嶽，已經進入逆寫帝國的境界。再也沒有什麼力量，可以使他退卻或畏怯。這部書，是二十一世紀台灣美術的證詞。

二〇一五年七月十五日　政大台文所

林惺嶽《帝國的眼睛》

散文的細讀

——序何寄澎《永遠的搜索》

在文學批評裡，散文書寫常常遭到詬病。主要原因在於，它的界線很難確立，它可以敘述如小說，也可以濃縮如現代詩。由於身分非常可疑，難以套用各種文學理論。有一個事實必須承認，國內學界研究小說與現代詩的數量，遠遠超越對散文的探索。由於沒有理論，凡是有關散文美學的討論，都必須仰賴研究者的品味與洞見。在台灣的讀書市場，最受歡迎的文類恐怕是散文，而非小說或現代詩。可能的原因是，散文藝術具有很大的伸縮空間，往往可以帶領讀者漫遊在故事的表演，也可以穿梭在各種意象的跳躍。

放眼國內學界，專攻散文研究的學者可謂鳳毛麟角。能夠出奇制勝者，更是難得一見。散文生產極為豐富的出版界，與散文研究非常荒蕪的學術界，正好構成強烈的對比。何寄澎教授投注於散文研究長達數十年，堅持他個人所建立起來的細讀方式，開闢了一個可能的領域。所謂細讀，其實是由現代主義運動延伸出來的一種閱讀方式，也是新批評無可或缺的重要範式。

新批評崛起於西方，必須要到一九六〇年代才到達這個海島。新批評的主要精神，在於要求讀者面對作品時，不要輕易放過作者所安放的每一個文字。現代文學的藝術特點，在於彰顯作者的內在感覺與情緒流動。作者在遣詞用字時，常常會不經意呈露最私密的無意識世界，其中可能挾帶隱晦的欲望、情緒、記憶。

細讀的方式，可以揭開文字的神祕境界，進而發現作者的藝術根源。自一九六〇年代以來，細讀的實踐大多專注於小說與詩的解析。在故事的轉折處，在詩的分行之間，找到重要的關鍵詞，從而開啟美學的奧祕。這方面的重要典範，當以王文興之解讀小說、葉維廉之解讀現代詩，最受當代文壇的矚目。散文方面的細讀，余光中曾經有過深入的實踐，但都止於序文或評論的嘗試。

何寄澎這本《永遠的搜索》，可以說是散文研究最具企圖心的一個突破。收在書中的十二篇論文，涉及的散文家包括林文月、楊牧、簡媜、張秀亞、王鼎鈞、梁實秋、蔡珠兒。橫跨的時間斷限，大約從一九六〇年代到二十一世紀初期，將近半世紀之久。這幾位作家，大多已經升格成為文學經典。他們為當代讀者所提供的書寫範式，似乎是後來許多創作者所要追踵。確切而言，書中所討論的散文技藝，其實都帶有現代主義的特質。創作者並不止於風景的描寫，或心情的抒發，很早就已經挺筆指向內在的欲望流動，容許外在事件與內在情緒相互感應。正是在這樣的書寫特質上，何寄澎展開他的細讀實踐。

在書中，他並未特別彰顯細讀的重要性，但是面對作品時，他所秉持的精讀方式，可以說處處可見。身為作者，他並不是一位現代主義者。在學術訓練與文學品味上，他其實是非常古

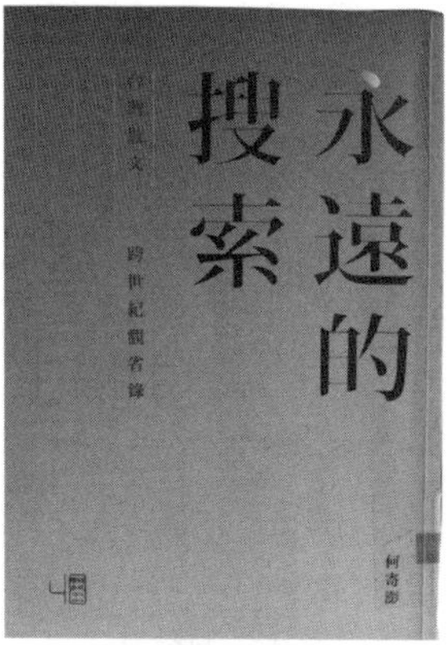

何寄澎《永遠的搜索》

典的閱讀者。然而，傳統與現代，從來就不是分庭抗禮的兩種價值。在藝術底層，傳統與現代是可以相互流通。文學史已經證明，後來的創作者並不必然可以超越前行代，而現代作者也並不一定高於古典作者。在傳統文學的基礎上，何寄澎對於古典藝術的理解，有他獨到的高度。站在這樣的高度，他可以清楚辨識當代散文作者的菁華與奧妙。

當他討論林文月散文時，特別強調「林氏的感情細膩而豐多，但林氏的秉性與教養又偏於理性的約制，表現於散文創作則素樸、矜慎而節宜」。他點出這樣的特點時，完全是建立在廣泛閱讀與技巧探索的基礎上。所謂廣泛閱讀，其實就是「全集式閱讀」。前後數十年的散文書寫，羅列在他的桌前，窺探了作者最初的無心插柳，也發現了日後的有意栽花。迂迴在蜿蜒的文本之間，他再三尋覓作者的幽微感情與理性思考。從素樸的出發點走向繁複的演出，正是林文月創作歷程的展現。所謂全集式閱讀，在於強調讀者閱讀之際，跟隨作者一起年輕，一起成熟，一起蒼老。也就是把全副精神貫注在作者的創作歷程，對於生命過程中的微妙變化，從不輕易放過。

同樣的，他也以兩篇論文〈永遠的搜索者〉、〈「詩人」散文的典範〉，再次展開全集式閱讀，對楊牧的文字藝術反覆求索。從《葉珊散文集》到《奇萊前書》，他也追隨楊牧，從花蓮到達加州，又從新英格蘭抵達西雅圖。彷彿在作者的生命轉折點，何寄澎都恰好在現場見證。

把作者的生命與自己的魂魄連結起來，從而以真摯情感去體會楊牧的流浪飄泊與望鄉心情。他這樣總結：「楊牧一生自我追求之典範為西方文藝復興人、中國古代知識分子、西方浪漫主義者，中國文學傳統中真正的『詩人』，這在現代散文各家中絕無僅有。」其實他已經完成多次來回的細讀，而掌握了楊牧散文的精髓。

就像艾略特在〈傳統與個人才具〉所強調，每一個時代的傑出作品，背後都有龐大的傳統在支撐。這段話揭示出來的意義，在於指出每位作者在誕生之前，都已經穿越前代作品的豐富閱讀。書中受到討論的散文作者，包括張秀亞、簡媜到蔡珠兒，都毫無例外從傳統的礦苗裡汲取燃燒的火種。何寄澎這本書精確點出，散文作者是如何在傳統與現代之間出入。凡屬開放的心靈，絕對不可能畫地自限，更不可能在傳統與現代之間切割。每位創作者能夠臻於藝術高度，必然具有各自的神祕技巧。但是，成熟的散文作者，想必有其共通點，那就是在開拓現代之際，從來不忘回首乞靈於傳統的恩賜。

散文研究或散文批評，是相當艱鉅的工作。每位作者的語法與句式，往往別出心裁，絕對不可能運用特定的理論就可把握。散文作者所挾帶的語言武器，顯然不是任何批評家能夠輕易抵禦。只有從耐心的閱讀中，慢慢與作者協商，熟悉他的說話方式，終而獲致心靈的理解。何寄澎這本專書，或許沒有提供確切的批評範式，但他為我們展現的細讀工夫，足以協助讀者逼近散文作者的心靈核心。批評者往往扮演狩獵的角色，為讀者捕捉文字的真實與美感。何寄澎帶著我們到達作者的世界，容許我們重新發現散文最迷人的一面。

二〇一四年四月十日　木柵

跨越語際的原住民文學

——《台灣原住民文學英譯本選集》序

必須等到一九八〇年代原住民意識覺醒之後，台灣社會才見證了原住民文學的登場。南島語系的作家，開始借用漢語來表達他們的文化傳統與思維模式。他們的作品湧現時，確實帶給台灣文壇太多的錯愕與驚喜。錯愕的是，以漢人為中心的台灣社會，第一次看見原住民文學的生產力是何等旺盛。驚喜的是，這些全新的文學作品風格，是多麼迥異於習以為常的漢語表達方式。身為前輩的孫大川、瓦歷斯．諾幹、夏曼．藍波安，一旦出手之後，島上的文學景觀煥然一新。原住民文學的浮現，為近年來台灣與國際學界所豔稱的「華語文學」（Sinophone literature）添上相當精采的一筆。他們的價值觀念，說話語式，文法規範，都無法用粗略的「中國文學」一詞來概括，而且也不能使用「漢語文學」來定義。

原住民意識的崛起，是伴隨著當時民主運動的發展而受到矚目。一九八〇年代的民主運動能夠蔚為風氣，擴大格局，主要是因為島上所有的族群、性別、階級的參與而匯流在一起。長期受到黨國威權體制的控制，凡是在台灣社會出現的任何文學活動，都必須貼上「中國」的標籤。這種無差別的權力支配，使得社會內部的多元文化，全然遭到擦拭與遮蔽。民主運動所帶來的衝擊，就在於使族群、性別、階級的差異性彰顯出來。在社會運動洪流的衝擊之下，原住民作家已經警覺到，必須為自己的族群爭取發言權。如果他們使用拼音方式來表達母語，很有可能使自己的文學思維更加隔閡。所以第一代作家都努力嘗試借用漢語表達方式，來呈現自己獨特的美學。

原住民作家在漢語世界出發時，就足以使既有的文學讀者發出驚嘆。通過文學閱讀，原住民作家的歷史記憶，使得台灣史觀加深加寬，終於警覺這海島再也不能使用四百年的幅度來衡量，而應該上溯到千年以上的歷史痕跡。從語言表達方式來看，原住民語言突破了漢語的刻板格式，可以活潑地把主詞與受詞互調，反而顯得更為生動。從生活方式來看，原住民與大自然環境的和諧相處，比起儒家所說的「天人合一」或「敬天」思考，還更務實而謙卑。因為大自然的山海林木，都是部落文化裡的兄弟姊妹。一九八〇年代環保文學開始受到注意時，原住民文學早就示範了他們是如何尊敬大自然。

三十餘年來，原住民文學所構築起來的美學高度，已經成為台灣文學無可分割的重要區塊。可以想像，當原住民作家在構思詩、散文、小說時，想必是以他們的母語為原型，然後才翻轉成為漢語的形式發表出來。他們所做的語際跨越，確實是非常漂亮而精準。進行創作之際，他們永遠保持雙重視野，一方面注視自己的文化傳統，一方面又兼顧漢語的表演手法。當第二代、第三代作家次第誕生時，他們在兩種語言之間的進出，已經到達爐火純青的境界。不同部落所表達出來的家族親情，比起漢人的父權領導制，還來的緊密而牢固。文字之間暗藏的倫理感情，不能不使漢人讀者深深敬佩。

捧讀他們的作品時，有時又不能不讓漢人讀者感到羞愧，無論是詩的形式，小說情節，散文抒情，都可以感覺一股強烈的抗議聲音覆蓋過來。台灣民主運動不僅已經出現總統直選，也經歷了政黨輪替，但是漢人中心論到今天依然屹立不搖。他們所承受的文化傷害，所承受的歷史痛楚，所遭到的族群歧視，往往在字裡行間留下斑斑血跡。但是，他們不是抗議文學，而是希望透過漢語的形式，來傳達內心的慈悲情懷。他們希望能夠與島上不同的族群，和平親愛地相處，並且也達到互相尊重的文化高度。這是他們孜孜不倦持續創作的力量，也是他們不同世代所共有的理想願望。

部落裡的耆老可能一輩子從未踏入漢人社會，但是他們的家族記憶，歷史經驗，文化特質，早已透過原住民的漢語文學走入島上的每個角落。文學作品從來都不是耽溺於文字表演，而是希望容許讀者看到他們一輩子所看不到的世界。從這個意義來看，原住民作家所承擔的書寫策略，就不能只是視為個人的美學表演，而是為了使島上豐富的族群文化獲得相互理解，從而達到相互和解。

我受到孫大川教授的委託，主編這套《台灣原住民族漢語文學》的英文翻譯，深覺責任重大。他所主持的山海文化雜誌社，成立於一九九三年，他們以「原住民的、文學的、藝術的、文化的、

《台灣原住民文學英譯本選集》

世界的」來定義自己的工作目標，正好可以揭示極為開闊而開放的文化態度。以最節省的經費，產出最豐碩的成果。在文學工作上的成就，如今已是有目共睹。今年所承接的這項翻譯計畫，可能是山海雜誌社成立以來，最為艱鉅的工作。畢竟，英文翻譯又是另外一個層次的語際跨越，距離原來的母語形式又更遙遠。從原住民語到漢語，從漢語到英語，每經過一次翻轉，或許會喪失部分的母語特質。從事這項艱難的挑戰，自有其微言大義的暗示。

面對全球化浪潮的襲來，地球上的許多地方文化，逐漸被資本主義吞食消化，終至消失不見。那種翻滾而來的金錢肆虐，不要說原住民文學無法被看見，即使是小小的海島台灣文學作品，也很難被發現。英文的翻譯工作，是把漢語的方塊文字，轉化為蟹行文字。為的是要證明，如此細微而渺小的文學，其實是暗藏著無限生機。首先要被看見，才有可能被理解，一旦獲得理解，文化對話才成為可能。如果「全球思考，在地行動」（global thinking, local action）可以成立的話，那麼這套原住民文學的翻譯，就是相當重要的見證。

這項翻譯計畫完成時，顯然可以使國際學界與讀者，看見台灣原住民文學的精采與菁華。我們只是提供一個範式，使原住民的文化記憶，在全球化浪潮中得到一個確認的位置。這項翻譯工作，獲得行政院原住民委員會的資助，在出版之際，我們致上誠摯的謝意。

二〇一五年一月廿三日　政大台文所

夢想如煙，現實似海

——序《榮町少年走天下》

歷史的軌跡，從來不是依照個人意願而開展。羅福全投入的時間旅行與空間旅行，簡直就是台灣歷史的縮影。他們那個世代，既接受日本統治下的國語教育，也接受戰後國民政府的國語教育。同樣都稱為國語教育，但戰前是日語，戰後是中文。他自己生長在嘉義市，從未預料有一天會跨過大洋，到達日本，又到達美洲。在求學過程中，捲入海外台灣獨立運動；返台後，又進入陳水扁政府。如此豐富而駁雜的旅程，絕非一般人的想像可以企及。然而，他所經過的各種起伏轉折，恰好拉出了台灣現代史的彎曲道路。

遇見相貌堂堂的羅福全，是一九八〇年代我在海外的流亡時期。同樣都是關心台灣的民主政治，但他屬於台灣獨立聯盟，而我全然不隸屬於任何組織。當時我正擔任《美麗島週報》的主編，站在一個比較疏離的角度，觀察海外知識分子的思考與嚮往。與羅福全的交往，應屬相敬如賓，反而比較熟悉他的夫人毛清芬女士，因她常常在團體聚會中推銷《台灣公論報》，那是屬於台獨聯盟的機關報。毛清芬談吐極為優雅，並且非常可親。她的姊姊毛燦英嫁給日本的知名教授，專門研究中國古典小說。我到仙台參加魯迅紀念會時，便是受到毛燦英的招待。但是，這樣的過從，並沒有使我更了解羅福全。

捧讀他的回憶錄時，我更加能夠理解台灣人的心情。戰前他們受到大和民族主義的薰陶，戰後卻又接受中華民族主義的召喚。但是兩個家國，距離那個世代的心靈世界特別遙遠。在時代洪流的浮沉中，凡是知識分子，都努力往上爬；到達一定高度時，必然會遇到障礙。那種關卡，不僅是屬於制度性的，同時也帶有一種強烈的身分歧視。在他求學過程中，相當幸運能夠遇到傑出的教授，因此他擁有豐富多元的經濟學知識。但是整個政治環境，似乎不能藉由他的知識來解決。經歷過太平洋戰爭、二二八事件、白色恐怖、戒嚴的威權體制，簡直就是一個世代的精神試煉。

出國深造，無疑是當時唯一的心靈出口。東京大學無法滿足他強烈的求知欲。六〇年代末期，他毅然到達美國東岸，進入賓州大學。如果有所謂自由的滋味，在美國的土地上，他確實是嘗到了。這樣的旅程，正好引領他銜接上一九七〇年代的釣魚台運動。歷史清楚地顯示，那場政治運動使海外台灣知識分子劃分成三派：一是左傾的統派，一是右翼的獨派，另一個是不統不獨的革新保台派。台灣土生土長的羅福全，終於加入獨派陣營，確實毋需感到訝異。他整個成長的經驗裡，中國是非常模糊而遙遠的圖騰。如果國民黨代表中國的話，那是一種壓迫、控制、支配的象徵。至於中共政權，更是與他的生命毫不相涉。

他心路歷程的演變中，接觸過古典的漢文化，而這種文化認知卻與共產黨或國民黨連結不起來。因此，他的終極關懷，必然就是養他育他的台灣社會。在政治口號上，高舉台灣獨立；但他真正的理想，則希望在小小海島上實現公平開放的民主政治。遭到汙名化的台獨運動，可以藉由這部回憶錄而獲得釐清。那畢竟是一個世代知識分子的夢想，他們與任何政權都沒有仇恨；只因為懷抱著一個巨大的夢，卻不斷受到曲解與打壓。

在海外飄泊的台灣人，無論政治主張有多激烈，他們最後都選擇回到自己的海島故鄉。一九九○年代，出現了波瀾壯闊的民主浪潮。在那關鍵時刻，沒有人願意看到自己在歷史現場缺席。二○○○年政黨輪替發生時，羅福全正好從聯合國的工作退休，他受到陳水扁的邀請，出任派駐日本的代表。他與陳水扁沒有任何交情，但由於日本留學背景與聯合國工作經驗，獲得新當選總統的注意。盱衡當時民進黨的政治人才，羅福全允為恰當人選。早年的國民黨有所謂知日派，例如張群與何應欽，但他們不必然理解日本人的思維方式與價值觀念。羅福全長期在日本留學，並且在東京的聯合國大學任教，與同時代的日本經濟學家往來甚為密切。他所認識的日本知識分子，都與內閣有相當深入的牽扯。不僅如此，他與皇室關係也非常熟悉。平心而論，總統直選以來，歷任駐日代表中，資歷最完整，外交最成熟，當推羅福全。

今年七十八歲的他，穿越許多無法想像的歷史階段。由於早年失怙，使他比朋輩更早熟。他的氣度與果敢，有助於他在陌生的知識水域探索。他專攻經濟，所以也能夠清楚辨識台灣社

《榮町少年走天下》（羅福全口述，陳柔縉執筆）

會現代化過程的升降。他相當熟悉資本主義的文化邏輯，一個國家的興衰，絕非依賴財富而已，必須有思想文化與民主政治來支撐，才有可能使現代化運動趨於完備。他觀察日本、美國、台灣、中國的發展，顯然都是用同樣的思維方式切入。整本回憶錄，縱然只是集中在個人的記憶，但在敘述過程中，我們卻能夠看到台灣在亞洲，在全世界的命運。

生命是那樣枝節而瑣碎，他嘗盡各種挫敗、折磨的苦痛滋味，但是他從未流露失望與悲觀的情緒。恰恰相反，他通過那麼多的考驗，總是以開朗、樂觀的態度去迎接。從殖民時期到戒嚴時代，家國並沒有帶給他任何許諾，但是他畢竟毅然站起，毫無任何退卻的神色。當他被邀請擔任駐日代表時，似乎暗示著過去所有的試探與錘鍊，所有的追求與嚮往，都累積成一個特殊的高度，恰巧與那個職位銜接起來。他的生命史，無疑就是台灣社會從戰前到戰後的精神史。

年少時期曾經有很多夢想，無論那稱為革命的夢，或台獨的夢，最後都匯入了台灣的民主運動。一個大時代出現時，自然會出現磅礴的文化氣象，容納各種分歧的政治理念與意識形態。羅福全從體制外走向體制內，正好提供一個恰當典範。真正的運動者，絕對不是活在自己構築的象牙塔，也絕對不是一廂情願耽溺於意識形態的囚牢。他的知識學問，他的政治主張，最後都受到台灣現實的召喚，使他的智慧與理想終於得到實踐。夢想如煙，現實似海；使夢成真，都需要在社會巨濤裡航行。羅福全回憶錄的精采文字，正好為我們形塑一股難以磨滅的意志。

二〇一三年八月十五日　政大台文所

歷史沒有表情，就沒有故事

——序施蜜娜《沒臉的人》

這是出自十八歲青春女性的手筆，文字所承受的重量，遠遠超過她的年齡。這份打字稿寄到我手中時，就緊緊抓住我的心。從第一段到最後一段，我聚精會神讀完，好像走過了一個時代，又好像走過整個二十世紀的台灣歷史。很少有那麼年少的心靈，懷著沉重的心情回顧自己的成長過程，也回顧這北半球的海島，如何從最黑暗的年代，走到二十一世紀的今天。如果把這份文字放在我學生作品的行列裡，恐怕會覺得一股蒼老的情緒在文字之間流動穿梭。我第一次這樣遇見，早熟的靈魂，也第一次感受超過年齡的歷史感。讀來是那樣悲傷，卻又覺得充滿了智慧。同樣年齡層的青年，他們可能正著迷於流行音樂或流行商品，對他們而言，過去發生的歷史不僅遙遠，而且隔閡。但是這份四萬餘字的心影錄，卻是我近年來所看到最為雄辯的證詞。

她會這樣思考，自然可以理解。出生在一個政治家庭，尤其是一個政治犯的家庭，她比她的朋輩還要更早嘗到苦澀的滋味。或確切而言，她在母親懷胎之際，就已經先天地繼承了不凡的基因。誕生在這個世界，她已經無法像其他小孩，度過毫無憂愁的童年。這樣的身世，逼著她早熟，逼著她去看殘酷的世界，並且回看殘酷的歷史。如果說她在母胎裡就已經受到啟蒙，也並不為過。沒有誰能夠選擇在怎樣的家庭出生，也沒有誰能夠選擇降生於怎樣的國家。這樣說好像是宿命論，卻不得不讓我們承認，她的銳眼已經遠遠超過了家國的限制。

在這篇長文裡，專注於思考世代論。她說，一九二〇年代出生的人，便是以沉默面對自己的一生。一九三〇年代出生的人，可能就是施虐者與被虐者的一代。一九四〇年代的人，面對的是白色恐怖的社會。好人死在刑場，壞人逍遙活著。一九五〇年代出生的人，大多做了自我閹割的手術，把管理良心與記憶的器官割除。一九六〇年代出生的人，有的充滿了矛盾，有的則參加了學運。一九七〇年代出生的人，他們在青春時期見證世間最美的東西，卻又對這個社會無能為力。一九八〇年代出生的人，林義雄一家三口正被屠殺，美麗島受難人正在坐牢，他們有的人假裝視而不見。一九九〇年代出生的人，已經開始習慣匿名的生活。二十歲的眼睛，竟然可以如此透視歷史。

像我這樣歷史系畢業的學生，如今已經到達向晚的歲月。回頭看看自己的二十歲，正被引導去認識陌生的中國。必須要到三十歲時，身在海外，才有機會第一次回望台灣歷史。比起這篇文字的年輕作者，竟然可以站在不凡的高度，瞭望著台灣的過去、現在、未來。促成她寫這篇文章的強烈動機，是因為聽到國民黨執政的最後一位行政院長張善政

施蜜娜《沒臉的人》

說：「現在已經脫離白色恐怖年代很久，『已經沒有白色恐怖疑慮』，針對五十多年前的文件，三十多年前就該銷毀的文件……」這樣的公開談話，讓她感到非常震撼。白色恐怖的歷史，在台灣社會何等重要。但是對於犯案的國民黨統治者，卻是如此漫不經心，可有可無。如果不讓曾經有過的恐怖記憶保留下來，那是非常驚悚的處理方式。她說：「白色恐怖沒有結束，並且直到真相大白的那一天都不會結束。因為在真相不明的日子裡，人們只能活在互相猜忌之中。這就是白色恐怖。」這是非常刻骨銘心的一段話，也道出了台灣社會陷在不明不白恐懼裡的原因。

已經死亡的特務頭子，把過去的告密者、檢舉者、執刑者的名字，都一併帶到墳墓裡去。他們殘害那麼多人之後，便兩袖清風離開這個世界。但是許多沉重的記憶，從此也變得模糊不清。面對一個轉型正義的社會，卻無法從歷史中獲得具體答案，這位年輕女孩說：「要有一個國家，必須先找到它的臉。我們有一個國家，卻沒有臉，也沒有故事。」可以想像，她寫下這些文字時，內心是如何惶恐，又是如何黯淡。我身為一個台灣歷史與台灣文學的研究者，捧讀這篇長文時彷彿也再一次走過了我的前半生。到今天，我也很難明白為什麼我會被打小報告，為什麼我必須在海外流亡十八年。這些問題，直到今天都沒有答案。這篇文字不能不使我相信，台灣的歷史沒有表情，當然也沒有故事。

二〇一六年十二月五日　政大台文所

夢見愛與死
——《龍瑛宗傳》序

未完的愛，未遂的死，貫穿龍瑛宗的一生。青春時期所夢想的初戀，即使未曾開花結果，卻永恆地保留在靈魂深處。結婚後的龍瑛宗過著不快樂的日子，一直到六十歲之前，他常常有著自殺的意念。求愛未成，求死不得，構成了龍瑛宗文學最迷人之處。生命的完成總是以殘缺的形式呈現，他有許多話想說，卻從來沒有完整表達的機會；他有許多願望想要實現，卻都最後找不到破土的機會。他的一生，就是一首未完成的長詩。跨越兩個時代，他從未輝煌過，就像詩那樣充滿了象徵、隱喻、暗示，具體的內容卻都隱藏起來。

周芬伶的《龍瑛宗傳》，把跨越兩個時代的台灣作家，相當生動地描寫出來。到目前為止，似乎沒有一本精采的作家傳記，可以寫得如此動人。她寫了二十年，斷斷續續，終於沒有擱筆。在漫長的歲月裡，周芬伶的散文與小說日益精進，卻從來沒有忘懷她要為龍瑛宗立傳。這部作品如果完成於十年前，恐怕無法臻於完美的形式。遲到與延宕的書寫，本身就是一種折磨，但也是一種等待。二十年後，周芬伶的散文技藝已經到了不容失誤的地步，只要她一出手，就是令人擊節讚嘆的文字。恰恰就是她在文學最成熟的階段，她適時完成這部傳記的書寫，果然就是出手不凡。從第一章描寫劉家從唐山渡台的故事，便緊緊扣住讀者的心。劉氏家族的傳承，經歷太多的夭折與死亡，那樣坎坷的命運竟然孕育了一個傑出的文學靈魂，簡直是近乎傳奇。

龍瑛宗最精采的文學生涯，其實相當短暫。一九三七年，他所發表的〈植有木瓜樹的小鎮〉，讓他獲得日本《改造》雜誌的文學獎。那年他二十六歲，這個獎項燃燒了他的生命。身為銀行的職員，總是在數字裡討生活，他卻在文字中找到心靈的寄託。經歷太平洋戰爭，他慢慢覺悟文學並不是純粹的藝術生活，在很大程度上，往往受到政治權力的干涉。如此早熟的台灣作家，也預告了他日後早夭的文學生命。他從未預知舊的時代很快就要消失，新的時代則又匆匆到來。在兩個時代交錯而過之際，並不僅僅是政治權力的轉移而已，其中還有相當惱人的語言轉換。

《龍瑛宗傳》無論就結構或文字而言，都可視為周芬伶書寫的高峰。書中所承載的藝術價值，完全不亞於她的小說與散文。或者更確切而言，如果沒有小說與散文的藝術造詣，也許不可能使這本傳記到達一定的高度。開篇的序曲，出手就頗不尋常。她優先從青年龍瑛宗的愛書歲月寫起，然後分成兩頭敘述，追蹤劉家祖先如何渡台、開拓，並且也開始建構獲獎之後龍瑛宗的文學生涯。她穩定掌控著作家的生命節奏，探索戰爭時代的文學心靈，如何被當時各種不明的政治挑戰所覆蓋。

全書的序曲「愛看站書的年輕行員」，便是描述一九三〇年代初入銀行的年輕人，如何在當時台北銀座的書店站著看書。彷彿是一場黑白影片的開端，顏色恰到好處，準確掌握了那個時代的光與影。這位年輕人不僅僅是看書而已，內心裡還暗藏著一個文學夢。這位殖民地青年，對於遠在東京的中央文壇懷抱著一定的願望，希望有一天他的作品能夠被看見。一九三七年，他寫出〈植有木瓜樹的小鎮〉，雖然是推薦佳作，卻是在八百餘位投稿的作者中脫穎而出。在日本雜誌入圍，等於也宣告一個殖民地作家的誕生，他的生活與思考從此有了巨大的改變。但是他自己不知道，身為作家，其實比同時代的知識分子還要受到矚目。這樣的身分帶來的不是祝福，而是詛咒。

一九四五年日本投降，國民政府來台接收。龍瑛宗以為一個更為美好的時代就要到來，他甚至南下去擔任《中華日報》日文版的編輯，以為可以延續他年少的未遂之夢。他未曾預料，台灣行政長官公署在一九四六年十月宣布，從此禁用日文。作家所能憑藉的思考武器，無非就是語言。當日文使用受到禁止時，對他而言，中文反而是一種折磨。在傳記中，周芬伶對語言問題的描述用功甚深，從而也反襯了龍瑛宗所承受失語症的痛苦。龍瑛宗在日語禁用的前夕，寫了一篇〈台北的表情〉，深深感嘆為什麼戰爭結束之初，台北市民的笑容處處可見，一年之後，所有的表情都化為苦悶。龍瑛宗寫的是城市的表情，無疑也是在寫他自己的心情。殖民地知識分子的悲哀，莫此為甚。

這本傳記最為精采之處，便是觸及龍瑛宗的文學過從。她寫戰爭時期的文壇時，以「這些與那些文人們」為題，點出龍瑛宗分別與日本作家、台籍作家的往來經過。這是書中最迷人的一章，藉由龍瑛宗所處的位置，可以窺探當時活躍文壇的作家身影。在考察友情時，周芬伶特別彰顯龍瑛宗與台籍作家呂赫若、張文環是如何親近，對日籍作家西川滿、濱田隼雄是何等厭惡。在檢查作家之間的親與疏，周芬伶還特別閱讀雙方的文字記載。凡是熟悉日治時期的台灣

周芬伶《龍瑛宗傳》

文學史者，都知道台籍、日籍作家之間的緊張關係，表面是虛與委蛇，背後則是頗多微詞。很少有人如此生動寫出作家之間的感情升降，周芬伶為我們鋪陳了一個較為完整的面貌。雖然描寫的是友情問題，卻也精確掌握了戰爭時期文壇的生態。

這樣的筆法，也延伸到戰後時期。戰後新時代的誕生，竟是以悲劇的二二八事件作為歷史的開幕。龍瑛宗目睹自己的朋輩一個一個開始停筆，強烈感受恐怖氣氛從四面籠罩起來。一九五〇年代初期，他聽聞呂赫若死亡，楊逵、葉石濤入獄，終於不能不承認他所期盼的和平時代，永遠不再到來。但是更為痛苦的是，他無法使用流利的中文，而且也見證了許多文友一個一個開始封筆。他年少時期的文學夢，終於宣告破滅。他能夠寫出日文作品的機會甚少，只有在向日本發行《今日之中國》的宣傳刊物上，能夠發表幾篇短文，除此之外，龍瑛宗徹底變成一個被遺忘的名字。

書中有一段非常生動的畫面，便是龍瑛宗在合作金庫工作時，參加了棒球隊的活動。其中有一段敘述，重建了台灣的棒球史，從嘉農隊參加日本甲子園的比賽寫起，一直到戰後棒球成為台灣體育史上的主流，都有著相當生動的記載。棒球是殖民地時期遺留下來的體育活動，這可能也暗示了龍瑛宗在心靈上的某種寄託。身為銀行員，他一直沒有放棄追逐文學的夢想，他與吳濁流、張我軍、郭水潭、楊雲萍、王白淵、王詩琅、吳新榮始終保持密切的聯繫，在內心他非常羨慕鍾肇政能夠以中文書寫小說，那是他永遠無法企及的夢。

周芬伶在傳記裡，對於龍瑛宗的家庭生活描述得尤為清晰。龍瑛宗與他的妻子李耐，一直處在緊張的狀態，往往為了瑣事細故而造成語言上的衝突。曾經有很長的一段時間，龍瑛宗常常想要自殺，那種死亡的陰影甚至他的兒子也能感受。正因如此，他常常想念初戀的日本情人兵藤晴子。這位女性是他永恆的嚮往，沒有完成的戀愛總是完整而美好地保留在心靈深處。懷抱著這份感情，他反而在現實的家庭生活中感到殘缺。周芬伶曾經出版過一冊《憤怒的白鴿》，其中第一篇便是〈作家的妻子：李耐的婚姻故事〉，寫的正是龍瑛宗的婚姻生活。這篇紀錄並沒有直接描寫龍瑛宗，卻讓他的妻子李耐、他的媳婦郭淑惠、他的兒子劉知甫發出聲音。這篇文字是一種反白式的紀錄，也就是作家本人沒有發言，卻由他的家族成員從旁描述，終於浮現了作家的生命歷程。這篇訪談的篇幅甚短，卻相當深刻描述了龍瑛宗不為人知的生活。

二十年前，周芬伶便已發願要寫出一部《龍瑛宗傳》，當時我也答應要寫《楊逵傳》。經過這麼多年之後，她始終沒有放棄，反而意志更加堅強。能夠使傳記順利完成，應該歸功於《龍瑛宗全集》的出版。而更重要的是，龍瑛宗的兒子劉文甫與劉知甫都樂於接受訪談，他們都說出不為人知的龍瑛宗。置身於龐雜的史料、作品、訪談之間，周芬伶可以有條不紊理出一條記憶的線索，那樣清楚，又那樣起落有致。我曾經去拜訪過龍瑛宗，那時他已經無法言語，整個晚上我與這位可敬的老人對坐，整個客廳特別安靜，只見到他不停微笑頷首，那是我僅有的一次見面，也是最後一次見面。如今捧讀《龍瑛宗傳》時，他的影像宛然在眼前，反而特別生動，其中所表達出來的感情，更是強烈衝擊著我。

二〇一五年十一月二日　政大台文所

翻轉吧！老師

——序宋怡慧《愛讀書》

十餘年後，再遇見宋怡慧時，發現她變得更開朗，更有自信。當年她在我的教室裡，是一位脆弱、傷感的學生。那時她已經開始教書，但是她恬靜的身影卻非常羞怯，甚至不敢輕易發言。每次交報告給我，總是夾在華麗的封面裡。政治大學的國文教學碩士班，是專門開課給已經在國、高中執教的進修學生。對於他們，我一向期待甚高。對他們，就像對一般大學的研究生，在閱讀上要求甚嚴，在書面報告裡，也必須遵守學術紀律。畢竟，他們已經是教學者，也同時面對著更多更年輕的學生。我對他們那一屆，到今天印象仍然非常深刻，因為我所有的要求，他們都盡職做到了。

宋怡慧後來所寫的碩士論文，是比較蕭麗紅與蕭颯的小說作品。她所要探討的是，一九八〇年代兩位女性作家風格的異同。一位是偏向鄉土書寫，一位是側重都會生活。她寫得非常認真，而且是準時交稿。在論文裡，她對於八〇年代女性文學的社會背景，提出相當具有說服力的解釋。她可以寫得那麼好，正是因為它建立在廣泛閱讀的基礎上。凡是寫出傑出論文者，我從未敢輕易遺忘。怡慧正是其中的一位。她的學校是在新北市新莊的丹鳳國中，曾經邀請我到那裡演講。那個校園使人喜歡，乾淨、整齊、新穎，是非常好的教學環境。現在她擔任的是學校圖書館館長，印象裡，總以為她已經偏離了國文教學。如今，接到她的書稿，才發現她對國文教學做了很多貢獻。

在她的構想裡，圖書館不是靜態的建築，也不是藏書的空間。正是站在那樣的位置，她把圖書館的資源翻轉成閱讀的動力。我生命經驗中經歷過的中學與大學圖書館，一直就是安靜地座落在校園的角落。中學時期，圖書館是非常寂寞的地方，幾乎就是一個藏書館。印象最深刻的是，那裡只是提供學校老師翻閱報紙，很少聽說同學從圖書館借書出來。我是一個充滿高度好奇心的學生，在成長歲月裡，會主動到租書店借書。當然，學校的圖書館也不會放過。記憶所及，好像只有我一個人出入那裡，不停地借書還書，卻不曾遇到自己的同學。如果有所謂啟蒙階段，中學時期的圖書館，可能就是一個關鍵點。

宋怡慧《愛讀書》

宋怡慧在她的學校主動提倡閱讀，對我來說，那是相當稀罕的事情。一種讀書風氣的養成，恐怕不是依賴圖書館長來推動。當整個社會流行著某些偏頗觀念，例如「不要輸在起跑點」，或是「人生勝利組」，學生已經淪落成為家長願望的替代品。在父母強烈的期待下，孩子被要求從早到晚都要讀書、讀書、讀書。他們觀念裡所說的讀書，絕對不是我們所說的閱讀。父母只希望他們把教科書讀得滾瓜爛熟，希望他們取得高分，最後考上明星學校，願望就實現了。

為了配合家長，學校上下也通力合作，認真執行讀書的願望，把整個世界壓縮在教科書裡。

讀書不等於閱讀，教科書不等於知識，考試不等於修養，明星學校不等於全世界。但是現在的教育制度，卻想盡辦法將這些等同起來。舉世滔滔之際，宋怡慧提出閱讀的構想，容許學生可以在教科書之外，進一步接觸更豐富多元的書籍。她要活化圖書館，使學生都有借書的欲望。這樣小小的改變，對於寧靜的校園環境，幾乎是一場前所未有的革命。

以喜悅的心讀著她的書稿，我終於察覺怡慧再也不是那位教室裡羞怯的學生。她走出她的生活，把她所擁有的資源完全開放給校園的老師與學生。這兩年來，「翻轉教學」已經慢慢形成一股風氣。所謂翻轉，卑之無甚高論，只要稍稍更動一下既有的觀念，那就是一次重大的翻轉。把學習權交還給學生，而不是由老師來領導填鴨式的教學。刺激學生學習的欲望，比起由老師單方面的教學，還來得更為活潑而充滿動力。同樣的，把讀書翻轉成為閱讀，便是讓閱讀權回歸到學生身上，使他們在認識世界時，可以找到多元管道。

閱讀的樂趣，在於透過課外書的接觸，動態地觀察這個世界。教科書所帶來的知識極其有限，而且都是訓誨式的教導，並且以考試為目標。課外讀物的閱讀，可以使學生的心靈擴展到校園的圍牆以外，教科書的格局以外，能夠產生感動、喜悅、悲傷、同情的人文精神。怡慧構想中的閱讀，已經不止於校園，她還與社區聯繫起來，更與其他校園聯手起來，這種閱讀上的翻轉，似乎也開始慢慢形成一種運動。當年在教室裡，我所鼓勵的閱讀，現在已經更生動地由怡慧繼續推廣。閱讀這份書稿時，從內心不禁發出吶喊：「翻滾吧！孩子」，「翻轉吧！老師」。

二〇一四年九月廿五日　政大台文所

第二輯——導言與評論

公民與詩

1

詩人要不要介入社會，或擴大來說，文學創作者需要參與公共事務嗎？這是相當陳舊的問題，卻也是非常新鮮的思考。在傳統的文學思考裡，詩人的位置總是被看得非常高。原因在於詩的形式往往非常精練，其藝術要求往往得到崇高的評價。凡是歸類於崇高的文學，無論是境界或技藝，似乎要比任何文體還來得乾淨而神聖。戰後的台灣詩史，經過一九六〇年代現代主義運動的洗禮，慢慢形成一種範式，詩人既要投入現實，也要超越現實。他的身分依違於兩種選擇之間。後現代浪潮襲來之後，過去那種精緻、純粹的語言，逐漸獲得鬆綁，並不必然要在濃縮的意象、抽離的身分之間，進行各種拉扯。口語化之後的台灣詩，接受的挑戰反而更大，一方面企圖擺脫精緻的文字，一方面又要放膽混居於紊亂的社會裡。藝術深度與廣度的拿捏，便構成了新世代詩人最直接的挑戰。

鴻鴻詩集《暴民之歌》的原稿寄來時，發現這位詩人的身段已有很大改變。身為大學的文學教授，我從來就不是自認具有潔癖的知識分子。在研究、書寫、評論之餘，對於公共事務的關切，我從未退居於學院的象牙塔。這種不純粹的學術態度，可能與我早年的政治運動經驗有密切關係。身為戒嚴時期的受害者，又是威權體制的思想犯，我非常清楚台灣學界的遊戲規則，那種清高而遠離煙火的身段，似乎與我的生命風格截然不同。坐在研究室，面對書窗，即使在最寧靜的深夜，我仍然遙遙聽聞學校圍牆外的噪音。那是一種不平的憤怒，也是一種焦躁的騷動，長久以來未曾衰退過。究其原因，是因為台灣社會存在著一個畸形的政治體制，在那樣的權力支配下，所有的公義與正義總是遭到放逐。不甘被遺棄的清醒心靈，對於這種反常的政治生態，自然而然要發出悲憤的聲音。

即使不要涉入街頭的群眾運動，打開每天的電視時，時時刻刻可以聽到社會底層哀嚎的聲音。學術造詣無論何等高深，都無法避開視而不見。身為人權關懷者，我可以體會整個海島是何等喧囂。在埋首研究之餘，終於還是忍不住參加群眾的遊行。一個人的力量，可能極其渺小。但是集合不同族群、性別、階級的群眾，走過街頭，走過立法院，走過總統府，那種抗議的聲量，可以說排山倒海而來。關在冷氣房裡的總統與立法委員，在聽聞之餘，恐怕也覺得羞慚。讓權力在握者感受到他們與群眾之間的距

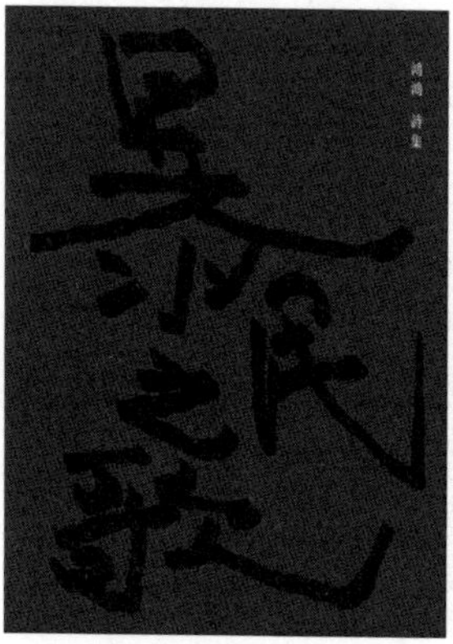

鴻鴻《暴民之歌》

離，竟然有天涯海角那麼遼闊。這是台灣政治生態的畸形現象，由人民選出的領導者，反而背叛人民，脫離民情，逃避現實。如果你是一個知識分子，寧可保持沉默嗎？如果你是一位詩人，你會不提起憤怒的筆嗎？

遠在一九九三年，我還是民進黨文宣部主任時，受邀擔任時報文學獎的新詩評審。那是我第一次閱讀鴻鴻的作品〈一滴果汁滴落〉。我記得那是夏天的一個漫長下午，評審者圍坐在圓桌，嘗試在眾多的競逐詩篇中找到各自所偏愛的作品。從一開始，我就認定鴻鴻這首詩有它一定的意義。那時候，動員戡亂時期才終止不久，省長與縣市長選舉還未開始。至於總統直選，還要再多等一些時候。整個社會還停留在欲開未開的狀態。但至少有一種價值成為所有民眾的一致認同，那就是民主制度。對於長期監禁在戒嚴體制下的台灣，民主一詞，顯然還是太過奢侈的想像。當整個時代處於變動之際，那時的文學生態也開始出現強烈的轉移。那是一個充滿期待的轉型期，被壓抑許久的許多文學想像，也逐漸釋放出來。鴻鴻這一首詩，意味著詩的新形式即將到來。當時，鴻鴻涉入詩壇未久，他的作品充滿了開闊的想像，好像要把全世界所有的苦難，容納在繁複意象的詩行之間。既彰顯對岸中國的封閉社會，也散發對第三世界農民的同情。在全球化的地圖上，台灣的民主運動逐漸被看見，這首詩就是為能見度正在提高的海島，提出雄辯的佐證。

2

二十餘年後，在社會運動的行列裡，不時可以看見鴻鴻的身影。初入中年的詩人，對於台灣社會的感覺越來越沉重，也越來越成熟。他的介入行動，也同樣在回應出現疲態的台灣民主。他的每首詩，都在揭露當權者如何與財團進行變態的結盟。所謂財團當然不止於島上財大氣粗的嘴臉，而且還包括海峽對岸包藏禍心的紅色資本家。在全球化的洪流裡，資本家無祖國的姿態越來越鮮明，凡是可以壓榨、剝削、欺罔的地方，資本家像幽靈那樣無所不在。從一九七〇年所追求的民主價值，在財團的壟斷下逐漸失靈。由人民選票所背書的執政者與民意代表，進入權力位置之後，搖身變成資本家的代理人。他們為財團服役，竟然擁有人民背書。出了差錯的民主精神，緊緊扣連著哀哀無告的百姓神經。頗有社會意識的鴻鴻，不甘保持沉默，就像詩人在這本詩集的後記說：「這本詩集的寫作期間，台灣社會面臨劇烈的動盪。在『暴民』們前仆後繼的衝撞下，如鐵桶般封閉的政治體系出現了改變的契機。」

這本詩集命名為《暴民之歌》，絕對有它的深層意涵。所謂暴民，其實是指手無寸鐵，奉公守法的學生青年。顢頇的政府從來未曾回應社會的聲音，反而對馴良的學生回敬以警察暴力之圍剿。整個台灣已經變成一座火山，憤怒的火焰已經流淌在大街小巷，也流竄在城市與鄉村之間。在沸沸揚揚的騷動中，合當有一本詩集來作為見證。鴻鴻訴諸最簡單的詩句分行，最淺白的語言演出，為的是讓憤怒化成藝術而呈現出來。有幾首我偏愛的詩，可供反覆咀嚼。他的〈在頹圮花園〉，恰如其分反映了一個普遍現象：

烏雲含住雨水
匆匆趕路

時間的樂隊踏屋頂而過
馬不停蹄
不遠的遠方
警察正驅逐路上的人群
死亡先去尿尿
在他回來前
我們把剩酒喝盡
再跳一支舞
把所有鬼魂吵醒
還來得及再做一個夢嗎？
還來得及再做一個夢嗎？

當社會被逼到一個絕望的邊境，所有的理想與夢想，也慢慢被剝奪淨盡。走上街頭的群眾從來不放棄他們作夢的能力，他們與時間在比賽，希望在死亡降臨之前，還能夠做最後的掙扎。如此簡單的形式，簡直濃縮了這個時代的一切願望。在落空之前，從不輕言放棄希望。鴻鴻的詩越來越像一首歌詞，適宜在群眾行列中傳唱，也可以在深夜裡獨自閱讀。詩沒有複雜的結構，也沒有深奧的意象，但是經過分行安排之後，反而連結了更豐富的想像。

香港占中運動發生時，台灣青年學生無不隔海聲援。年輕的心靈，意識到當亞洲古老大陸被一隻極右派的紅色怪獸盤踞時，周邊的人民與土地可能也會遭到波及。二〇一四年三月的三一八學運，以及十月的香港雨傘運動，都代表一個全新世代警覺到一隻貪婪的手蠢蠢欲動。鴻鴻寫了一首詩〈雨傘節〉，為那些勇敢的香港青年留下鮮明記憶。詩的題目頗為動人，因為雨傘節是台灣的一種毒蛇，表面非常安靜，卻懷有劇烈的毒液。安安靜靜坐在中環的年輕人，他們看見的是一個沒有前景的未來。在詩中，鴻鴻稱這樣的活動，是獻給天下情人的禮物。他不動用激烈的字眼，卻擅長使用調侃、嘲弄、譏刺、調戲的文字，對權力在握者進行各種強弱不同的批判。

鴻鴻擅長使用對比的手法，在詩行之間造成落差，可以感覺到即使是透明的文字，仍然具有一定的重量。像〈發達資本主義時代的藝術家〉這首詩，形式很簡單，卻對照出新舊時代的藝術價值：

看著我的眼睛
要微笑
看著他的眼睛
更開心地微笑
轉身時要抬腿
放下前要扭腰
摘下帽子

好歡呼、道歉、或乞討
別忘了微笑
前後左右，整齊劃一
跟你們的祖先一樣
雖然他們戴著鐵鍊
而你們在微笑
他們是奴隸
而你們
在演歌舞劇

詩行裡的「前後左右，整齊劃一」，在新舊時代有強烈對比。在舊世代藝術家必須符合威權體制的要求，但是在資本主義年代，藝術家卻有共同的表現，從奴隸變成勞役，仍然無法掙脫資本主義的文化邏輯。

《暴民之歌》意味著鴻鴻詩藝的重大轉折，他的聲音再也不只是從內心發出，而是為了呼應街頭上高亢的吶喊。經過太陽花學運以後，台灣已經不一樣了。一個新的時代正在釀造，把過去腐朽的思維勇敢卸下。歷史命運從來都是遭到霸權支配，但是台灣年輕心靈再也不接受任何宰制。他們所展現出來的公民運動氣勢，簡直是一棒接著一棒，從反國光石化、反核、反大埔、反服貿，一直到支持多元成家，正是為了使所有不能發言的弱勢族群，可以明朗表達他們的願望。

鴻鴻的詩，無疑是為這樣的新時代留下鮮明的證詞。從少年到中年，鴻鴻的公民思維已經與整個台灣的示威行動混為一體，形成氣象。以完整的一本詩集進行無窮盡的雄辯，鴻鴻做到了。

二〇一五年四月二日　政大台文所

天涯的亡友書

——讀簡媜《我為你灑下月光》

簡媜第一次嘗試新的文體，容許兩種聲音在她的字裡行間流動。第一種聲音是作者自己，第二種聲音屬於她遠逝的朋友。這是一種奇妙的閱讀經驗，必須在她的流轉文字中保持雙重視野。一隻眼睛投向作者的綿綿思念，另一隻眼睛則注視著亡友遺留下來的筆記。簡媜述說兩人過去的情誼，但更多的部分是為了讓朋友的靈魂復活。整本書都集中在愛與被愛的辯證回顧，縱然朋友已經去世許久，卻藉由文字的重現而再度甦醒過來。書的副題是「獻給被愛神附身的人」，似乎是寫給天上的亡友，也是要寫給在世的愛情未亡人。

簡媜有一手漂亮的書寫，尤其是她婀娜多姿的鋼筆字，鏤刻在書前的目錄。全書共分七卷，分別是「聽到第一聲春雷」，「夜色」，「邊界」，「斜陽」，「短暫雨」，「彷彿這一生只是倒影」，「我為你灑下月光」。她會寫出這部厚實的散文，其實是在履踐對亡友的承諾。當年簡媜經營一家出版社，準備為朋友留下的手札、筆記編輯成書。這項承諾因出版社關閉而未實現，又過不久，朋友因病去世。遺留在簡媜身邊的龐大文字，一直使她牽掛著。此後，她常常去靈樓探望亡友，終於下定決心重新整理那不計其數的文字。她一邊閱讀，也一邊帶出自己曾經有過的記憶。逝者與生者之間的對話，從此無窮盡地展開。

在閱讀這部作品之際，不免對於逝者是誰抱持高度好奇。沉浸在散文的聲音、意象、顏色、情緒之餘，深深受到感動，甚至無以自拔。只要被真實的感情重重衝擊之後，逝者是誰已無關緊要。簡媜等於為我們提供了一個「作者之死」的範式，容許讀者陷入文字的淘洗，體會其中的生命起伏與感情變化，正是最大的閱讀饗宴。書中飽滿地容納了兩位才女的豐富情感，縱然陰陽相隔，卻全然無損於兩人的生死交流。同樣受到古典文學洗禮的兩位作者，在遣詞用字之餘，釋出大量的象徵與隱喻。那種濃縮的文字，顯然吸飽了世間感情，又再次過濾之後，呈現出來的文字，既歧義又奇異。或確切而言，這是一段驚豔且驚險的閱讀過程，讓讀者在亡友的文字中沉溺之餘，似乎找不到精神出口，作者的聲音及時浮現，又挽回了讀者的魂魄。

簡媜所描述的愛情故事，既古典又經典。從後現代的今天回頭來看，尤其在網路特別發達的這個年代，那樣古典的愛情，簡直是跡近神話。在同樣的笑顏裡，又處在同一個教室，書中男女的交往必須透過書信往來。每一個文字都是經過書寫，一字一句都注入了極為深厚的感情。那樣的境界，恐怕不是網路時代的訊息所能企及。一位外省女子，一位本省男子，都屬於高級知識分子。卻在一九八〇年代相遇時，雙方都有自己的艱難。散文裡所呈現的這位女子形象特別鮮明，因為她是作者的摯友。相形之下，愛情棋局中的男子反而面目模糊，意向不清。兩人在校園相遇時，各自有著家庭的負擔。

簡媜《我為你灑下月光》

來自南部的這位男子，顯然把學術志業作為往上爬的契機。那種拙於言談的個性，卻又暗藏無窮野心的南部小孩，並非沒有愛情的欲望。但是，人生抱負一旦高過對愛情的夢想時，自然就洩露了一個悲觀的前景。相形之下，來自單親家庭的外省女子，充滿了理想與幻想，對於愛情自然帶有難以言喻的嚮往。在那相對保守的時代，遇到極為保守的男子，便已注定這位才女愛情之坎坷。兩人的魚雁往返，為那個時代的感情世界留下最真實的紀錄。簡媜在重建他們的歷史場景時，自然也挾帶著她個人的記憶。

她開啟了一種全新的書寫模式，一方面建構既有的愛情故事，一方面也在解構曖昧不清的感情交錯。這是非常冒險的嘗試，稍微不慎，就很有可能奪走了亡者的發言權。簡媜在拿捏之際，一方面讓亡友的聲音浮現出來，一方面也讓自己的觀察隱隱帶出。這種雙軌式的書寫，讓讀者進入一個奇妙而神祕的世界。既為亡者感到不忍，也為作者感到不捨。亡者遺留下來的筆記、書信、字條，容許讀者窺見她那難以壓抑的才情。同樣的，作者在敘述之際，也讓讀者感受了文字背後蘊藏的強烈能量。亡者的付出，並不可能得到那位男子同等的回報。而作者的書寫，也一樣不可能獲得亡者同等分量的回應。如果說，這是一部當代的《徒然草》，亦不為過。

《我為你灑下月光》，是近年來台灣文壇的散文巨構。簡媜寫出這部作品，顯然是要對亡友的承諾有一個交代。抑鬱以終的朋友，彷彿是託孤那樣，把最私密的文字全部交給簡媜。那是亡友一生的靈魂菁華，如果沒有公開出來，也必然同樣埋骨於青山。恰恰是簡媜的不捨，也是她無法忘懷的許諾。當她重新閱讀一個生動的魂魄，再次讓曾經發生過的愛情與友情遊走於字裡行間。簡媜自有她一份寬容，也揉雜著一份溫柔。在文字起伏跌宕之際，並未對那位負情的男子有絲毫責備。但是，掩卷之餘，讀者自然而然都會站到亡友那一邊。在悲傷的時刻，簡媜並不濫情，有時還會滲進一份幽默感。遠逝的朋友想必會領受她的調侃與捉弄吧，讀者也當可釋懷地接受簡媜的綿綿思念。

二〇一六年十二月十六日　政大台文所

他的線條詩

——閱讀楚戈

楚戈的詩，充滿流動線條。從藤蔓，柳條，河流，枝枒，給人許多蜿蜒的意象。就像他的畫作，無論是水墨或油彩，到處出現無止無息滾滾曲線，翻來覆去，都是充滿生機的想像。即使晚年完成的鉅著《龍史》，他刻意彰顯青銅器上的彎曲生物形象。滑溜的筆，未曾有停頓的時刻。在尺幅有限的畫紙上，他拉出的平行線條，並未止於紙面，好像還持續在延伸，到達無盡境界的畫框之外。閱讀他的畫與詩，可以體會他具備以有涯追無涯的雄心。那種生命力，使他克服病體而不斷有新作出現。

相較於他的畫作，楚戈的詩顯然規模有限。他給人一種「志不在此」的感覺，可有可無。但是，在有限的作品中，卻不時有讓人驚喜之詩。他無心插柳，也因而無欲則剛。或者可以拿他的線條畫來比擬，行其所當行，止於其所不可不止。他寫詩的脾性，恰恰正是如此。他從未以詩人自居，卻愛那樣簡單的形式。在有限的詩行裡，盡量讓個人的感覺或印象發揮到極限。

他是自在的抒情者，內心稍有感發，便以淡墨數筆，勾勒出隱藏在內心底層的某種神祕震動。他是印象派的抒情主義者，很少給人以精確的掌握，也說不清楚他的企圖何在。讓人捧讀時，隱隱發出會心的微笑。

他在晚期完成的散文詩〈榕樹〉，典型地投射了自己的心境。寫得非常簡單的文字，基本上沒有詩的形式，卻盎然富有哲理。他說：「榕樹是一種奇怪的植物，因為沒有什麼用處，而享有很多自由。」又說：「椏枝上垂拂著一綹綹的鬍鬚，若是垂到了地，只要其中一根觸及了泥土，那飄忽的思想，就變成了邏輯。」這不是詩，但詩意就藏在裡面。凡是有用的樹木，早已遭到砍伐。巨大的榕樹享有生命的最大自由，是因為人類看不出它有任何優點，從而找到生存之道。詩中最重要的轉折，在於樹鬚觸及泥土時，飄忽的思想立即昇華成為邏輯。這裡的邏輯，暗示著合理的生命運作，「它唯一的意念就是要用各種方式抓緊浮在空中的大地」。整首詩的精神，就在這裡站立起來。為什麼寫這樣的詩？楚戈就是那榕樹的具體化身。非常偏愛流動線條的他，樹鬚也成為線條的影射。不斷延伸，從枝椏垂直向下，為的是與泥土緊緊結合。從此飄忽思想找到根植的據點，從而也獲得生命的邏輯。

半生飄泊的畫家，窮其一生從未顯露自己的用處。因為不為所用，反而得到最大的自由。他能畢生開懷，想畫就畫，想寫就寫，絲毫不必受到世俗價值的牽掛。他緊抓這海島的土地，建立他自己的生存邏輯，放眼朋輩，恐怕沒有多少人能及得上他的快樂。如果根鬚是他畫作線條的隱喻，似乎也可以解釋那是生命的無盡延伸。在他的藝術世界，暗藏著內在的邏輯觀念，前後統一，表裡一致，並且與他的詩學互通。這正是楚戈的精神所在，無拘無束過完他的一生。

他的另一首詩〈迂迴的路〉，也是以蜿蜒線條作為重要意象。他在夜間觀察牆壁上螞蟻的奔走，走出的路線彎曲迂迴。他終於下了結論：「在沒有障礙的牆壁上，牠們為什麼不走節省精力的直線呢？難道平整的牆壁也有人看不見的崎嶇嗎？或許鳥有鳥道，獸有獸徑，人有世途，蟻也有蟻路吧。生之道路總是迂迴不直的啊」。這可能毫無詩的規矩，但背後卻有豐富的象徵與暗示。

楚戈《龍史》

迂迴沒有什麼用處，卻帶著某種生命的道理。必須沿著他設計出來的邏輯去解讀，才有可能逼近他的藝術訣竅，也才知道他所寫的詩，很大成分都在詮釋自己的畫作與詩作。

或者是這首〈楊柳〉，描述他們在軍營移植了一株瘦小的柳樹，不久便長大成蔭。「晴天伙伴們就在她的下面啜飲清涼，沐浴和風；夜晚則在她的髮茨間尋找失落的夢境」。刻意突出柳葉的線條，呈現它溫柔多情的氣質。池邊的柳，又擺出另一種風情，「飄過的柳絲，最有趣的還是在鏡中垂釣，向藍空鑑照姿容」。彷彿柳樹是婀娜的女性，向著池中鏡面垂釣時，其實是驕傲對著天空展現姿容。這裡的意象，又同樣是線條般的柳絲。也許楚戈從未這樣精心設計，刻意呼應他的畫作。但每個藝術家的靈魂深處，總會形塑一定的美學原型（archetype），在恰當時候，情不自禁傾瀉出來。在楚戈的無意識世界，潛藏著生生不息的蜿蜒生命跡線。不經意間，這裡那裡，以同樣手法沾惹著畫筆與詩筆。

再舉一首詩〈影子〉，更是表現了他最得意的想像：「有什麼比在落日時看自己的影子拉長，橫過河岸直印上對面從來沒有走近過那座教堂的十字架更過癮的了。這抵銷了日正當中時被嘲笑的尷尬。」詩人內心的狂妄由此可知，他的稚氣也因而可以推知。拉長的影子，又是另一種變形的線條延伸。教堂的十字架，多麼神聖而不可侵犯。只有在黃昏時分，夕陽沒入之前，把人的影子投射出去，伸展到教堂那邊，覆蓋了遙不可及的十字架。那是僅有的時刻，人可以高過教堂，也高過上帝的象徵。好像是懷著惡意，也抱持著褻瀆。卻又不然，那完全是出自藝術家的某種構圖而已，近乎漫畫卡通的誇張構圖。這種頑童式的搗蛋，正好彰顯了楚戈的童心未泯。詩中他自承不想做時間的巨人，他只是斤斤計較著究竟要享受擲酒瓶的樂趣，還是退瓶換取九元五角。小人物的人生，自有他內心的狂想曲。黃昏時拉長的影子，只不過是自我膨脹的一個小小幻影。

楚戈具有平易近人的性格，生命不同階段都有精采的故事。他無意於權力金錢，盡情耽溺於藝術的饗宴。為什麼他特別鍾意於線條的呈現，對於迂迴、彎曲、纏繞、延伸的各種造型，不厭其煩地畫了又畫，寫了又寫。那是生命無限生機的表現，也是想像無窮無盡的變化。他的詩，很少人討論，畢竟有他私密的偏好，絕非外人能夠輕易進入的世界。但是，以詩解畫，似乎又洩漏了一些天機。讀完他的詩作，好像又貼近他藝術靈魂一點點。

二〇一四年二月廿四日　木柵

以緩慢抵抗現代

——讀馮傑《豬身上的一條公路》

每個人的時間快慢不一，被監禁在囚牢的人，時間相當遲緩；在運動場奔跑的人，時間特別快。由於對時間的感受不同，從而對空間的想像也有所差異。現代生活的節奏特別迅速，所有的事物稍縱即逝，甚至感情與思想也是倏起倏滅。都市的時間，往往只是媒介而已，從來都無法保留下來。尤其在消費社會裡，再也找不到任何鄉愁。新的商品不斷上市，舊的事物不斷丟棄，交替過於激烈，已經沒有什麼值得眷戀。

馮傑的文字，有意使時間都緩慢下來。就像電影運鏡那樣緩緩移動，讓鏡頭中的人與物細細呈現在眼前。其中的光影、色澤、溫度，都以定格方式逐漸顯影。當代書寫的風氣是以速成方式進行，馮傑反其道而行，選擇了慢活與慢寫，為的是讓讀者清楚看見地球從來不是迅速旋轉。身在北地的作家，必然見證資本主義浪潮對古老中國的侵襲。尤其是後現代主義風潮與消費社會文化，席捲亞洲大陸時，歷史越來越沒有深度，文化也變得淺薄。由於消逝太快，不久就變成一種懷舊病。這種懷舊病不是鄉愁，而是代表時間的迅速轉換。

文化鄉愁才是真正具有歷史深度，它負載著一定的美學價值與生活方式，也暗示著異於現代的生命態度與時間觀念。那是累積了好幾個朝代慢慢形塑而成，並且也聯繫著好幾個世代的感情。這樣的鄉愁往往跟泥土緊密連結，就像根鬚那樣緊緊抓住大地，並且在土壤底下深深蔓延。馮傑散文便是根植在他自己的故鄉，每個文字，大量吸收了土地之氣。面對整個世界轉變時，他仍然顯得非常從容，完全不為任何風潮所動搖。無論是政治波濤或經濟浪潮，他都親身經歷，卻對靈魂深處的文化信仰毫無衝擊。

他所看到的時代，可能不只是二十一世紀的全球化浪潮，在上世紀的文化大革命，就已經目睹無數文物資產徹底遭到破壞。政治運動中，藉著意識形態的鬥爭，有多少文化鄉愁受到掃蕩。如今有多少來自遠方的舶來品，也次第取代舊有的生活方式。這種精神上的雙重失落，一個來自內部，一個來自外國，使整個世代幾乎要連根拔起。馮傑在一個小鎮擔任銀行員，前後三十餘年，寧可守住世界的一個角落，堅持不為全球化所動。他的散文書寫，可能無法抵禦八方而來的消費風氣，但只要挺起一枝筆，他的土地就可發出聲音。

出生於一九六四年河南長垣的馮傑，是在文化大革命欲熄未熄之際，逐漸在長輩的薰陶下，認識自己的土地。他生命中的幸運，也許是從未在城市裡飄泊遊蕩，毋需受到任何流行商品的誘惑，也毋需養成無情與絕情的傲慢。正如他在上一冊散文集《一個人的私家菜》的〈跋〉說：「如今再沒有一個食客吃後會在紙上留香，他們大都抹嘴而行。」一時代風氣使許多人都變成消費者，絕對不可能珍惜他們的擁有。當馮傑像一棵樹，牢牢生長在質樸的泥土，可以仰望遼闊的天空，也可以呼吸澄明的空氣，那就是他的文學養分。他對待每一個文字，彷彿就在於尊重每一顆飯粒，從來沒有虛擲。他的文學從未出現輕佻、侮慢、放縱，每當落筆時，他總是抱持敬謹之心。

馮傑擅長使用簡短的句式，使節奏顯現特別輕快。在最短的語言裡，蘊藏最豐富的意義。筆下的故鄉人事與景物，縱然都是耳熟能詳，經過他的鍛鑄之後，立即產生陌生化；因為陌生，所以新鮮。這正是他動人心弦的書寫策略。許多語言都是從姥姥身上學習，但是化為他的文字時，整個意象就鮮明起來。在地書寫並未過時，凡是讀過他的散文，都會被喚醒失憶已久的感覺與感情。雖然他在〈裡生外熟〉自謙說：「我寫的散文，大體算是土坯散文，尚未成磚。」細讀他的遺詞用句之際，可以體會用心良苦之深。收在書裡的文字，往往篇幅有限，少則五六百字，多則一千多字，卻容納飽滿的情感，承載歧異的意象。

誠實與敦厚，是他的美學原則。在成長歲月裡，由於經過文化大革命的浩劫，記憶中充滿累累傷痕。字裡行間猶存留一些驚悸，但沒有絲毫罣恨。他容許受害經驗化為遙遠的背景，有時充作某些幽微的反諷，有時則是反襯高貴的人性。他雲淡風輕地勾起，只是希望人間災難不再重演。農村面臨的危機，再也不是來自政治的批鬥。取而代之的是，農村裡無端出現高速公路，所到之處，不僅輾過豬身，也輾過人身，從此世外桃源永無寧日。當世界變得太快，記憶也跟著迅速

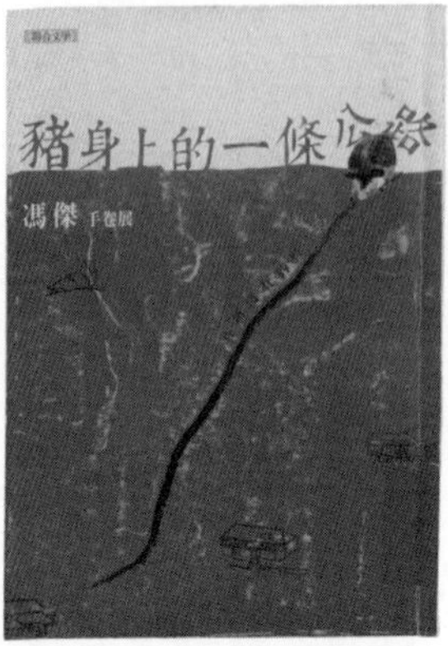

馮傑《豬身上的一條公路》

消逝。當他看見資本主義轟然而至，便決心追求緩慢，發抒他無聲而深沉的抗議。

馮傑的每冊散文，必然都會有他親繪的水墨插圖。那種小品風格，與文字相互對照，誠然餘韻無窮。他自稱那是湊合畫，其中卻暗藏他的含蓄寄意。作畫時，他使用桑葚、菠菜汁、陳醋、羅漢果，來取代顏料，真正是以實踐來印證自己的美學信念。他的書法筆式與水墨畫式，都帶著拙趣，幾乎可以讓讀者聞嗅泥土的氣味。每當俯臨他的散文，彷彿可以窺見一個乾淨而透明的靈魂。簡潔的語法，鄉愁的散發，無垢的美學，構成他的文學世界。他刻意慢下來，如秋天的一片葉，在風中緩緩飄揚，那樣從容，那樣無悔。以緩慢抵抗現代，為這時代心靈留下無可輕侮的證詞。

二〇一四年一月二日　政大台文所

未亡人的未亡史
——《綠島》讀後

這冊小說是台灣戰後歷史的證詞，把劫難之後的台灣人內心世界生動描繪出來。或者，更精確來說，經歷過二二八事件之後的島上住民，全部都是台灣歷史的未亡人。作者楊小娜以英文書寫了這個無可抹滅的事件，即使是譯成中文，也還是能夠傳神地把整個時代的心情，完整呈現出來。整部故事，從一九四七年橫跨到二〇〇三年。彷彿親臨實境，把不同世代島上住民的情緒流動，藉由精采的敘述而震動了讀者心靈。作者對於不同世代台灣人的精神結構，都有精確的掌握。閱讀之際，無不跟著小說的筆法而起伏震盪。這可能是二二八事件歷史小說作品中，極為成功的一部。其中最重要的關鍵，莫過於對每個時代外在景物的描述，以及對內在精神結構的探索。

身為二二八事件的倖存者，我頗能理解楊小娜所掌握的歷史事實。閱讀之際，我也有一種餘生的強烈感覺。小說中所掌握的幾個重要年代，如一九四七、一九五二、一九五八、

一九七一、一九七九、一九八二，幾乎都是事件之後的關鍵年代。縱然距離大屠殺的記憶已經非常遙遠，但是小說中的每個關鍵點，都與原來大屠殺事件維持著千絲萬縷的關係。歷史走得越遠越深，那事件已經升格成為戰後歷史的原型。所有的恐懼、威脅、恫嚇、監視、迫害、死亡，都可以追溯到那年屠殺的原初。整部小說的敘述，每翻過一頁，歷史召喚就更清晰。很久沒有讀過這樣的歷史小說，把許多深埋的記憶又重新挖掘出來。那麼瑣碎、那麼痛楚，卻都必須重新經歷一次。

作者是那年出生的女性，她個人的遭遇，其實就是全體台灣人所曾經穿越過。她父親的命運，也正是台灣人命運軌跡。藉由第一人稱的敘述，作者從襁褓時期歷經大學教育，最後出國留學。把每個不同時期的台灣政治變化，如實反映在小說故事的轉折。作者本人就好像是一個鏡頭，以現場見證人的身分，觀察父母之間的悲歡離合，也鑑照整個社會的起承轉合。這位在台中出生的小孩，回望自己成長的過程時，顯然也是一段除魅的過程。如果她不能走出這樣的噩夢，也等於台灣歷史與台灣社會無法從災難記憶中解脫出來。當她勇敢面對殘酷的過去時，顯然已經從歷史囚牢裡掙脫出來。

整個故事的主軸，圍繞在事件後父親淪為政治犯，而且被送到綠島坐牢。同樣的經驗，也發生在同時代的許多男人身上，特別是台灣知識分子的親身經歷。經過了一場大屠殺，父親突然失蹤，卻從來沒有得到任何通知，更沒有獲得任何音訊。一個家庭失去支柱時，全部都必須由母親來承擔。那是生死兩茫茫的年代，沒有誰可以追問這位男人的下落如何。母親能夠告知長輩與孩子的唯一說法，就是父親遠赴日本。對那時的台灣家庭而言，這是陳腔濫調的託辭，卻也是唯一可以合理化的說法。母親必須依賴自己的意志與毅力，把兩男兩女四個孩子撫養長大。最小的女孩也就是作者，便是在場的見證者。

戰後台灣史其實就是台灣女性史，這部小說恰如其分地以女性觀點，重新解釋島嶼的歷史走向。被捕的父親是思想犯，只因為他對現實政治表達不滿。在接受審判時，見證太多政治犯遭受槍決，也目睹了人與人之間的相互出賣。面對死亡，真實的人性終於都浮現出來。失去父親的家庭，所有的孩子也失去受父親啟蒙的機會。他們各自摸索自己的人生，在錯誤中尋找真實的方向。母親是有體面的女性，舉止進退都頗具教養的姿態。每位被帶大的孩子，都是透過母親的教育而建立自己的人生觀。

事件後的第十一年，亦即一九五八，父親突然回來了。從非人世界的綠島回來，他整個人格已經受到全新改造，變成一個高度沉默的男人，不知道如何與缺席期間成長起來的孩子相互對話。世代之間的隔閡，政治環境的捉弄，終於在父親與孩子之間築起一道高牆。出獄並不等於獲得自由，恰恰相反，他仍然在國家機器的監控之中。不僅如此，特務人員還強迫他寫一封密告信，誣衊自己的朋友是叛徒。這是威權統治的策略，讓受害者也變成加害者，讓朋友終於都變成敵人。父親回來已經是一個陌生人，所有的孩子不知道如何與他溝通。這位戰前的高級知識分子，出獄後變成一隻蟲豸。好像是一顆未爆彈，只要有恰當的引信，在家庭裡隨時都會爆炸。

楊小娜《綠島》

一九七一年，台灣退出聯合國的那年，國際身分被打回原形。在這重要轉折的年代，作者遇到她的未婚夫。這位留學美國的男性，在海外涉入政治甚深。如果用官方語言來形容，他就是台獨分子。這段婚姻使作者有出國的機會，也使她理解了海外政治運動的脈絡。這些過程，其實就是戰後台灣知識分子的歷史軌跡，也是關心台灣命運的共同道路。在海外浮沉的政治運動者，顯然與台灣正在萌芽的民主運動相互呼應。那是覺醒的年代，也是參與的年代。尤其是經歷了一九七九發生的美麗島事件，整個時代的年輕心靈都跟著轉向。

但是歷史噩夢並未因此而解脫，小說的女性敘述者與夫婿回到台灣時，竟遭到警總的約談。夫妻兩人都遭到刑求，逼迫他們供出在海外的政治活動。這段故事顯然是影射當年的陳文成事件，只是小說中的夫妻，終於受到美國在台協會的營救平安離開。整部小說無疑是台灣戰後歷史的縮影，如果不是親臨其境，不可能描繪出意象如此鮮明的故事。小說的終章止於二〇〇三年，也正是那年發生 SARS 事件的時候。父親終於勇敢說出當年在綠島的記憶，當他坦然面對過去的人生，似乎也開始改寫從前的命運。

如果說這是一部戰後台灣的裡面史，亦不為過。當所有男人都承擔被屠殺的命運時，保留歷史記憶的使命，就由女性來承接。這部小說並未輕易放過每個時代的重要轉折，在特定的時間點，女性就會說出內心的真實感情。楊小娜刻意不要被歷史事實所綁架，在最緊張的時刻，就容許女性的聲音釋放出來。雖然交代了戰後的政治發展始末，卻由於敘述者鋪陳了抒情的語言，使整個故事讀來就是不折不扣的史詩。這一首長詩的源頭，就是綠島。

二〇一六年十月廿五日　政大台文所

未成年的想像共同體

——讀高翊峰《泡沫戰爭》

想像力極其豐富的高翊峰，完成《幻艙》與《烏鴉燒》之後，又完成一本長篇小說《泡沫戰爭》。很少有一位小說家如此偏愛幻想自己成為頑童的一員，嘗試從年幼的心靈看待這個世界。整個故事設定在一個叫做「新城」的社區，忽然在一夜之間，由小孩來接管。放眼台灣文壇，似乎從未出現這種文體，既不像頑童歷險記，也不像哈利波特。完全讓一群心智尚未成熟的兒童，來取代社區裡的成人角色。在故事中的許多段落，看來是如此虛幻。但是，敘述過程卻又好像如現實那般。他們有成人世界的圓熟思考，在處事之際卻又不脫稚氣。整本小說讀來，虛虛實實，既是魔幻，也是寫實。

這是一種解釋型的故事，但也不是屬於典型的後設小說。作者似乎要告訴我們，每個成人的內心都住著一個小孩。或反過來說，每個小孩都渴望變成大人。故事的敘述節奏非常快，時間的速度卻很慢。那是從夏日枯水期，橫跨颱風季，終而進入秋末初冬的事件。如此漫長的時間過程中，山裡的一個社區被小孩子占領，卻又沒有驚動外面的世界。好像孤立地從社會脈絡中抽離出來，單獨發展出一個荒謬而合理的故事。這個叫做新城的社區長期缺水，向公家機構申請水管，遲遲未獲得回應。對於水的焦慮，使一群小孩感到不耐，他們下定決心接管社區的管理委員會。他們成功占領了社區管理室，故事於焉展開。

這本小說非常具有高翊峰的特色，他容許許多幻想都像事實那樣。不僅有時間感，也有合理性。他的遣詞用字，有時近乎寫詩的境界，帶著美感，充滿跳躍切斷的句子。他書寫的最大祕訣，便是讓體內的一顆童心完全不受拘束，勇於幻想，敢於動用周遭所有的生命。包括植物、動物、鬼魂，在他筆下都可供差遣驅使。生命與幽靈之間可以互相出入，具有和諧與矛盾的辯證關係。虛實相間的書寫方式，使故事的空間無形中加寬加大。如果沒有赤子之心，就不可能完成富有叛逆與反抗精神的敘事。

高翊峰到底要傳達怎樣的信息。缺水缺電，是我們這個海島的自然性格，能源議題始終是世世代代的共同焦慮。小說特定選擇在孤立的社區發生事件，必然有他的微言大義。如果放大來看，社區的故事就是台灣歷史的縮影。當年輕世代對掌權的成年人感到不滿時，自然會情不自禁萌生奪權的欲望。小說中的主角高丁率領一群小孩，進入社區管委會質疑主委。被槍擊死亡的主委，仍然還是以鬼魂的姿態回到人間。故事就從這裡開始，他們禁止所有的大人進出社區，不容許他們上班，也不容許他們與外面的世界聯絡。剎那之間，社區立即變成烏托邦。他們首先要解決水的問題，吃的問題，以及權力接班的問題。

高丁扮演發號施令的首領，把社區所有的小孩組織起來。一方面建立門禁的問題，一方面也維持社區秩序。在社區裡，年齡分成三個階層，一是未成年，一是成年人，一是老年人。當小孩子負起種田的責任時，他們動員老年人加入勞動的行列。這些老人的心靈比較接近小孩，不像成年人那樣對任何事情都很冷漠。

但是，在高丁的組織之下，所有的社區人口都投入不同性質的工作。分工的方式近乎公社組織，不同年齡層，依照體力的差異分配工作。成年人負責飼養肉雞，清掃雞舍，整理落葉，腐葉堆肥，使日常生活井然有序。

高翊峰的想像力尤其豐富，常常會有別出心裁的情節。小說裡其中一個重要主軸，便是小孩必須與社區四周的野狗對抗。寫到小說末端，在一個停電的晚上，有些小孩的背影竟然被野狗叼走。背影被叼走的後果是什麼？社區的老人說：「失去背影的孩童，會一輩子容易恐懼，即便他們長大了，也會變得膽怯懦弱。」這是台灣民間鄉野傳說的變形，小孩子被魔神掠走，就會失魂落魄。這些突如其來插入的枝節，為整個故事添加更多的神祕與奧妙。

《泡沫戰爭》的命名，非常童話。故事始於孩童的吹泡泡遊戲，終於所有的想像都變成泡影。這是一部小孩擬仿大人的寓言小說，刻意讓成人幼稚化，也使兒童成熟化。高翊峰構思這部小說時，太陽花學運還未發生，反核運動的被驅離事件也未曾出現。讀完小說後，卻驚覺好樣預言了即將發生的事件。有些場景，與當代社會的新聞事件非常雷同，恍惚中，好像經歷了二〇一四年三月至四月的群眾運動。那些

高翊峰《泡沫戰爭》

掌握權力的成人，往往是優柔寡斷，貪生怕死。而敢於衝撞的年輕反對者，懷抱著巨大夢想，充分展現他們的紀律與智慧。青年世代，往往不易受到年長者的祝福，最後都換來他們的蔑視與詛咒。

高翊峰的小說，當然不是用來對號入座。然而，文學的想像力無遠弗屆，隨時隨地會釋出一定的效用。沒有任何針對性的作品，有時可能巧合地對應了現實世界的動盪起伏。這本小說，不時出現 BB Call 用語，顯然是以二十年前的歷史記憶為背景。但是，小說一旦描述真實的人性，就難以受到時空的限制。任何時代，任何地方，凡是涉及人性處，便會觸及心靈底層的沉淪與昇華。無論是幼年，成年或老年，都不免具有無可掩飾的幽暗面。一旦與權力掛勾時，人性的邪惡便袒露出來。小說中的少年，是具體而微的人性演出。帶著小小恐懼、微微喜悅讀完全書，不能不為高翊峰捏一把冷汗。在某些轉折處，覺得他可能無以為繼。他終究能夠完成漂亮的翻轉，寫出這樣一部未成年的想像共同體。

二〇一四年四月廿八日　木柵

抒情的奧祕

——「楊牧七十大壽學術研討會」前言

一行詩，一段文字，一則論述，一首譯詩，都可視為生命裡有機的內在連結。每種文體，每種技藝，形成詩人靈魂的巨大象徵。楊牧孜孜不倦致力一個詩學的創造，進可干涉社會，退可發抒情感；兩者合而觀之，一位重要詩人的綺麗美好與果敢氣度，儼然俯臨台灣這海島。

從十六歲出發的年輕詩人楊牧，在今年臻於七十歲。超過半世紀以上的歲月，他投身於詩、散文、評論、翻譯的經營，擘造可觀的文學知識，為戰後世代構築動人心弦的詩藝與語藝。詩學的累積，僅從單一的詩集或散文集，可能不易窺其規模；但是，經過五十年的時間延續，他的文字實驗與實踐，已經形塑成為一個時代的重要風景。

早期寫詩時，他還在摸索自己的美學途徑，追尋的痕跡遺留在最初的《花季》與《水之湄》。但是，到達《燈船》時，楊氏風格隱然可見。同時期完成的《葉珊散文集》，與他的詩行相互照映，一時迷醉多少年輕讀者。楊牧用力於詩最鮮明之處，莫過於他的敘事技巧，在每首詩背後往往暗藏一個故事。他擅長使用懸疑與推理的手法，讓象徵語法放在前面，使一則傳說或事件隨著詩行演進而巍巍浮現。正是他的敘事傾向，截然區隔了他與同世代詩人的意趣。

一九七四年是他進入豐收時期，三首傳誦甚廣的詩作〈林沖夜奔〉、〈瓶中稿〉、〈秋祭杜甫〉次第發表。尤其林沖角色與性格的塑造，透過山神、風聲、飄雪的交響聲音，構成一首速度極快的流動詩，使夜奔的動作歷歷在目。他以詩的形式表現說故事的技巧，在現代詩人中可謂無出其右者。在詩史上，一位詩人獲得注目與肯定，無非是依賴他所創造的語言。他擅長動用猶豫、遲疑的語氣釀造氣氛，但是詩的內部已經埋藏一個確切答案。這種文字藝術，也許受到中國傳統話本的影響，但是他也從西方戲劇裡接引火種。最重要的是，他有個人獨特的語言表演範式，選取的文字有時是白話，有時是典雅的文言文。他勇於嘗試把久已不用的古字置入詩中，為的是試探古代漢語的生命力。凡是經過他再次運用，把恰當的字安放在詩或散文的恰當位置，文字的魂魄便再度回到人間。

他的詩文發生明顯重要轉折，應是始於七〇年代初期的《年輪》。文字不僅注入現實關懷，而且也對戰爭與性的主題進行質疑。他觀察遠在中南半島激烈爆發的越戰，也目睹他同一世代的美國青年被徵召投入戰場。戰爭是人性貪婪的延續與中止，性是生命的上升與下降。在愛欲生死的探索中完成後，他的生涯進入三十歲年代，也同時展開在海外任教的旅途。遠離自己的故鄉，在陌生土地開始體會歲月如何趨於成熟。他的散文《柏克萊精神》、《探索者》、《山風海雨》，終於表現出精神朝向故鄉花蓮回歸的欲望。既像回憶錄的文體，又像絕美藝術的追求，使他整個生命產生一種永恆的土地認同。然而，那又不只是一冊回憶，其中除了不斷挖掘記憶深處的啟蒙與成長經驗，他致力重建自己的人文價值與思想結構。在真實與虛構之間，他為一個世代的知識分子留下擁抱、關懷、批判、憤怒的蛛絲馬跡。就在這段時期，詩集《北斗行》、《禁忌的遊戲》、《海岸七疊》、《有人》先後出版，激越卻圓融的聲音於焉誕生。其中的長詩〈有人問我公理與正義〉，果敢注視台灣社會的族群議題，在一位青年人身上看到台灣母親與中國父親的兩種文化交會，內在的衝突、矛盾、和諧躍然詩行之間。

楊牧詩風從此進入新的階段，台灣也開始進入一九八〇年代。微熱而活潑的島嶼，以鮮明的形象降臨在他的詩行。他探問的不只是時間，對生命之體悟與情愛之求索，較諸三十歲年代的猶疑怔忡有了更為確定的態度。歲月開始進入後中年時期，或者說，秋熟的季節緩緩逼近之際，他對文字的掌握更加純粹熟練。這可能是迎接黃金收割時期所展現的一份自在與自信，詩壇開始有人默默議論，承認他的詩頗有豁達氣象。

確然如此，他對自己的文學志業逐漸朝向重整收束的階段。從前的回憶散文系列，總結成為《奇萊前書》。進入新世紀時，他又向故鄉交出一冊《奇萊後書》。這時代一顆最佳心靈的塑造，都在抑揚頓挫的節奏中次第完成。《前書》是童年到青年的成長散文，他的知識啟蒙，朋輩過從，師長教示，都以迂迴方式帶出一顆灼熱的詩之魂魄。《後書》指向他在海外的漂流與停泊，知識的輝光，人性的洞澈，在幽微圓潤的文字裡琢磨提煉。美文之所以美，已非文字的鍛鑄而已，還溢出書籍之外，呈現他與世界訂下溫暖、和解的契約，使散文的重量恰如其分地置放在擾攘的人間。

柔軟而馴良的詩人，對於奇萊山有一種無可言喻的鍾愛。當這座山的名字出現在文壇時，所有的讀者都能感受他的強烈暗示，他的生命意義確然在故鄉土地得到安頓。在同一時期集結的詩作《完整的寓言》、《時光命題》、《涉事》與《介殼蟲》，也以更為隱晦的方式傳遞一個信息：他已不再以熱情的語言看待世界。因此有人議論他的詩越來越晦澀。事實上，晦澀僅是一種障眼法，他的句型語法更能放射歧義的抒情。在世紀之交完成的〈和棋〉，表面上是一場虛擬的棋賽，在陽光樹蔭下進行一場自我詰問。生命臻於峰頂之際，所有人事情愛並沒有任何輸贏，整首詩點出他看待人間時自有一份寬容。

他的文學整頓儀式，並非只集中在詩與散文。從《柏克萊精神》以降所探索的知識追求與學術議論，他總結成《隱喻與現實》、《人文蹤跡》、《掠影急流》，相輔相成地積極定義何謂人文精神。這種精神，與他的詩中抒情、散文言志的風格，可謂同條共貫。

一位詩人的藝術成就，也許不能限制在詩的領域去理解，還應延伸到散文、評論、翻譯作整體性的評估。一行詩，一段文字，一則論述，一首譯詩，都可視為生命裡有機的內在連結。每種文體，每種技藝，形成詩人靈魂的巨大象徵。楊牧孜孜不倦致力一個詩學的創造，進可干涉社會，退可發抒情感；兩者合而觀之，一位重要詩人的綺麗美好與果敢氣度，儼然俯臨台灣這海島。政治大學台灣文學研究所決定以連續三天（九月二十四日至二十六日）的詩朗誦活動與學術討論，來迎接楊牧的七十大壽。會議規模極大，尚不足以概括他畢生建造起來的詩學格局。挖掘他，分析他，或許能窺探他抒情的奧祕亦未可知。時間不盡不止地跨越與消逝，可能催老了一位詩人的肉體，但是他留下的藝術業績，無可否認，必然在文學史中熠熠發光。

二〇一〇年九月廿二日　中秋，於政大台文所

二〇一〇年九月廿四日《中國時報》

幸福進行曲
——讀吳明益《單車失竊記》

尋找一輛幸福牌腳踏車的故事，讓吳明益展開前所未有的歷史重建工程。他從腳踏車的細部結構著手，一點一滴拼貼出一個龐大的圖像，彷彿在組裝一部腳踏車那樣，他組裝了一個小人物的歷史故事。這部小說橫跨了整個東亞版圖，最後密集描述在馬來半島的戰爭記憶，揉雜著帝國史與殖民史之間的緊張關係，也鑲嵌了戰後台北城市容貌的變遷。小說的焦點從中華商場出發，而這正是吳明益最熟悉的故事空間。中華商場早已消失無蹤，他卻頻頻回到歷史現場，似乎是向他的童年致意，也向他的父母致敬，甚至向那時代的人們表達一定的尊崇。

整部尋車的故事，其實是一個漫長的尋父過程。以《單車失竊記》作為小說的命名，不免使人產生強烈的懷舊思古之幽情。從《睡眠的航線》開始，吳明益就已經嘗試透過小說的書寫，來重建台灣從戰前到戰後的發展過程。記憶是那樣真實，又是那樣不可靠。然而，就像韓國的諺語所說：「人是吃著記憶活下去的動物。」記憶的真與幻，無疑是生命活下去的最大引力。

吳明益《單車失竊記》

這本小說是一個相當龐大的書寫工程，好像要展示在此之前他所累積起來的所有知識。相當令人吃驚的是，吳明益對於腳踏車知識之熟悉，不能不令人大開眼界。為了寫這部小說，他購置六、七輛陳舊的車子，然後一部一部親自拆解、組裝、修復，為的是要了解腳踏車是如何構成。

這部小說遵循新歷史主義的思考，同時拉出多軸的記憶故事。每一條軸線都沒有英雄人物，也沒有偉大人格，卻千絲萬縷交疊在一起，而點出父子兩代的矛盾關係，漢人與原住民的複雜聯繫，被殖民者與帝國權力之間的悖離與相容。一九九三年中華商場拆掉後，父親與他的幸福牌腳踏車一併失蹤。在大時代裡，這是相當渺小的事件，但是對一個人的生命史而言，這事件卻像排山倒海而來的巨浪，衝垮了家族的支柱。當小說人物展開尋父旅途時，才察覺任何細微的生命都與整個時代的歷史息息相關。

記憶的容器是何等神祕而奧祕，藉由朋友、情人的管道，往往可以開啟另外一個記憶的寶盒。幸福牌腳踏車是相當重要的隱喻，它是一個家族的謀生工具，也是父子之間建立感情的載具。這樣相當尋常的交通工具，放在大時代的烽火裡，竟然也可以升格為侵略的工具。日本帝國在馬來半島，與西方英美展開對峙時，特地組成一支銀輪部隊，造成銳不可擋的軍事攻擊力量。幸福牌腳踏車的背後，暗示著一個不幸福的年代。對家族或國族而言，腳踏車是一個重要的物件象徵，停放在記憶深處的那輛腳踏車，有多少甜蜜與悲傷。

小說最迷人之處，肇始於家族單車的失竊史。每輛單車都富有成長的記憶，也依附著太多家族成員的感情。其中最大的失落，莫過於最後父親與單車一併失蹤的傷痛。尋覓單車的過程，無疑就是尋找父親下落的旅程。從遇見收購舊貨的小布為起點，環環相扣帶出無數記憶的轉折點。小說的精采關鍵，都寄託在人與人的聯繫。其中的一條軸線，是由小布而認識了經營「鏡子之家」的原住民阿巴斯，又由阿巴斯連接到外省老兵老鄒，從而所有與戰爭有關的記憶便逐漸呈現出來。另一條軸線，則是從「鏡子之家」的合夥女性Annie，銜接了另一位寫小說的薩賓娜，最後找到老婦人靜子。男性史與女性史的交織，構成了整個台灣歷史的殘破記憶。

這部小說容納了吳明益寫作以來所累積的能量，其中牽涉到與蝴蝶相關的知識，如《迷蝶誌》、《蝶道》，也容納他豐富的攝影知識，一如他的傑出作品《浮光》，更容納中華商場興衰過程的故事，一如他精采的《天橋上的魔術師》。

吳明益是一位敢於自我挑戰的小說家，在既有的藝術基礎上，他願意不斷試探自己在創作上的可能。台灣歷史是他的強項，生態關懷也是他的專長。在小說中，他嘗試各種細節描寫，如果沒有足夠的相關知識來支撐，不可能完成這部重層記憶與多軸歷史的作品。他對史料的掌控，大自馬來半島戰爭，小至台北動物園的大象林旺，都能敘述得絲絲入扣。他對故事的組裝工夫，猶如他組裝腳踏車的細心投入，已經超越了技藝層面，而到達出神入化的境界。這是一首時代的幸福進行曲，也是一首台灣歷史的安魂曲。

哀傷清麗之美

——讀王定國短篇集《誰在暗中眨眼睛》

淡雅哀傷的文字，在王定國短篇小說裡處處可見。他每篇小說大約兩三千字，篇幅有限，餘韻無窮。很少看到如此晶瑩剔透的作品，每一種句式，好像都經過提煉。無論是多一字或少一字，顯然都經過仔細斟酌。在這講求浪費、鋪張、誇大的年代，王定國的自我苛求，好像是一個變種。他的故事與他的風格，彷彿來自另一個星球，需要一些通關密語，才容許讀者進入他的世界。他耽溺於精簡的筆法，為的是使故事說得更加乾淨明白。在這個時代，已經很少人如此經營短篇小說，與速戰速決的台灣社會完全背道而馳。

王定國應該是屬於我這世代的作家，在一九七〇年代崛起文壇時，我已經遠離台灣。對於他早年的作品，我不甚了了。去年他出版短篇小說集《那麼熱，那麼冷》，使許多讀者瞠目結舌。他的書寫有一種復古風，不求炫技，不求流行；必須找到真實的感覺，才精確下筆。對於一位接近六十歲的作家，誠實地說，已經來日無多，時間不容許他慢火細燉。他還是選擇背對著社會，背對著年齡，忠誠而專注於構思他的小說。然而，細讀他每篇作品，總是使人回味。把那麼多

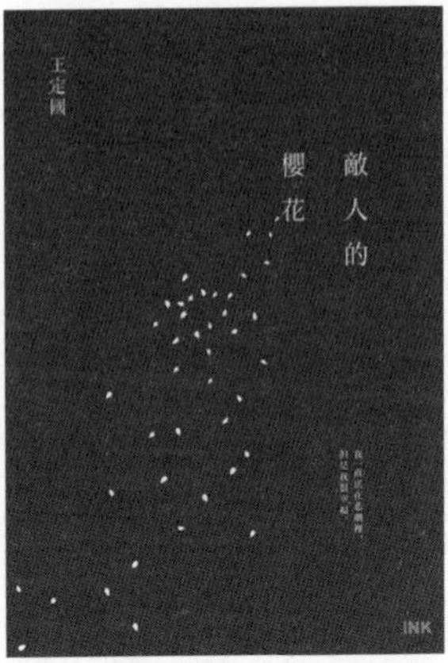

王定國《誰在暗中眨眼睛》

的情緒與感覺，濃縮在一定格局的故事裡。讀完後，必須動用更多的想像來稀釋它，消化它，接受它。

復古，或懷舊，也許是後現代社會的某種品味。也許年輕作家可以模擬那種腔調，創造一種回頭看的藝術，卻不可能呼喚出具有深度的感情。王定國想必不是熟悉這樣的風尚，在他靈魂底層，沉澱著太多的傷害，挫折，羞辱。沒有體會過人性的醜惡，就不可能寫出如此深刻的人生。如果沒有超越負面的人性，也不可能完成如此精緻的作品。二〇一一年以來，他發表的每篇小說，幾乎可以說是用生命寫出來。在許多故事的轉折處，總是讓人體會其中的蒼涼與滄桑。或許有某些情節，是他親身經歷，也或許是朋友的真實故事，讀來不能不使人感到驚心動魄，也不能不使人低迴不已。

他擅長使用平淡的語氣說故事，為的是讓故事與作者之間保持一種疏離。那種素描的方式，刻意避開濃烈的顏色，使生命本質浮現出來。因為是疏離，就好像在訴說別人的故事，但是某些刻骨銘心的場面，又彷彿暗示作者就在現場。他穿梭在每一個動人心弦的場合，旁觀別人的歡樂與痛苦。只有寫到故事終結時，作者的感情才真實融入。這正是小說最動人之處，讓讀者走在彎曲的迷宮，必須等到最後關鍵才揭開謎底。

人間有太多糾纏不清的情感，似乎不能用簡單的對或錯來判斷。生命的複雜，就在於不可預期，不容解釋，不能釐清。好像走在迷霧裡，看不見任何方向，沒有人可以判別前面是否為斷崖或絕路。生命只能持續走下去，直到霧散了，答案才終得明白。這部短篇小說集，都是屬於愛的故事，其中的恩怨情仇，顯然不是三言兩語就可交代清楚。不論是愛或恨，不論是得或失，都必須付出同等分量的情感。王定國以他穿針引線的工夫，在故事開頭埋下伏筆，寫的都是日常生活的瑣碎，以反高潮的手法平鋪直敘。他牽引讀者的眼睛，一步一步走進故事核心，總是在最後展現一刀斃命的絕活，直刺讀者的心。

〈妖精〉這篇小說可以寫得非常庸俗，也可以寫得精采絕倫。這是一則父親外遇的故事，事情發生後，父母就始終處於對決狀態，如此過了一生。故事忽然有了重大轉折，情婦在晚年突然失智，被送進安養院。接到這項消息時，母親搖身變成了勝利者。為了表現勝利的姿態，母親邀請父親一起去探望，由孩子駕車前往安養院。故事是由孩子敘述，可以抽離各種深層的感覺。唯唯諾諾的父親，被抓姦後再也無法理直氣壯，也只能低頭跟著母親去看從前的情人。

情夫情婦顯然是敗北者，如今由母親來主導整個事件，自有另一番風景。直到在安養院相見時，小說生動地描繪了現場況味：

> 面對一張毫無回應的臉，在母親看來不知是喜是悲，也許本來都想好了，譬如她要宣洩的怨恨，她無端承受的傷痕要趁這個機會排解，沒想到對手太弱了。她把手絹收進皮包，哼著鼻音走出了廊外。

這真的是令人難忘的鏡頭，一生的敵人，剎那間委頓下來，母親再度奪回了主權。但是安養院裡的那位情婦，果真全盤遺忘她的前生？並不全然如此。他們離開時，擔任司機的孩子卻看到那位失智的婦人，「悄悄掩在一處無人的屋角，那兩隻眼睛因著想要凝望而變得異常瑩亮，偷偷朝著我們的車窗直視過來」。故事到達這裡，忽然來了一記回馬槍，已經不是簡單的輸贏就可解釋一切。

王定國小說站在一定的高度，透視人間的墮落與昇華。在萬丈紅塵裡，他親歷了多少生與死，多少愛與恨，才臻於最佳狀態的智慧結晶。即使沒有經過真實的經驗，他所親眼目睹，或間接耳聞，都使他的靈魂負載一定的重量。在他的小說世界，人生不外乎是悽慘或淒涼。在寒冷中，他會適時釋出一些溫暖，或者讓人感受一點點救贖的希望。他的小說給出一個信息，即是所有庶民即使再如何平凡，都有可能創造扣人心弦的故事。

多少年來，我們已經很少獲讀這種觸探人情炎涼的小說。他是老派作家，具備了古典的風格。六〇年代現代主義的隱喻與象徵技巧，他還是運用得遊刃有餘。有些作品讀來非常危險，只要不慎失手，很有可能就變成俗麗的言情小說。王定國的精采，往往在文字驚險的關口，及時轉化成為藝術的驚豔。他說故事手法，已是爐火純青。明明是陳腔濫調的新聞事件，在彈指之間，他點石成金。有些可能是不醒眼的故事，他添加幾筆素描，就使人眼睛為之一亮。世間愛情是最困難、也最具挑戰的題材，長年受到無盡無止的開發，可以說已到了羅掘俱窮的地步。王定國並不畏懼，深入凡夫俗子的世界，傾聽無數苦澀悲涼的聲音。沒有果敢的心懷，沒有博大的同情，小說就不可能釀造如此哀傷清麗之美。

二〇一四年九月十二日　政大台文所

茶與抒情

——讀陳玉慧《幸福之葉》

茶的發音有兩種，一是 Cha，一是 Tea，都是屬於中國的發音。Cha 是北方的發音，日本人襲取之；Tea 是福建一帶的發音，英國人接受它。茶的文化在東西方互通之後，就不再屬於中國所專用，而是屬於全球性的文化媒介。在近代史上，中國的茶挾帶著悲涼血淚。尤其是一八六〇年代英法聯軍之後，開啟五個通商口岸，台灣的淡水也名列其中。通商口岸的開啟，意味著中國失去自主意願，也意味著帝國主義從此可以長驅直入。舊名滬尾的淡水，立即被西方的傳教士、冒險家、資本家所看見，加拿大基督長老教會傳教士馬偕，便在此時到達。隨之而來的，不只是宗教，西方的現代化，以及軍事擴張，也開始源源不絕登陸台灣。陳玉慧的銳利眼光，投向十九世紀末期，東西衝突最劇烈的階段。選擇這微妙而又危疑的時期，她聚焦在福建安溪的茶葉。

歷史往往在無意間發生，那種沖刷的力量，絕對不是單一個人或小小海島所能承受。有史以來，台灣便是兵家必爭之地。先是面對西班牙、葡萄牙、荷蘭等帝國，然後是大清帝國接踵而至。西方崛起之後，對於東方的想像不斷膨脹，即使已經獲得印度、中南半島，也不是資本主義所能到達的最後邊界。像連鎖反應那般，台灣也相繼成為帝國主義的覬覦目標。陳玉慧寫《幸福之葉》，似乎已經注意到西方與東方帝國的角逐，最後都必須以台灣為決戰點。

就像過去她的小說那樣，常常以巨大的歷史事件為背景，被迫登上舞台的往往是渺小人物，比如《海神家族》裡流落台灣的日本女子綾子，《CHINA》裡懷才不遇的德國礦物學者魏瀚，《幸福之葉》裡安溪茶園的女兒魏芷雲。每個故事都有各自重要的原初火種，《海神家族》以媽祖神像作為高度隱喻，《CHINA》則是以瓷器作為故事的強烈暗示，如今她則看到茶葉所暗藏的豐富意義。在龐大與細微之間，所構成的故事縱深，往往使讀者在閱讀之際，也隨之起伏跌宕。小說中的人物與時代相互交錯時，擦出的火花與力道，造成命運的不可預測。極大的歷史事件與極小的個人命運，其間存在著許多想像與變數，正好使小說家能夠大量填補、介入。

《幸福之葉》始於一八六〇年代，綿延到一八九〇年代日本帝國崛起之前，登場的人物已經見證古老大清帝國正瀕臨無可挽回的頹勢，也深深感受西方帝國勢力的擴張力量。對於歷史家而言，可能會把史筆落在重要的政治人物身上，但是小說家並不在乎大歷史的演變，反而把眼光投射在小人物身上，他們名不見經傳，卻是有血有肉的生命。只有透過他們的肉體感覺，才能更真確體會歷史的力量。他們無法抵擋，隨波逐流，卻在每個漩渦的旋轉中，感受存在的意義。陳玉慧非常清楚，牽動歷史的力量絕對不會來自尋常百姓。但是因為這些人掙扎在社會底層，分分秒秒都格外冗長難耐，命運的瑣碎與無助，就在這樣的時刻體會最深。

小說中的靈魂人物魏芷雲，牽動著家族的興衰，也象徵了英吉利與大清帝國之間的起伏消長。她的性格，柔弱中暗藏剛毅，隨著時間移動，漸漸蓄積有稜有角的氣質。在小說出現時，年紀尚小，眉宇之間釋出罕見的篤定。從幼年便具有敏銳的嗅覺，在茶農家族中成長，先天就能辨識各種茶的香氣。那是與生俱來的天分，卻也因此而涉入多重的愛情關係，也陷入東方與西方的糾纏。陳玉慧以細膩的筆，去描摹細緻的茶，幾乎可以讓讀者聞到若有似無的香氣。而那樣含蓄的氣味，強烈暗示了古典時代的愛情。茶，是女人，是台灣，是血淚斑斑的歷史。或者更精確地說，台灣歷史軌跡是由女性銘刻出來，只因為歷史家都清一色是男性，只注意到權力與政治，戰爭與和平，女性身分從此遂隱而不彰。身為小說家的陳玉慧，涉獵十九世紀末期福建與台灣的相關史料。在歷史縫隙中，她找到蜿蜒的故事軸線，容許山村的一位女性破土而出。

陳玉慧頗有翻轉歷史書寫的意味，卻刻意以名不見經傳的渺小女性開筆，拉出巨大的舞台背景。她看見大清帝國逐漸接近頹勢，法國的軍事力量也兵臨海島。以中法戰爭為主要背景，使舞台上的人物被迫依違於不同的勢力之間。其中有兩位男性主角，在湧動的時代浪潮中浮沉，一個是英吉利茶行的老闆陶德（John Dodd），一是華人買辦李春生。他們為了發展茶的企業，特地從福建遷徙到台灣。從滬尾、大稻埕到艋舺，沿著淡水河流域，都是漢人移民的集散地，也是台灣北部商業活動最興盛的地區。而周邊的山區是台灣茶的產地，茶農烘焙的成品，經由淡水河的港口輸出中國、東亞、歐洲。整部小說，便是架構在如此的地理環境之上。移民文化與殖民文化的交錯，形成故事的主要骨幹。

魏芷雲出生於茶香世家，在耳濡目染的薰陶中，不僅熟悉不同茶種的脾性，也學習如何烘焙的技巧。在青春時期，就已經懂得品評茶的滋味，在聞嗅之間就可察覺茶香的氣性。她的成長過程，與清朝的沒落以及西方的崛起相始終。她的知識啟蒙與情感啟蒙，也與家族企業的興衰互相呼應。在浩浩蕩蕩的時代洪流中，她見證父親志業的衰敗，也眼睜睜看見父親競爭的對手王家之鯨吞蠶食。她的哥哥魏翰從軍入伍，只剩下她撐住家族的殘破局面。身邊得力的助手高青華，原是家族的幫傭，卻協助她渡海到台灣，另闢一番事業。被捲入歷史漩渦的魏芷雲，清楚意識到命運正在向她挑戰。憑藉對茶種的敏感，她介入了陶德與李春生的事業。她似乎擁有點石成金的技能，往往可以使粗糙的茶葉起死回生。她的身懷絕技以及她的動人姿色，深深吸引了這兩個男人。

李春生是近代台灣茶葉的始祖，也是最早歸入基督教的信徒。由於是買辦出身，在那時代便已精通英語。他不僅能夠與傳教士馬偕流利對話，也可以與陶德平起平坐。一洋一漢這兩個男人，原是商業的合作夥伴，最後卻演變成敵手。無論在情場或商場，他們的競爭日益激烈。在魏芷雲面前，他們刻意散發內在的美德，希望能夠贏得佳人的芳心。但是剛柔並濟的這位女性，對茶葉所投入的感情，遠遠超過身邊的男人。陳玉慧在描摹這位女性時，顯然有她的微言大義。女人就是台灣歷史的主體，茶葉才是她生命的鍾愛。當她全神貫注在烘焙時，簡直是女神附身。

陳玉慧《幸福之葉》

那種虔誠專注，已近乎宗教信仰的境界。縱然還不至於動天地泣鬼神，已足夠使男人不能不受到震懾。

整個故事的重要轉折，發生在茶行購入劣質的茶葉之際。有著病蟲害的春茶，經過魏芷雲的細心烘焙，竟然製出特殊清香的氣味，較諸上等茶葉還更撲鼻迷人。這就是後來最能代表台灣特色的產品烏龍茶，英國維多利亞女皇品嘗這來自東方的茶葉時，欣然將之命名為「東方美人」（Oriental Beauty）。受到小綠葉蟬（小綠浮塵子）的侵害，在葉面留下口液，俗稱「著涎」。如此蟲害，反而造就了烏龍茶的特色。這是因禍得福的故事，卻是出自女性的纖纖細手，整個小說的主軸於此昭然若揭。福爾摩沙，婆娑之島，飄搖在命運不可知的海上；有時是乘風破浪，有時是怒濤拍岸，終於在危疑水域找到自己的航向。在全球茶葉市場的競爭上，烏龍茶開創了屬於台灣特性的品牌。魏芷雲伸出神奇的手，在無意中塑造了台灣的主體性。

剩下來都成為歷史。在恩怨情仇之間，魏芷雲偕高青華返回福建故鄉，並且有了婚約，為的是重建父親生前的事業。但是，高青華受到王姓仇家的引誘，竟墮入女色而無法自拔。歷史並不因此而發生偏離，魏芷雲再度回到台灣，重新扶助陶德的茶行企業。曾經是歷盡艱辛的女人，如今已經可以獨當一面，舉手投足之間，都臻於圓融。回歸台灣，是全書的重要隱喻。無論是有意或無意，無論是移民或殖民，都受到台灣風土的召喚，人格與命運同樣獲得改造。就像烏龍茶的誕生，絕對不是神賜的禮物。必須付出心力與耐力，經過長期的試探與實驗，才換取了獨一無二的精緻藝術。它屬於女人的智慧，屬於台灣的歷史，屬於東方的驕傲。

《幸福之葉》（Merry Leaves），作為這部小說的命名，似乎寓有豐富的意義。那是由斑斑血淚所孕育，由崎嶇生命所釀造，由羸弱女性所創造。歷盡近代戰爭的磨難，直到在海上孤島才尋得安身立命之處。小小一株茶樹，在勁風中茁壯成長，還要經過蟲害，似乎已注定是殘缺不全，至少不會發生有任何昇華的可能。偏偏要在殘缺裡追求最完美的滋味，化不可能為可能，使被遺棄的植物翻轉成高貴的品味，它所帶來的又豈僅是幸福而已。

歷史不可能單獨由男人來創造，也不可能讓女性遭到詛咒與貶抑，就成就了可歌可泣的故事。陳玉慧寫的不只是小說，她以抒情的文字嘗試告訴世人，也藉由柔軟的語言傳達信息：如果容許時間重來一次，如果容許女性登上歷史舞台，或許可以避開太多無謂的災難，或許創造更為豐收的幸福。在時間激流裡，可能曾經湧現無數魏芷雲這樣的女性。她沒有野心，也未具貪念，只是想要在平凡人間謀取小小的幸福。烏龍茶，東方美人，幸福之葉，以動人的清香拂過婆娑之洋，撫遍美麗之島。

二〇一三年十一月廿六日　政大台文所

黑色的淡水河

——讀平路《黑水》

平路擅長寫新聞小說，往往在尋常的報導中，可以讀出豐富的訊息。她的新作《黑水》，再次展現她擅長的後設技巧，把轟動社會的媽媽嘴咖啡店的凶殺案，演繹鋪陳出來。小說不盡然都是在寫新聞事件，那只是故事的一個酵母而已。平路所要顯現的是，許多看不見的情欲流動與權力干涉，總是以糾纏形式在人們的內心渲染暈開。以黑水來命名，似乎隱藏了多重的歧異性，既是隱喻咖啡，也在影射汙染的河水，更是象徵新聞報導像髒水那樣，潑向無辜的一般大眾。這是平路最拿手的絕活，往往在平面的文字紀錄裡，嗅出特殊的氣味，從而化為相當迷人的故事情節。

從一九九〇年代出版《行道天涯》之後，她就展現了歷史閱讀的技巧。過去所有的歷史或新聞，往往出自男性的手。只要成為歷史紀錄或新聞報導，男性的世界觀與價值觀便決定了讀者的看法。或者精準一點來說，這個世界從來都是由男性來定義，而且也是由男性的道德標準來裁判。平路的小說，等於翻轉了我們對世界的看法，她藉由說故事的方法，重新解釋一成不變的觀念。也許她不是在建立女性史觀，而是在示範如何換一個角度，讓我們更接近事件或事實的本質。

她擅長對一個故事做多角經營，橫看成山側成嶺，容許讀者營造較為完整的判斷。所以她所寫的小說故事，往往都是抱持開放的態度。任何一個事件的發生，沒有必然的因素，她比較偏向偶然的客觀條件。就像她在《婆娑之島》所嘗試的那樣，把兩個故事並置在一起，一是荷蘭總督的下場，一是華府情報員的結局，前者屬於歷史，後者屬於當代，卻都指向台灣命運的不確定。這是平路的小說企圖，讓故事的多層結構呈現在讀者面前。

生命的過程，有太多的偶然與必然。偶然，意味著從未預期，卻驟然發生。必然，是已經知道即將發生，卻無法躲避。這樣的事實，我們稱之為緣分。平路構思小說時，常常循著這雙軌式的途徑，以迂迴曲折的方式建構她的故事。這個新聞事件其實很簡單，只是涉及到一對年老夫妻與一位年輕女性之間的牽扯。如果那位八十歲的老人未曾出現在咖啡室，整個故事也許就從未發生。而如果那位老人沒有任何情欲念頭，就沒有後來故事的發展。如果老人只是到店裡喝咖啡，完全沒有露出私人的金錢，也不會讓年輕女性動了私心。垂暮之際的男人，總是對過去青春時期有太多的眷戀。只要觸動隱藏許久的欲望，那彷彿是引爆了地雷，終於一發不可收拾。《黑水》的故事是從結局展開，老人的妻子已經被刺殺、躺在水裡，而命案主角則已身陷囹圄。

瀕臨死亡邊緣的妻子，是老人的第二次婚姻。在學校任教的妻，擁有龐大價值的珠寶，那是在夫妻情愛之外最重要的依恃。問題就出在老人對青春肉體有著強烈的渴望，一方面藉妻子的財富來引誘年輕女性，一方面又是一個無能為力的衰老男人。私心與欲望淹沒了這位男人的生命最後階段，妻子被欺騙，年輕女性被誘惑，似乎他的詭計即將得逞。女性被騙失身，反而刺激了埋藏已久的貪婪，如果不滅口，她的未婚夫即將發現祕密的內情。無法抗拒金錢誘惑的女性，終於把自己逼到絕境，從而導致殺人滅口。

平路《黑水》

平路偏愛耽溺於敘述的延宕效果，藉由兩位女性的內心思考，烘托出那位不良老年的工於心計。整個故事重心都放在已經被推入水裡的老妻，一息尚存時回顧自己的後半生，而殺人凶手的女性，在鐵窗後也展開整個思慮過程的回顧。兩個女性記憶交錯的地方，相當準確點出老男人裡外通吃的真相。小說進行的速度相當緩慢，無非是為了呈現失敗者的命運。在權力與欲望的逼迫下，從來沒有人是贏家。在每個章節後面，不時附加新聞報導的文字，或旁觀者的語言，頗有話本小說點評的意味。無論是旁觀者的說三道四，或是事件主角的內心語言，似乎都堅持自己的觀點與立場是正確的。

平路二十餘年來的小說敘事，對於已經發生的歷史或新聞，從來都不是進行顛覆，而是投入所謂事實的重建。小說家常常站在一個制高點，可以觀察並窺探每個人物的內心世界。《黑水》又再一次揭穿男性權力的神話，即使整個社會已經走向開放，男性權力的傲慢與偏見，其實還是屹立不搖。男性的血脈裡所流動的，不是鮮血，而是黑水，而且是淤泥囤積的河流。老男人走到生命終點時，對於金錢、權力、青春肉體，仍然執迷不悟。他讓自己送上性命，仍然還是要兩個女人來陪葬。平路筆下所展現的批判，到今天還是如此強悍而有力。

二〇一五年十一月九日　政大台文所

愛欲生死之書

一九九六年許佑生與葛瑞結婚，標誌著台灣同志運動史的一個里程碑。如果沒有過人的勇氣，如果沒有深厚的信心，如果沒有堅實的愛情，許佑生與葛瑞的結合絕對不可能。就像世間所有的愛情，有信與不信，有幸與不幸，他們兩人所承擔的折磨與一般人沒有兩樣。走過二十年的歲月，確實是不容易的婚姻。即使是異性戀者的成家，也沒有一個不是千瘡百孔，何況是同性的婚姻，在這個不寬容的世界，顯然很難得到理解與祝福。他們一起抵禦所有的挑戰與艱難，對台灣，或對任何一個國家，顯然有其不凡的意義。

認識許佑生時，我剛從海外流亡回來。那時，他在《自立晚報》工作，而我在民進黨擔任文宣部主任。他是非常幽默的人，見面時有說有笑。我從未察覺他是同志，這個問題對我並不重要。只是他宣布結婚時，我確實感到訝異。我的訝異並不是同志結婚，而是在如此保守的台灣社會，他們能夠被接受嗎？在報紙上追蹤他們的消息，我當然是抱持高度的祝福，那時我已經回到學界，在靜宜大學教書。未及參加他的婚禮，但是我的祝福並未缺席。

那段時期，台灣社會逐漸嗅到開放的氣氛。省市長開始民選，而李登輝也就任第一任民選總統，好像有無數的許諾降臨台灣。到今天仍然強烈記得，我在一九九五年參加時報文學獎的評審。當時，我提名邱妙津的《鱷魚手記》為年度推薦獎。在評審過程中，發生一些爭議。我所敬佩的文學評論家姚一葦先生，非常堅定支持我的推薦。但是有一位女性評審極力反對，她的論點是：這個世界已經很亂，為什麼還要提名這種文學作品？那時我回答說，這個世界如果很亂，不就是異性戀者創造出來的嗎？在投票之前，那位女性評審提早離去。姚一葦先生再三強調，文學的藝術性必須受到尊重，她所創造出來的文字，可以那樣真實把痛苦傳達出來，不是一般作品可以輕易企及，是近年來難得的傑作。

邱妙津得到推薦獎時，她已經在巴黎殉情。她的文學受到承認時，意味著台灣社會已經出現寬容的跡象。相對於歐美社會，台灣當然是非常保守。但是，相對於整個東亞社會，台灣卻又特別開放。這必須經過多少作家的勇於實踐，特別是透過文學作品的表現，而找到精神出口。相形之下，許佑生在一九九六年的結婚，簡直是屬於劃時代的行動。他是極為敏感的人，有任何風吹草動，即使是細微如纖毛，都能感知。台灣的同志文學史可以追溯到一九五〇年代，而同志婚姻史，就公開的事實而言，許佑生無疑是一個革命者。

許佑生與葛瑞的相遇，就是一則傳奇故事。他們第一次

許佑生《摯愛 20 年》

認識，是在一九九三年紐約的萬聖節。那是一個搗蛋作怪的節日，卻安排了他們相見的緣分。這或許是上帝的惡作劇，卻也帶給他們難得的姻緣。從那個時刻開始，兩個人開始接受無盡無止的考驗。那不僅僅是東西文化的落差，也不僅僅是異性戀中心論所帶來的挑戰。他們注定要相隔兩地，多少悲歡離合，多少細節瑣碎，都必須一一度過。與所有的坊間婚姻那樣，不時會發生猜忌、懷疑、嫉妒、矛盾，許多試煉的時刻，都在試探他們的意志。

許佑生寫出的《摯愛20年》，不能簡單視之為典範或楷模。那是需要以全部的生命鍛造出來，並且需要兩個人的同心協力，才有可能完成這麼漫長的跋涉。閱讀他的文字時，似乎可以用驚險、驚喜、驚豔的心情來形容。他的措詞用字生動活潑，有時夾雜國台語，有時插入英語，彷彿是身歷聲，各種感覺，滋味，氣息，顏色，溫度都傳染到讀者。他非常幽默，不時使人會心微笑。他很脆弱，不能不使人想扶他一把。他很纖細敏感，也不能不使人小心翼翼。他又非常大氣，讓人忍不住要擁抱他。當他寫兩人的生活細節，與尋常夫妻沒有兩樣。兩人吵架時，就是一對庸俗的情侶。跟著他的文字走，不僅容許讀者坐在他的客廳，甚至也容許窺探他們的臥房。他毫不藏私，直來直往，開放大方，活靈活現在讀者眼前演出。

書中很精采的一段，便是記錄他的姊姊。他與葛瑞回到台灣，與姊姊合住了半年。她不懂英語，卻好像溝通無礙。台灣天氣特別炎熱，他們兩人都窩在冷氣房間，而姊姊為了省電，客廳與自己的房間都不裝冷氣。所有的家事，她都承擔起來。每天為他們打掃擦地，完全是一副母儀天下的姿態。在姊姊眼裡，他與葛瑞過的不是婚姻生活，而是把他們當作兩個男生看待。常常不敲門就進入房間，毫不顧忌他們的隱私。葛瑞為了報答姊姊，特地在有排場的餐廳請她吃飯。許佑生寫得非常傳神，每上一盤菜，她就說：「這種菜我在市場買五十元，這裡賣到二百五，好貴。」像菩薩那樣的姊姊，簡直是以母愛來包容這位弟弟。許佑生文字的人間性，由此可見一斑。

這是一部真實且誠實的同志婚姻史，每一章都相當精采動人。在感情最細膩的段落，往往使人感到心碎。他從來不會把自己的愛情寫得多偉大，寧可像凡夫俗子那樣坦白說出婚姻生活中的遇到的困難與挑戰。有多少時刻是過不去，甚至也有仰藥自殺的時刻。有多少時刻是回不去，他特別懷念最初相遇時散發出來的動人引力。他可以把愛恨美醜全部記憶起來，而且也鉅細靡遺書寫出來。從第一個字開始，他就緊緊抓住讀者的眼睛，即使到最後一個字，他也不輕易放開。那種真情，竟有如此。兩人所奉獻出來的愛情，大約可以從許佑生的自序〈預約下一個20年〉，與葛瑞的序文〈你願意為我寫一章嗎？〉，找到最佳詮釋。他在書的最後寫下的最後一段：「我愛你，三個字，說出來要一秒鐘，解釋要一小時，證明則需要一輩子。」多少愛欲生死，這段話便道盡一切。

二〇一四年七月十七日　政大台文所

遇見眷村的鄰家女兒

——閱讀宇文正

宇文正初次接編聯合報副刊時，邀請我遠赴嘉義女中演講。那時，以為是我隻身前往，沒有想到她也熱心陪我去。那是我第一次看見她，一位輕聲細語的女性。在嘉義之旅的高鐵上，她保持極高的交談興致。使我產生一種錯覺，以為她是認識很久的朋友。在那之前，我只零散閱讀她的文字。在往後幾年中，陸續受邀去評審聯合報文學獎，或台積電文學獎。後來她邀請我去參加頒獎典禮，也去台北故事館朗讀自己的作品。她可能是我過從較為密切的文學編輯，留給我的印象，一直是謙遜而溫婉。

對她，我始終保持沉默的閱讀。她在聯合報的部落格，或者是臉書的文字，我喜歡慢慢去品嘗其中的心情與感覺。這幾個月，她公開宣稱每天都要為她的兒子準備便當，而且也不時變換菜色。這使我感到好奇，一位上班族女性，每天工作的節奏極為緊湊，卻又要匀出時間來照顧家庭與孩子。每過一陣子，她的臉書就會寫出孩子的便當菜色，依舊是每天推陳出新。我不能不刮目相看，原來她是一個在固定時間裡可以同時做許多事的人。

這次接到她的文稿《那些人住在我心中》，我才有機會真正認識她的人格與風格。在翻閱文字的過程中，我才覺悟為什麼可以跟她這麼熟。原來她是在眷村長大的孩子，那是我成長時期熟悉的感情。我的故鄉左營，大約環繞著四五個眷區，在小學與中學生活裡，就與許多哥兒們來往密切。在他們身上，我可以嗅到陌生而親切的文化。曾經有一段時期，一位眷村同學每天幫我帶便當，由我母親在月初付錢給他。每天中午打開便當時，總是充滿驚喜，因為菜色非常豐富，而且常常變換。閱讀宇文正，我彷彿看見了自己的少年時期。

她的文字乾淨俐落，彷彿是一泓透明的湖水，容許看見清澈的底層。她擁有驚人的記憶，可以把年幼時期發生過的細微事件，重現於文字之中。屬於五年級的她，在中學大學的時期，正是我在台灣缺席的時候。那段缺席，是我記憶的黑洞，也是我心靈的窟窿。宇文正她的文字，剛好可以幫忙填補一些。她度過一段「客廳即工廠」的歲月，那是我所熟悉。但是當她提到「客廳即電子工廠」，我便感到強烈陌生。她的少女時代，正是台灣社會經濟急遽轉型的階段。她從景美女中到東海大學，以至出國留學，整個過程，似乎也複製了我那個年代的求學道路。她的心靈，濃縮了一個時代的理想與願望。無論變化有多大，她總是保持穩定的感情，極其平靜地與這個世界對話。

這本散文集，容納一顆完整無瑕的女兒心。縱然已經是人妻與人母，她看待世界的方法，仍然保持眷村時代的純淨之眼。

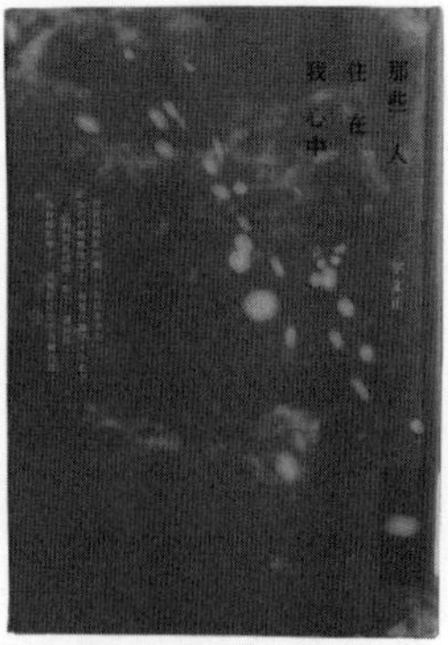

宇文正《那些人住在我心中》

她成長時期，獲得的知識啟蒙，似乎也影響後來的成人世界。對於生活的殘缺，感情的開落，總是懷抱著異於常人的一種寬容。她懂得如何自我調侃，也懂得如何為朋友設身處地。〈筷子〉、〈盤子總是會破的〉、〈面孔辨認缺失症〉、〈書包〉這幾篇文章，都可以窺見她在進退之間的拿捏。在行文之際，總是帶著一份從容；在施捨之間，也是自有一份開朗。她的感情是那樣篤定，所以在生活裡並不存在一絲傷害。但這並不意味著沒有得失之心，至少在孩子出生之後，她開始養成母親的自私。孩子就是她生命的圓心，重新畫出她能夠承受的邊界。身為母親，在面對外面那充滿狐疑的世界時，她變得非常果敢而堅強。

書中的〈蘭花蝦〉，令人愛不釋手。她寫出與母親、婆婆的感情互動，相當能夠牽動讀者的心。在大年初一，下廚剝蝦，在那種細微的過程中，她娓娓道出母親與婆婆如何走出辛酸年代。文字的節奏極其平穩，卻隱隱拉出戰後台灣女性的掙扎歷程。婆媳兩代在尋常的對話中，正好對照出彼此的差異。縱然價值觀念是如何不同，卻在廚房的小小空間裡，獲致某種圓融的理解。這正是她文字應用的動人之處，沒有文字技巧的驚人之舉，也沒有美學表演的象徵暗示，卻把讀者帶進似乎是遙不可及的寧靜與安詳。

我喜歡她把讀者當作值得信任的朋友，掏心掏肺，傾囊說出自己的私人生活經驗。有時，也會不禁洩漏她與朋友之間的拌嘴或賭氣，如此坦白又率真的書寫，很久不曾出現在同輩的文字裡。正是那樣誠實而透明，使得讀者始終抱著高度好奇，情不自禁在內心問說：「然後呢？」在散文的山窮水盡處，她會機智地開啟另一段敘述，使故事變得非常曲折有趣。她的舉止進退，總是雍容有度。沒有隱瞞，也沒有藏私，能夠結交她這樣的朋友，簡直就是幸運而幸福。

散文之散，無非是在隨意與無意之間，恰到好處流露內心的真實感覺。她似乎從未經過特別設計，也從不訴諸精心策略。每篇文字的開始，往往是無心插柳，看來毫不驚人。進入第二或第三段之後，筆鋒一轉，慢慢出現機心。透過平淡的人與事，逐漸釋出她豐富的感情。她對世界帶有高度寬容，即使受到委屈，她也會在記憶裡找到圓融的解釋。她整理感情的方式，便是嘗試說服自己走出困境，從而使讀者也毋需承受額外的負擔。她容許讀者參加她的過去，終而理解她是如何到達現在。她的文字沒有勵志的語言，卻讓我們獲得救贖之道。就是那份放下與放開的心懷，使我深深著迷。

宇文正的散文，似乎讓人重溫台灣社會變動時的記憶。如果把她的文字視為失落歷史的重建，亦不為過。從一九七〇到八〇年代，發生過的人與事，都能夠讓我重新俯拾即得。當資本主義的浪潮席捲了這座浮島，資本主義把整個社會從現代改造成後現代，彷彿有許多感情被沖刷得乾乾淨淨。捧讀她的文字時，有一些溫情與真情，好像又再次點燃。藉著那一絲微光，使我們相信某些價值可能失去了，但是我們的人生並沒有輸掉。這位眷村的鄰家女兒，以著行雲流水的速度，竟能使人挽回許多難忘的時光。

歷史・小說・女性

——施叔青的大河巨構

施叔青的台灣三部曲，最後一部《三世人》終於在二〇一〇年殺青問世。長達六年的營造與構築，終於把她推向另一座藝術高峰。從一九六〇年代出發的鹿港女性，從未預見有一天會成為台灣文學史上的重要作家。她的創作技巧、文字藝術、情欲書寫，以及歷史想像，已經構成她文學生涯的重要部分。長期投注在文字經營，確實已為她自己確立引人注目的風格；而這樣的風格，又為台灣文學的發展加持，使得海島上的女性作家受到華文世界的注意，也受到亞洲與世界的矚目。施叔青這個名字已經不屬於一個個別作家的記號，而是台灣女性文學的專有名詞。她所代表的，是一種以小搏大的逆向書寫。她抗拒的已不只是男性霸權傳統，她真正抵禦的是四方席地而來的歷史力量。滔滔洶湧的巨浪，使歷史上女性的身分與地位完全遭到淹沒。沒有命名、沒有位置的弱小女性，從來就是注定要隨波逐流，終至沉入深淵。施叔青挺起一枝筆出現在台灣文壇時，使詭譎的歷史方向開始改流。

她的書寫生產力，可能是三、四十年來最為豐富的其中一位。無盡無止的書寫，為她的生命畫出極為寬闊的版圖。她所開闢出來的領域，以海島的故鄉鹿港為起點，延伸到北美洲的紐約港，最後又返身航向東方的香港。所有陌生的港口，以及遼敻的水域，也許不曾察覺曾經接納過一位飄泊女性的思維。但是，在迂迴的旅行過程中，施叔青從未忘記在每個港口留下龐大的文字。文學作品使她的生命有了可靠的據點，只要守住文學，她就可以決定自己的命運。鹿港時期的施叔青，首先是從現代主義運動出發，她的名字與當時的重要男性作家並列在一起，如白先勇、王文興、陳映真、黃春明、王禎和、七等生。這些卓然成家的男性作者，未曾預料有一位年紀較小的女性居然可以插隊，與他們一字排開。當這些男性作家，成為台灣歷史的重要經典時，她也從來不曾落後，筆下所完成的小說，也被公認是經典之作。

施叔青的文學道路，誠然是從現代主義出發。不過，進入一九八〇年代時，她搖身變成女性主義者。一九九〇年代以後，她又升格成為歷史的書寫者。這樣鮮明的軌跡，正好與其他女性作家有了顯著區隔。她的小說書寫史，正好也契合台灣歷史的發展。當她是現代主義小說家時，在很大程度上是一個模仿者，畢竟現代主義是舶來品，而不是從台灣社會內部釀造而成。施叔青早期的小說，如《約伯的末裔》、《牛鈴聲響》既混合著現代主義技巧，也鎔鑄了女性主義的思維。現代主義美學直接從美國進口，開啟多少台灣作家的想像。通過這種美學的洗禮，台灣作家終於學習了如何挖掘內心被壓抑的感覺與想像，施叔青在這方面正是相當傑出的一位。在她的早期作品中，鹿港小鎮充滿各種死亡意象，不時出現棺木、墳穴、鬼魅的各種幽暗聯想，恍然開啟一位少女內在世界的夢魘。這種手法頗近於現代主義的模仿。

從現代主義的傳播來看，台灣是屬於接受者。因此在島上崛起的現代主義作家，他們不能不扮演著被影響的角色。然而，施叔青頗有可觀之處，在於她並不滿足於被凝視與被詮釋。浮沉在西方美學的漂流之後，她已理解如何使自己的主體獲得翻轉。從現代主義的深處，蔚然浮出女性的抵禦力量。當她深入內心探索時，她赫然發現，體內竟鎖住一個被壓抑的女性。七〇年代中期以後，她的自傳性書寫，其實就是有意要讓被囚禁的女性身分釋放出來。她不再是被凝視被解釋的一個女人，從此以後，她已懂得如何開始自我審視、自我詮解，從而開出一條女性命運的道路。身為女人，在男性掌控權力的社會中，她確切嘗到被邊緣化、被貶抑的滋味。《琉璃瓦》與《常滿姨的一日》同時在一九七六年出版，也許還未脫離現代主義的影響，但一位女性主義者的誕生，已是不可否認的事實。

一九八〇年代的創作都是完成於旅居香港時期，她的小說至少使台灣文學擺脫海島格局，而有了全新的越界與傳播。她在香港完成了三冊短篇小說集：《愫細怨》（一九八四）、《情探》（一九八六）、《韭菜命的人》（一九八八），與四部長篇小說：《維多利亞俱樂部》（一九九三）以及「香港三部曲」系列，包括《她名叫蝴蝶》（一九九三）、《遍山洋紫荊》（一九九五）、《寂寞雲園》（一九九七）。前後十六年的小說建構，終於使施叔青臻於藝術生命的高峰，也使台灣文學發展獲致可觀的成就。對她個人而言，這是一次漂亮的跨越；既經營女性主義小說，但也以同樣一枝筆，干涉歷史解釋。前三部短篇小說道盡香港繁華生活裡的女性，在尊貴與放蕩之間升降。對女人身體的描寫，她極盡幽微細膩之能事，容許讀者窺探被壓抑者的身體政治。在情欲上的節制與解放，不再片面由男性來決定，更多的自主逐漸回歸到女性身體。她形塑的故事，無疑釋放了千年來被幽禁在黑暗歷史的魂魄。肉體並不僅僅是血肉之軀的代名詞，在她筆下竟鑄成一個衝撞男性道德高牆的批判力量。她寫的是香港女人，卻也是整個東方女性冤魂的縮影。在歷史上從來不說話的幽靈，不再是沉默的存在，一旦她們發出聲音，簡直是雷霆萬鈞。

「香港三部曲」相當清楚定義了一位台灣女性的史觀。在龐大的傳統脈絡下，歷史發言權與解釋權總是落在男性手上。凡是由男性寫出來的歷史，都負載他們的褒貶評價與審美原則；凡不符男性的尺碼，就沒有機會進入歷史。這是權力的濫用與誤用，並且成為牢不可破的女性戒律。幾千年來，女性從歷史紀錄中憑空消失，甚至被擦拭得乾淨俐落，原因就在這裡。歷史為什麼必須只由男性來撰寫？一旦女性頓然覺悟，她們也企望擁有歷史發言權。歷史建構的工作為什麼不能也掌握在女性手上？施叔青從一位自我審視的女性主義者，翻轉成為具有立場與判斷的歷史觀察者。建立史觀、抗拒男性價值的一個歷史書寫者。當她沉浸在龐大香港史料的閱讀中，相當清楚地發現，在許多重要的歷史事件與時間關鍵，從來看不到女性的背影。難道女性是沒有記憶的嗎？她們是沒有觀察能力的嗎？對於人類的痛苦，她們是沒有感覺的嗎？這些問題都成為空白的歷史。施叔青選擇在空白的地方，注入女性的想像。在悲壯、偉大的歷史舞台上，她為香港創造了一位名叫黃得雲的女子，這位虛構的人物，重新又全程走完香港近代史。她扮演不斷被出賣的角色，讓歷史又重演一次。

黃得雲是一位不斷被出賣的女性，當她出現在香港的歷史舞台，正好使各種不同的歷史重量，都降落在這位沒有聲音的女子身上。香港，是東西文化的交界，是海洋與內陸的關口，是傳統與現代的錯身。確切而言，香港正是歷史翻轉過程的關鍵點；把一位名不見經傳的女性，放置在這個空間，恰恰反映出歷史背景有多寬大，而女性生命有多渺小。這種想像上的張力，非常精確定義了女性身分在男性政治裡的處境。黃得雲被出賣成為社會底層的妓女時，暗示了她的命運已經到達絕境，當黃得雲毫無退路之際，她只能選擇背水一戰。從一無所有的生活環境，她開始尋找出路。為她開啟的僅有道路，為愛情而已。

生命中發生的兩次重大的戀愛經驗，一是洋人幫辦史密斯，一是華人幫傭屈亞炳，兩位男主角分別代表西方與東方的男性文化。頗具高度潔癖的史密斯，固然貪戀黃得雲的美色，縱情於聲色逸樂之際，卻又意識到身為白人的尊貴身分。女人的身體，就像殖民地那樣，只是提供暫時的權力支配而已。愛情並不可能帶來救贖，恰恰相反，那是一次再被出賣的象徵。為了維護帝國的榮光，史密斯毅然離開黃得雲，並留給她一筆可觀的贍養費。所謂贍養費，只不過是洗刷白人的羞恥與罪惡，黃得雲終於還是被遺棄在黯淡無光的社會底層。她的第二次戀愛，由史密斯的傭人屈亞炳來接替。他對女性身體的迷戀，與白人毫無兩樣。但是屈亞炳身分縱然低微，卻懷有繼續往上爬的雄心壯志，他無法忘懷黃得雲這位妓女的卑賤身分。屈亞炳在墮落與昇華之間掙扎，最後還是選擇拋棄黃得雲作為代價。殖民地的男人，在接受西方白人的驅使時，畢竟沒有忘記自己的人格。然而，他維護人格的僅有方式，便是把女性的身體作為自我救贖的工具。東方女性的悲慘，同時遭到帝國主義與男性沙文主義的踐踏。施叔青以華麗的文字，建構輝煌燦爛的愛情故事，在文字最美之處，也是傷害最大的地方。

肉體的意義，在國族魅影的籠罩下，簡直毫不足取。但是，沒有聲音的女性，就等於是沒有歷史。在男性記憶裡，女性如果是屬於空白的存在，她們就沒有自己的思考嗎？施叔青選擇在第三部《寂寞雲園》給出一個強悍有力的答案，女人的命運絕對不可能依賴男性而獲得解放。如果女人只是在循環、重複過去曾經發生過的悲劇，則這三部曲顯然與過去的話本小說沒有更為高明之處。黃得雲以她個人的生命力與意志力投入自我救贖的艱難挑戰，她終於成功地為自己贖身，經營當鋪事業。她的孫子後來又成為香港社會的法官，整個身世的改觀，正好可以解釋命運並非是一成不變。施叔青筆下的黃得雲，不再只是一位弱小女性的歷史，她也是具體而微的香港史，更是近百年來受盡帝國主義侵略的中國史。一位台灣作家為香港立傳，不免遭到當地批評家的議論。有一說法是，施叔青的香港，不是他們所熟悉的香港。如果這樣來解釋三部曲，顯然窄化了她的創作意圖。香港只是一個場景、一個想像、一個借來的名字，不必然要與具體的香港等高同寬。在香港舞台出沒的黃得雲，她的血肉之軀，所承受的痛苦、羞辱、傷害、貶抑，絕對是屬於歷史上的真實；黃得雲見證過的災難，還不足以道盡人類歷史上女性所遭到的羞辱與汙名化。

香港三部曲完成時，是在一九九七年，那年香港主權由英國手上交給北京當權者。殖民地的命運，是不是從此就獲得解放？如果只是作為權力交易的籌碼，香港的命運可能與黃得雲沒有兩樣。真正要使解放的命運降臨，也許不能完全依賴權力在握者的慈悲與同情。若是不能建立自己的歷史觀與生命觀，主權回歸之後的香港，真的從此就可享有價值選擇與言論自由的空間嗎？黃得雲故事的微言大義，到今天還是不斷地與香港社會展開直接、間接的對話。從這個觀點來看，香港三部曲不僅僅是近代史而已，它甚至是當代史的縮影。施叔青的力道在此獲得印證，她在史料的縫隙之間穿梭，對於真正發生過的歷史事實，她避開去挑戰。但是，在事實與事實之間的空白，她勇敢投入，以一個沒有身分地位的女性，俯望舉世滔滔的男性論述。其中所暗藏的解釋，正好可以戳破所謂雄偉歷史的缺陷與猥瑣。施叔青以小搏大的書寫策略，從此雄辯地建立起來。

憑藉香港三部曲所企及歷史敘述功力，施叔青展開返鄉之旅。回到故鄉時，決定也為她所賴以生存的土地立傳；朝向空曠虛無的歷史荒原，毅然為被損害的、沒有發言權的台灣，發出深沉而悲憤的抗議。她的抗議具體印證在日後次第完成的「台灣三部曲」。新的三部曲包括《行過洛津》、《風前塵埃》、《三世人》。以氣勢磅礡的格局，她重新建構歷史上最受歧視、忽視的族群。台灣這塊土地，在短短三百年內，歷經各種不同強權與帝國的統治，每一位當權者都帶來不同的語言與文化。這個海島也不停地接受各個歷史階段的移民潮，並容納移民者各自帶來的文化傳統。與香港一樣，台灣是一個殖民地；但與香港最大不同之處，便是權力不斷更迭，文化內容不斷變化；歷史累積起來的重量，遠遠超過香港所能承受的。移民者來到台灣，決定在此生根，永遠衍傳下去。只有殖民者在露出疲態時，便毫無遲疑把政權交給下一個殖民者，義無反顧地揚長而去。

《行過洛津》仍然還是以情欲抵抗歷史的方式，開展一個令人驚心動魄的故事。《行過洛津》以梨園戲的演出為主軸，在悲情歷史中另建一個悲劇舞台。殖民者的歷史是虛構的，被殖民者的痛苦是真實的。在強烈對照下，施叔青的千言萬語，簡直是汩汩冒出。沿著台灣民間故事陳三五娘的跡線，她的筆繁殖了豐饒多元的敘述，一方面重新回顧民間底層的情欲流動，一方面則刻意描述官方立場的道德戒律。官方的壓制與民間的奔放，構成全書極為精采的辯證發展。她寫的是鹿港這個港口，如何從繁華世代趨於沒落，把將近百年的台灣歷史濃縮成一齣戲的演出。她企圖要指出的是，所有的史料，真的是可靠的記憶嗎？如果戲子被貶抑、女性被貶抑，歷史大概就只剩下男性權力而已。男性權力可以等於歷史嗎？她的這部小說，無疑改寫了台灣的男性史，使以小搏大的書寫策略，再次得到漂亮的演出。

第二部《風前塵埃》把晚清歷史，轉移到日據時代，把西部的漢人史，轉移到東部的原住民史。時間與族群可能不一樣，但是她有意為歷史上沒有發言權的人物，再次發出聲音。充滿強悍抵抗的原住民，竟然與日本女子發生一場戀愛。施叔青的歷史想像，橫跨了日本帝國與被殖民者之間的鴻溝，架構起另一個力道十足的歷史敘述，其中容納了殖民史、反抗史、戰爭史，為整個日據時代全然空白的記憶，添加色彩、聲音、情感、溫度。跨界的愛情，永遠無法完成，但是小說裡原住民的血液，流進殖民者女性的身體時，這種翻轉的書寫方式，簡直是把日本帝國的神格地位降為平凡的人，把原住民的反抗精神升格為非凡的人。隱藏在歷史背後的故事，一旦變成白紙黑字的小說時，不能不使後來的閱讀者，對當權者的價值觀念產生高度懷疑。施叔青要質疑的是，所有的歷史不能取代真實的記憶。如果歷史充滿太多的虛構，則虛構的小說為什麼不能介入？當虛構與虛構混融在一起，批判的力量便儼然存在。

施叔青的「台灣三部曲」

第三部《三世人》則是以台北為場景，係以一位日據時期的漢詩遺民施寄生為中心。在他身上，既暗示現代與傳統的衝突，也彰顯殖民者與被殖民者的摩擦；既描寫男性與女性的分合，也敘述高雅文化與低俗文化的相遇。這部小說與前兩部比較起來，施叔青刻意以斷裂、跳躍的技巧，來拼貼日據時代到二二八事件歷史的光與影。她要憑弔的是，曾經有過古典優雅的漢詩傳統，是如何在現代化浪潮下被沖刷淨盡。她也要追祭台灣歷史人物的人格，在權力誘惑下，是如何自我出賣並墮落。這部小說要指出的是，一種扭曲歷史的形成，也許不能只片面責怪殖民者，被殖民者恐怕也是必須承擔責任的共犯。施叔青有意擺脫華麗文字的營造，而以赤裸的靈魂穿透歷史迷霧，從時間深處傳出一首悲歌與輓歌。

當她完成台灣三部曲時，施叔青的史觀已是清晰可見。她對女性懷有理想的寄託，她對男性則有無限的期待。歷史的擘造，絕對不可能是單一性別或單一族群所建構，她注意到歷史的全面性與整體性。但對於權力在握者，她從不放棄諷刺批判；對於歷史受害者，她賦予更多的發言權。歷史上被貶抑的各種女性、原住民、同性戀，與被殖民者，她寬容而慷慨地讓他們重登舞台，再度演出他們既定的角色。改寫歷史不必然要修訂史料的紀錄，真正的改寫是在虛構的地方注入真實，在缺口的地方填補感情。使長期被邊緣化的台灣，終於在她的小說裡發出聲音。她的小說足夠證明，沉默的記憶從來就不是沉默，遺忘的歷史從來就不應該被遺忘。把香港三部曲與台灣三部曲並置在一起，施叔青的邊緣戰鬥，開啟了一場史無前例的場面，歷史解釋至此獲得翻轉。台灣的後殖民史，在某種意義上，也可以視為後施叔青史。她的意義，在此徹底釋放出來。

施叔青已經宣稱她就要封筆。兩個三部曲的經營，耗盡她前後二十年的生命。從四十歲進入六十歲，從黑髮寫到白髮，她為香港史與台灣史立傳所付出的代價，簡直無法估算。但是她換取的歷史記憶與文學藝術，將無法輕易動搖。施叔青文學散發的氣勢與魄力，已經成為台灣文學史的重要證詞。現在容許她暫時放下筆，靜心休養，蓄積實力。歷史是那樣深不可測，施叔青的藝術也無法預測。什麼時候什麼地方，她又將開門出山，那可能是台灣文壇的最大期待。

原載《聯合文學》二〇一一年三月號

在美麗島的旗幟下

——《反抗的意志》導讀

三十餘年來的台灣家國，歷經多少風雨與急湍，沖刷多少淤泥與頑石，才到達一個歷史的高度。站在這時間的頂峰上，回望悲壯的風景之際，終於驚覺島上人民的意志是多麼強悍，也多麼無可動搖。而這一切，都不能不回到一九七九年的美麗島事件原點。迎接事件的三十五週年時，台灣正在經歷一場前所未有的換血運動。除了中央選舉之外，台灣地方從五都、縣市，到鄉鎮里，都捲入鋪天蓋地的選舉洪流裡。大規模地轉換歷史舞台，在一九七〇年代簡直是無可想像。那時的社會特別寧靜，由黨國所製造出來的幸福情境，使整個政治結構維持不變。那種超穩定的假象背後，無疑隱藏了太多憤怒的火種。只要稍有點燃，便立即遭到撲滅。小小的騷動，只不過是理想世界的點綴。

美麗島事件標誌著一個歷史的終結，也預告著一個歷史的開端。如果將之命名為民主運動的分水嶺，並不為過。在山嶺之前，是一片美麗如畫的江山。在山嶺之後，則暴露了千瘡百孔的社會。凡是經歷事件洗禮的年輕世代，都不能不受到衝擊。每個心靈都注入了前所未有的政治意識。這一群所謂的新世代，便是後來組黨運動的重要成員。如今他們都已經邁向晚境，應該可以獲得較為充分的時間長度，回顧這島國所穿越的政經變化。許多過剩的情緒，顯然也到了可以沉澱的時候。

一個民主運動的開啟，必須要有恰當的環境與條件來醞釀。跨過一九七〇年，整個世界地圖開始重劃，至少，以美蘇兩國對峙的冷戰體制，似乎也跟著融化。那是一個終結的開始，當美國國務卿季辛吉提出以對話代替對抗的策略時，台灣所被賦予的反共任務，似乎也已經宣告完成。為了結束冷戰，美國逐漸減少在遠東的駐軍，把西太平洋的防衛任務次第交還給東亞各國。美軍撤走時，在地圖上把釣魚台劃歸日本統轄，就預示了國際政治即將重新洗牌。一九七一年，美國顯然已經無力維護中華民國在聯合國的席次，代表中國的台灣，幾乎是羞辱式地被逐出國際組織。一九七二年，尼克森特地親自造訪毛澤東，並且與周恩來簽訂《上海公報》。這項行動，就足夠說明美國有意放棄台灣。同年十月，日本首相田中角榮宣布與北京建交。當骨牌效應有了起頭，隨之倒下的，便是各國紛紛與台灣切斷外交關係。

當整個地球正在翻轉時，台灣的知識分子若是沒有感覺，便意味著心靈已經死去。恰恰相反，當國民黨繼續高喊「處變不驚」時，徹底觸怒了稍有思考的台灣良心。民主運動的釀造與集結，便是在如此險惡的環境下，逐漸成形。往後十年，這場運動終於建立了沛然莫之能禦的主導力量。站在對立面的是黨國體制，一個壟斷台灣所有利益的統治集團。台灣開始見證黨外雜誌的出現，許多陌生的議題如性別、族群、階級都在雜誌中受到廣泛討論。不僅如此，有關環境保護運動的文字，也次第發表於報刊雜誌。

民主運動再也不是停留於政治層面，它也牽涉到文學與文化的改造。在斷交的風潮裡，凡是能夠提筆的作家，有生以來開始注意到他們所賴以生存的土地。與黨外民主運動桴鼓相應的是，正在浮出地表的鄉土文學運動。隨之而來的是女性運動與環保運動，他們在不同的社會層面，也強烈感受到封閉體制的窒息。在那個單一價值的時代，任何運動無論是政治的或文化的，只要發出聲音就帶有抗議與批判的意味。而這些不同的聲音，最後都匯入了波瀾壯闊的民主運動。所謂單一價值，全然來自同樣的威權體制，它不容許異議之聲，更不容許有批判的行動。在那個時代，凡是任何運動受到鎮壓，便立即產生高度的政治意義。

美麗島政團的組成，便是在一連串的壓制行動之後，而不能不結合起來。一九七八年，戰後台灣首度見證一次全面改選的活動。包括立法院與國民大會的席次，首度開放給在地民眾參與競逐。那是相當稀罕的年代，所有的改革願望都寄託在全面改選。整個選舉活動臻於高潮之際，美國總統卡特突然宣布與北京建交。這是前所未有的政治衝擊，自一九五〇年以來，台灣命運與美國政治緊緊綁在一起，已經成為台灣社會生活習慣的一部分。無論是知識分子或尋常百姓，也已養成崇美或崇洋的生活脾性。或確切而言，那是台灣人民生命裡無可分割的價值。斷交消息傳來，即使是蔣經國，也無法壓抑內心的恐慌，遑論台灣社會的一般百姓。當人民期待一場勝選就要實現，國民黨突然宣布終止選舉。所有處在亢奮狀態的心靈，驟然遭到捻熄，那種無邊的失落與失望，自是可以想像。台灣對外關係受到切斷於先，台灣內部選舉又受到中斷於後，整個海島似乎找不到任何精神出口。戰後以來前所未有的憤怒，一步一步蓄積起來，簡直要到達臨界點。

《美麗島》雜誌發行於一九八〇年八月，代表著台灣知識分子政治思考的成熟。這個政團，除了許信良有過留學經驗，其他所有的成員，都完全在台灣接受黨國教育。具體而言，他們是接受國民黨思想最完整的世代，卻能夠在僵化體制裡創造活潑的思維，這不能不說是台灣歷史的奇蹟，也是在國民黨教育下所開出的奇異花朵。從此歷史挾泥沙俱下，無論是上班族、學生、農民、勞工，都從不同的領域加入這個行列。較諸一九六〇年雷震的《自由中國》，這新的形勢確是有過之而無不及。七〇年代才剛剛成形的中產階級，幾乎都以顯性或隱性的方式在背後支持。當時張俊宏則稱之為中智階級，意味著一個和平改革的時代已經到來。

《反抗的意志》

在一定意義上，政團的成立其實是朝向一個政黨的建立而發展。它所釋放出來的意義，恐怕不能只由政治角度來詮釋，還包括了經濟、社會、文化的不同願望。一九七九年十二月十日國際人權日，美麗島政團在高雄舉行人權遊行活動，正是要把雜誌的內在精神彰顯出來。當他們公開提出思想自由、組黨自由、言論自由的標語時，正好對照了國民黨所統治的台灣，是何等封閉，何等鎖國。處在這樣歷史轉折的關頭，已經超出國民黨所能容忍的程度。當天晚上，才爆發了「未暴先鎮，鎮而後暴」的局面。這是非常典型的悲劇，亦即預知逮捕行動隨時可能發生，所有的領導者還是赴湯蹈火，走向歷史舞台。

緊隨事件之後，台灣進入一個前所未有荒涼而恐怖的階段。首先是全島大逮捕，接踵而來的是林家血案，最後是美麗島大審。那是最原始的犧牲儀式，必須以生命、肉身作為祭品，才有可能滿足一黨獨大的權力欲望。每一個手段都極其殘忍，完全喪失人性。必得穿越這樣的歷史階段，或許台灣的靈魂才有可能獲得重生。那種凌遲、鞭笞、刑求的滋味，非常公平地分配在每位台灣住民的命運裡。當權者親手撲滅了一個時代的希望，但他們並不知道，在種種政治巫術的背後，一個新的世代也正在誕生。

美麗島事件不能視同革命，當然也不是政變，更不是官方所宣稱的暴動。然而，它所產生的意義，對新世代而言，已經在心靈裡釀造了一場革命式的風暴。他們徹底與黨國體制劃清界線，或是在血脈深處，他們徹底看不起這種猥瑣的統治者。如果要檢討一九八〇年代以後的民主運動，或民進黨的組黨成功，或戒嚴體制的宣布解除，我們都必須回溯到這場改變歷史流向的美麗島事件。欠缺對這個事件的具體認識，我們就無法建立一個完整的史觀，更不能對台灣的過去與未來，整理出全面的解釋。

《歷史的凝結》是台灣民主運動的影像史，跨越一九七七年至七九年，恰好是最為關鍵時期的記憶。當我們對這些黑白照片投以深情的回眸，便深深感受到歷史沖刷的力道。在網路、手機、平板盛行的現在，這些靜態的影像紀錄，或許不夠生動，但我們必須承認，一幀靜態影像確實是勝過千言萬語。我們都是歷史的產物，曾經閃現在古典時間的光與影，都對著我們這個世代投以強烈的暗示。我們對民主價值的信仰，對政黨政治的信念，對政黨輪替的信任，應該都歸功於美麗島時期所播下的種子。每一張照片，就是一粒種子，埋在記憶底層持續抽芽茁壯。三十五年過去，那些種子已經形成盤根錯節的歷史脈絡，蔚為一株巨大的樹，對現在年輕世代覆蓋以濃郁的綠蔭。日後的民主運動，都是在美麗島的旗幟下出發。這些記憶的莊嚴意義，便是為我們的後世開啟無窮盡的想像，也綻放無止盡的希望。

二〇一四年十一月廿四日　政大台文所

我的洛夫閱讀史

閱讀洛夫的最早經驗，是從對抗開始。那種對抗的過程，極其不快。一九六五年甫入大學時，他的重要詩集《石室之死亡》才出版不久，對於那時熟悉朱自清、徐自摩的文學青年，洛夫的詩行確實是非常艱澀。回首半世紀以前，台灣詩壇正要跨入盛世，許多重要詩作大約已都齊備。余光中的〈天狼星〉、瘂弦的〈深淵〉、鄭愁予的〈夢土上〉、白萩的〈雁〉、楊牧的〈給時間〉，都是在大學生涯裡次第接觸。總覺得自己是屬於幸運的世代，初入詩的花園之際，就與盛放的季節不期而遇。洛夫早期的詩集《靈河》一直是在傳說中，卻無從窺探他抒情的詩行。

在周夢蝶的書攤上，偶爾也會購買零散的《創世紀詩刊》，不時可以閱讀洛夫的詩與詩論。很久以後才知道，洛夫與余光中曾經有過一場文學論戰，那是發生在一九六一年。也是因為周夢蝶的推薦，才在《現代文學》獲讀論戰的真正內容。余光中發表他的長詩〈天狼星〉，在當時詩壇而言，很少看見如此龐大格局的作品。整首詩並不屬於史詩的性質，而是為當時同時代詩人作傳的系列組曲。余光中是在那年的五月發表，洛夫在《現代文學》第九期立即寫出〈天狼星論〉，予以批評。誠實地說，對於才從鄉下北上的少年如我，其實無法完全理解〈天狼星〉的內容，遑論去認識洛夫詩論裡所提的觀點與解釋。

早年的讀詩經驗其實相當有限，卻常常無端生出愛恨分明的感情。由於過分偏愛抒情詩，對於洛夫主知傾向較濃的作品，不免有些抗拒。愛與不愛，非常主觀，也非常偏頗。總覺得自己必須站在余光中的這邊，而對洛夫帶著一種莫名的敵意。現在想來，當然是極其幼稚，但在那段時期卻竟是認真其事。又過兩年，進入大學三年級，在學校成立水晶詩社，才開始大量閱讀所有詩人的作品，也慢慢養成購買詩集的習慣。記得那年夏天，特別在輔大校園舉辦「水晶之夜」的新詩朗誦會，凡是在台北的詩人都在受邀行列。

洛夫是騎著機車來輔大參加，記得他在當晚朗誦的是〈湯姆之歌〉與〈灰燼之外〉，後來收入他的《外外集》。他的聲音沙啞，相當低沉，帶著湖南口音，頗具磁性。因為已經熟悉了每一行詩，聽他朗誦時自己也在內心跟著回應。如果對他的偏見稍稍解除的話，那晚的詩朗誦確實帶給我某種情緒的釋放。朗誦會結束後，他邀我一起與他回台北。坐在摩托車後座，涼風颯颯襲來，似乎有一種快意。而那樣的節奏，非常貼合他當年的詩集《外外集》，透明而乾脆。到今天仍然難以忘懷那晚眾多詩人的朗誦，以及那晚乘著風聲回到台北的豪邁。

正是這本詩集，改變了我對洛夫的看法。其中有幾首詩，我仍然還會背誦。特別是〈灰燼之外〉，第一次讓我感受到意在言外的詩藝是什麼。我也曾在幾場大學新詩朗誦會，高聲朗讀這首詩。我非常著迷詩的最後一節：

你是火的胎兒，在自燃中成長
無論誰以一拳石榴的傲慢招惹你
便憤然舉臂，暴力逆汗水而上
你是傳說中的那半截蠟燭
另一半在灰燼之外

那段時期，我已經可以出入他的詩行之間。《外外集》所收的短詩，充滿許多機智的句式，節奏明快，意象爽朗，其中不乏對現實的諷刺與批判。

大學畢業時，《石室之死亡》正式問世。從來未曾預期，如此一首長詩會引起廣泛的議論。在內心裡，隱約也起了騷動。從第一行開始，就覺得完全無法進去。好像被擋在門外，窺探不出有任何切入的可能。在讀詩經驗裡，可能是我最苦惱、最挫折的時候。同年，他的詩論集《詩人之鏡》出版，為台灣的超現實主義辯護。即使對詩的理解並不那麼深刻，我對他的詩觀也不以為然。

一九七一年，從花蓮服役歸來，正式進入台大歷史所。也在同一時期，我與林煥彰、辛牧、蕭蕭、喬林、景翔、施善繼、黃榮村組成龍族詩社。以新世代自許的詩人集團，希望能夠使詩的書寫一新耳目。對於洛夫的晦澀，自己又落入充滿敵意的情境。七〇年代初期幾年，台灣文壇屢經丕變。在釣魚台事件、退出聯合國的政治風潮下，文學風氣似乎開始轉向，逐漸朝著負起時代使命而轉向。龍族詩社當然也不例外。特別是一九七二年發生現代詩論戰時，龍族詩社也開始對於晦澀詩風展開批判，呼應當年關傑明所寫的兩篇批判文字：〈中國現代詩的幻境〉、〈中國現代詩的困境〉。

歷史的誤會，可能由此鑄成。洛夫在一九七二年參與《中國現代文學大系》的編輯，詩的部分由他負責。他在序言中宣稱，未來三十年的新詩發展，絕對不可能超越他們那個世代。就是這段話，觸怒了當時所有的新世代詩人。不久以後，我陸續發表兩篇文章，對他的詩學與詩論表達許多不敬的語言。也許可以視之為決裂的一個起點，或確切地說，對洛夫的偏見便從此穩固下來。在出國之前，我出版了詩論集《鏡子和影子》，也收入這兩篇文章。詩人與我之間的距離，從此海闊天空。如果這是我個人的洛夫閱讀史，在美國飄泊之際，便始終一直凝滯在那裡。對抗或誤解，如果找不到出口，恐怕還會持續下去。

必須等到一九八五年夏天，帶著疲憊的軀體，我決心從政治運動浪潮中抽身而退，重新把年少時期涉獵的文學書籍拾起。跟我四處流浪的詩集，終於回到手中細心捧讀。八〇年代末期的一個秋天，我把久未翻閱的《石室之死亡》取出重讀。神奇的時光乍然浮現，竟然可以沿著詩行順流而下，每讀一行，就逐步鬆綁自我囚禁的魂魄。一個時代流離失所與無盡生死的經驗，都已濃縮擠壓在那尺幅有限的詩集裡。曾經把我關在外面的這本詩集，驟然啟開閘門，允許我從容在詩行之間穿越。那種頓悟與喜悅，好像預告我的讀詩風華再度回來。

為什麼使我苦惱許久的詩集，在我進入四十歲之際，忽然打開門鎖？閱讀的奧妙，後來便慢慢理清了。當年紀還輕時，人生歷練猶在累積，閱讀也相當生澀。生命的質感完全不夠厚實，尚不足以窺見詩人深層的真實經驗。在陌生土地飄泊許久之後，才徹底覺悟流浪與放逐是何等痛徹心肺。只有以自己的刺骨之痛，去體會詩中死亡的凌遲，才有可能逼近詩人的靈魂。迢遙的旅路，折騰了我的精神與肉體，卻也鍛鍊了我對人生道路的澈悟。每一個生命都是獨一無二，未曾到達特定的境界，就不可能到達深層的藝術核心。洛夫的詩，確實曾經抵達我未曾看見的邊境；他從那裡帶回來的信息，終於提煉成詩行。

詩觀的轉變，往往是生命轉折的象徵。早期曾經與余光中論戰的洛夫，涉及一個重要議題：現代詩究竟是要繼承傳統，還是反抗傳統？在〈天狼星論〉裡，洛夫站在反傳統的那一邊。而當年接受傳統的余光中，則正要進入他的新古典時期。多年以後，終於看到洛夫也開始從傳統詩學裡尋找精神出口。我深深體會所有的文學生命其實充滿了辯證，年少時期所堅持的詩觀，並不必然支配一生所信仰的美學。寫詩如此，讀詩又何嘗不是如此。重新捧讀洛夫詩集，才訝然發現自己失去了許多，也輸掉了許多。

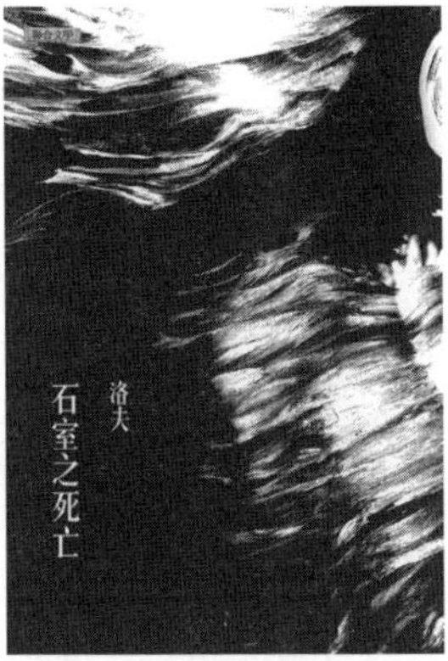

洛夫《石室之死亡》

從海外流亡歸來時，察覺洛夫的生產力未嘗稍減。在我的偏見裡，他的創作應該是以《魔歌》為頂點。那詩集所顯現的批判精神與自我調侃，不能不使人擊節讚嘆。尤其是書中的〈巨石之變〉，讀過之後，甚覺韻味無窮。那首詩當然也暗示了我這個世代的敵意，但也不能不折服於他所散發出來的堅持與頑強。上世紀九〇年代，我回到台北時，發現他的每首詩似乎都未曾失手。

他的《時間之殤》、《釀酒的石頭》、《月光房子》、《天使的涅槃》、《隱題詩》、《夢的圖解》、《雪落無聲》，《背向大海》，幾乎都讓我咀嚼許久。進入人生下半場的洛夫，反而比他中年時期還更怒放。我很慶幸自己的閱讀，完全沒有錯過他精采的風景。

最令我動容的，莫過於他的三千行長詩《漂木》。洛夫選擇自我放逐，顯然有他個人生命的考量。到達北國的溫哥華，也正是鮭魚的故鄉。鮭魚，是一種返鄉意志非常強烈的生物，縱浪在浩瀚的海洋，最後總是可以找到正確的方位，回到出生地。洛夫反其道而行，少年時第一次離鄉，中年後又第二次離鄉，那種彎曲的軌跡，似乎也刻畫著他非常私密的心路歷程。看見逆流而上的鮭魚，他反而以漂木自況。在離鄉與歸鄉之間的拉扯，正好形成詩中的藝術張力。漂木的意象，既是詩人的寫照，也是這個大時代的縮影。詩行裡傾洩出來的蒼老與蒼勁，就像拳擊那樣，每一記都準確打在讀者的胸口。

我的洛夫閱讀史，其實也是一種文學飄泊史。現代主義啟蒙了我，離國之後，由於政治信仰而開始迷信寫實主義，並且展開對現代主義的抨擊與批判。返回故鄉後，再度覺悟現代主義對台灣文學發展的衝擊與充實。繞了一大圈，不能不承認，個人的生命格局沒有打開之前，常常會產生美學上的幻覺與錯覺。閱讀洛夫，也應該是同樣的狀況。當人生歷練還不夠扎實，知識累積也不夠沉穩，並不足以踮腳看見詩人的精神世界。如今帶著悽愴而挫折的靈魂，靜靜舔舐傷口時，我又重新閱讀洛夫的詩集，竟然一切都看得非常明白。

二〇一四年十月　政大台文所

於梨華文學的意義

留學生文學的開創者

於梨華的名字出現在一九六〇年代時，彷彿帶來一股無法抵擋的力量。她的小說勇敢為女性的身體辯護，也為飄泊海外的留學生發出聲音。她是那個時代的具體縮影，也是台灣文學的一個重要象徵。她的名字置放在現代主義運動的行列裡，顯得非常突兀而特殊。凡是熟悉台灣文學史者，都知道現代主義與現代小說的推動者，大部分都是由台大外文系所主導。於梨華的知識訓練與這群叛逆者不太一樣，她是台大歷史系畢業，所接受的思維方式，都側重在時間的議題。當時的史學訓練強調的是史料研讀，並且嘗試建立事件發展的先後關係。在歷史系裡，她反其道而行，接受史料訓練之餘，她投入現代小說的書寫。

歷史與小說都是屬於敘事的範疇，但是兩者最大的區別在於，歷史注重事實，小說則偏向虛構。於梨華能夠在這兩個領域跨越，正好可以彰顯她書寫的不凡。在一九五三年從台大歷史系畢業時，她寫過一篇學士論文〈林爽文革命研究〉，後來這篇文字成為福康安所著《廷寄》的導論。所有讀過於梨華的研究文字者，都很難想像她與後來所寫小說的連帶關係。從時間的思考轉換成空間的營造，確實需要過人的想像力，但是她做到了。

台灣文學史上，如果有所謂的留學生文學，於梨華不僅是開創者，而且是典型的代表人物。一九六七年她出版的長篇小說《又見棕櫚，又見棕櫚》，風靡了整個世代的年輕讀者。在那段時期，台灣知識分子對於留美的嚮往，幾乎可以用「風潮」一詞來形容。在那封閉的高壓年代，每位知識分子都在尋找精神出口，而最方便的方式，便是赴美留學。在年輕人的心目中，美國就是天堂的同義詞，它意味著一種昇華，也是一種救贖。於梨華的這部小說，把一位在美國獲得學位的青年，刻畫得相當眉目清楚，好像為那時代青年的心靈，做了最好的詮釋。

《又見棕櫚》的時代意義，便是為威權時代的文化，找到一個心靈框架。無論是崇洋媚外的情緒，或是自卑心理的呈現，都可以在這部小說裡找到恰當的詮釋。整個小說情節非常簡單，描述一位學成歸國的留學生回到台灣，去尋找他過去的舊夢。在別人眼中，他是受到羨慕的對象。然而，這位留學生牟天磊卻是一個挫敗者。在美洲大陸，他是屬於沒有根的一代，在一個小學校任教中文，與他最初的理想有了很大落差。回到台灣時，舊情人早已離他而去。他在異國茫然不知所終，在故鄉又悵然失落。這種雙重的落空感，具體描繪了那時代心靈世界的沒有出口。

於梨華在小說中所表現的藝術技巧，在那時代應屬傑出的寫手。她既熟悉現代主義的象徵手法，也頗知善用蒙太奇的虛實交錯。於梨華擁有她個人特殊的語言藝術，相當成功地把讀者帶進她的小說世界。那種流暢的白話文，緊緊扣住讀者的情緒起伏，與小說人物一起飛揚，一起落空。毫無疑問，於梨華開啟了「留學生文學」這樣的文類。由於她最早出發，使得台灣文學觸鬚延伸到遙遠的土地與感覺。這種文類只有在特殊的歷史情境才能釀造出來，卻也無意中啟動華文文學的最初孕育。所謂華文文學（Sinophone literature），指的是華人因為移民的遷徙，而在世界各地藉由中文所創造出來的特殊文學書寫。今天的華文文學研究，已經開創了一個全新格局，於梨華的小說，應該可以從這個觀點去探索她所營造出來的想像。

於梨華在一九六〇年代的作品，可能是最具女性意識的小說家。相較於同時代的吉錚、歐陽子、叢甦，她的筆勇於觸探性的議題，對於女性身體的感覺，她總是抱持坦承而大膽的態度去描述。她最早的長篇小說《夢回青河》（一九六三），是她文學世界裡罕見的鄉土記憶。那時，現代主義運動正在台灣勃發，對於心理的細膩刻畫，成為許多小說家關注的焦點。於梨華的這部小說並不描寫現代人的生活情狀，而是回到她浙江的故鄉，去尋找故事人物與場景。同樣是懷鄉的主題，在反共文學裡總是注入過剩的政治解釋，於梨華則在她的故鄉環境中，帶進情欲衝突的故事。那種生動的寫法，突破了當時戒嚴體制所規範的主題，勾勒出中國農村女性懷抱的愛情憧憬是如何強烈，又是如何燃燒。

在「台灣文學」一詞尚未成立之前，島上所生產出來的文學作品，無論作家是屬於本地或來自中國大陸，都一律被稱為「中國文學」。而在威權體制臻於盛況的一九五〇年代，所有的中國文學都被稱為「反共文學」。於梨華的小說能夠具有特殊意義，就在於她未曾服膺過所謂的文藝政策，當然也未曾在反共文學年代被收編。雖然她的記憶仍然保留了豐富的中國鄉土經驗，但是接受台灣風土的影響之後，她所表現出來的美學，已經具有台灣性。早期的台灣性在很大程度上受到西方文學影響，這種影響卻是由美援文化所形塑而成。在那荒蕪蒼白的年代，於梨華作品的誕生，便已經沾染著現代精神。所謂現代精神，指的並不是後來的都會文化，或資本主義生活方式，而是指文學作品本身已經開始進行人性的挖掘。於梨華說故事的方式，可能是少數幾位作家從身體開始摸索，從而在欲望的升降觀察人性的明暗。

一九六〇年代的現代主義運動者，無論是小說或詩，往往在無意識世界尋找無窮的想像。當時的女性作家，如歐陽子、陳若曦、施叔青、李昂，都耽溺於現代主義技巧的實驗，她們還未到達女性意識覺醒的階段，因此在那段時期，現代主義技巧的實驗，遠遠多於女性主體的建構，所以女性文學並不等於女性主義文學。相形之下，於梨華的覺醒可能是最早的一位。她出國留學時，白先勇的《現代文學》仍然還在草創階段，他們這批年輕作者正忙於翻譯外國文學，吸收西方理論，並且透過模仿而進行創作。畢業於歷史系的於梨華，是屬於第一波的留學生，完全跳過翻譯與模仿的過程，而直接在美國接受當地讀書市場的薰陶。她從未自稱女性主義者，卻在小說故事裡，最早浮現女性意識。

當她出版《又見棕櫚，又見棕櫚》，為台灣文壇確立了留學生文學的標籤。她是暢銷作者，不僅是文學作品充滿了吸引力，而且也為當時的美國崇拜立下一個象徵。這並不是說她是美國崇拜者，而是她的文字刻畫了多少台灣年輕男女的夢想。在她的小說世界，讓台灣讀者窺見資本主義的生活，也多少嘗到什麼是自由的滋味。當整個台灣社會還未享有旅行自由，而台灣知識青年仍然受到思想檢查之際，於梨華所呈現的美國故事場景，無形中便受到膜拜。留學生文學是一種現象，於梨華是這種現象的原創者。

於梨華所走的道路，比起她同時代的作家還要遙遠，還要深長。從《夢回青河》到《又見棕櫚，又見棕櫚》，橫跨著中國農村到美國都會的旅程。在那時代，很少有作家敢於嘗試如此果敢的冒險，開展出來的美學格局不能不使當時的讀者感到訝異。即使從今天的眼光來看，兩種說故事的技巧彷彿出自不同的作家。她所營造出來的世界，跨度是那樣廣闊，幾乎已經暗示她擁有足夠的想像，介入差距甚大的時空。更確切而言，她可以觸探的議題，似乎不是同世代作家可以輕易企及。她能夠開創那樣的境界，或許與她的留美經驗息息相關。遠在太平洋彼岸，完全脫離戒嚴體制的權力干涉，在呼吸自由空氣之餘，她可以得心應手處理不同的議題。尤其她在敘述故事時，往往滲透豐富的情色想像，相對於清教徒式的文藝政策，於梨華的書寫空間無疑是獲得鬆綁了。她的小說等於為台灣社會開啟開闊的想像，也等於在試探那封閉年代所能容忍的界線。性的議題，為台灣女性作家開拓了遼遠的版圖，也為日後的女性書寫定下了基調。

於梨華最早的批評者，竟然是李敖。既是當時《文星》雜誌的主編，也是《文星叢刊》的主編，他所掌握的發言權也超過了同時期的作家。於梨華與李敖的名字並置在一起，所散發出來的影響力簡直不是官方文藝政策所能限制。勇於批判的李敖，寫了一篇〈於梨華和她的小說〉，出手便驚天動地。李敖不是文學評論者，而是以一位歷史系學弟的身分暢談她的小說。一如他當時的狂妄，在文字裡抖出於梨華許多祕密。這篇文章基本上不算書評，只是在嘻笑怒罵中推薦了於梨華的三本小說《夢回青河》、《歸》、《也是秋天》。把這篇文字放在當時的文壇，顯得相當突兀，並且也凸顯了李敖本人的性格。對於不看小說的讀者，或許會因為這篇文字而啟開好奇。李敖的推波助瀾並未給文學作品加持，卻使得作者的名字受到矚目。對於當時的年輕世代，毫無疑問從此也開始注意她的小說。

《夢回青河》所引起的議論，可以說相當廣泛。它所受到的評價，可以說相當肯定。不僅在中廣以廣播劇的形式播放，相當長的一段時日。她的老師沈剛伯在《中央日報》寫了一篇〈評《夢回青河》〉，特別讚揚於梨華在平凡的人物上看到不平凡的故事。尤其他說：「全書絕無陳腔濫調，更少閒句浮詞。開卷的布局同結尾的章法，均極高超巧妙，足以耐人尋思。」知名小說家徐訏也在聯合副刊發表〈夢回青河讀後〉，對於這部敵偽地區所發生的愛恨故事評價甚高。在一九六〇年代，徐訏的作品與評論都受到很高的評價，由他執筆推薦於梨華，自然頗具說服力。不過，他對於小說中的情色描寫稍有微詞，認為那是不必要的贅筆。於梨華是擅長說故事的小說家，著墨在愛欲生死的情節上，往往具備過人的勇氣。事實上，故事裡的情與欲是密不可分的議題，那種生動的敘述，在某種程度上無疑也是在挑戰當時的文藝政策。身體的解放，等於是從權力的牢籠中掙脫出來，確實帶有強悍的批判力道。

於梨華在新批評中的位置

於梨華小說的成功，拜賜於她活潑有力的文字描寫。在遣詞用字之餘，不僅有畫面，也充滿了旺盛的感情。藉由人性的探索，善惡之間的擺盪，把小說人物的個性塑造得特別分明。讀者閱讀她的小說時，有時會錯覺自己也是故事人物中的一個。她真正奠定在文壇的地位，必須要到《又見棕櫚》一書的出版。這部小說由夏志清教授為她寫一篇很長的序，展現了他最擅長的新批評手法。長達兩萬字的序文，簡直為台灣文壇立下一個示範，告訴讀者如何全程走完這本小說。當時，夏志清的《中國現代小說史》英文本甫告完成，在美國學界建立了相當穩固的發言位置。這種以小說論小說的詮釋策略，完全不同於台灣論壇的書評或讀後感。這篇長序讓台灣讀者獲得見識，可以看見小說人物的性格如何受到定位，也可以看見批評家如何抗拒作者的引導。他站在一個較高的位置，可以俯視小說的全局，每位故事人物的性格與語式都能獲得定位。

夏志清是相當濫情的批評家，有時不免會感情用事，容許情緒在字裡行間漫開。但是他夾評夾敘，在說理時相當冷靜客觀，在抒情時則又相當親暱。感性與知性的交融，並不影響他在批評訓練上的專業，所以往往能夠輕易說服讀者。他特別指出，這部小說使得「沒有根的一代」變成流行名詞。夏志清一語中的點出了留學生文學的核心精神，從此以後台灣文壇開始流行「沒有根的一代」之說法。他更進一步指出，「沒有根的一代」與美國社會所說「失落的一代」截然不同。他說，「沒有根的一代」指的是一群離鄉背井的外省族群，因為戰亂而離開故鄉，到達台灣後又進一步流浪到海外。這是雙重的失根，牽涉到國族與文化的雙重隔離。西方所盛行「失落的一代」，則是指向第二次世界大戰後，美國資本主義高度發達，而造成倫理價值與道德信仰的泯滅。許多作家選擇離開美國本土，跑到歐洲的巴黎去流浪。他們不是流民，而是浪子。從一部留學生小說，夏志清可以觀察到兩種不同生活情境的現象，這種批評既盡職地點出文學技巧的得失，又進一步指出東西文化現象的差異。

從各家的評論來看，受到最多最廣泛的評論，無疑還是以《又見棕櫚》一書最為熱門。這本書可以形成風潮，等於是定義了一九六〇年代台灣知識分子的精神結構。即使沒有趕上當年的留學潮，但內心深處對於美國生活的嚮往還是普遍存在。以一本小說作為一個時代心靈的框架，除了於梨華之外，幾乎無出其右者。收在這本書裡的相關評論，還包括朱西甯與隱地，足以說明當年於梨華現象的盛況。齊邦媛教授曾經寫過一篇擲地有聲的評論〈留學「生」文學〉，更是精確畫出了一個版圖，留學風潮生產了許多文學作品，這是台灣文學史的一個重要特徵。稍後的留美作者白先勇、陳若曦、李歐梵、叢甦、張系國、劉大任、李黎、郭松棻、李渝、聶華苓，都是在於梨華之後陸續出現。他們的小說題材從感時憂國到憂患意識，構成了一九六〇到七〇年代極為精采的文壇風景。這些作家的生命歷程，基本上都是從中國大陸移植到台灣，又從台灣移植到美國，文學靈魂裡湧動著濃烈的飄泊感。反而是台籍作家並未在留學生的行列裡，如楊牧、許達然、東方白，往往從留學生文學的討論中抽離出來。

《會場現形記》是於梨華小說創作的一個轉折，意味著作者逐漸融入了美國社會的生活方式。她的丈夫是物理學家，任教於知名大學，生活穩定。她常常陪伴丈夫去參加各地的學術會議，可以從旁觀察美國學界的生態。這本書是短篇小說集，而主題作品在於描述學術裡的奇形怪狀。在小說裡，學術會議幾乎是形同決鬥的場域，學術只是一個招牌而已，其實那裡是活生生的人格表演。藉由會議去尋找教職，充滿了爾虞我詐的心理對決，你死我活的人性角逐。那種高度諷刺有別於《又見棕櫚》的溫暖情感，也有別於她早期的情欲小說。這是一個個人創作史上的分界點，那種飄泊、失根的故事情節逐漸消失，代之而起的是華人在異鄉生根之起伏動盪。

一九七三年她出版了《考驗》，可以視為告別台灣文壇之作。一九七五年，她與夫婿前往北京，第一次親眼觀察了猶在發展的中國文化大革命。那次北京之行對她產生巨大衝擊，稍後在《人民日報》發表一篇長文，表達她對中華人民共和國的認同。在字裡行間抨擊美國資本主義社會的墮落，也批判了國民黨政權在台灣所進行的思想控制，這是她生命中極為重要的宣言，似乎有著否定她前半生的意味。文章發表後，在台灣產生極大震撼，國民黨當局立即查禁了她在台灣出版的所有作品。於梨華的名字在台灣文壇，頓時成為一個歷史名詞，必須要到一九八〇年代以後，威權體制次第產生鬆動，皇冠出版社才又重新發行她的全部作品。《傅家的兒女們》、《誰在西雙版納》、《三人行》都是在香港出版，整個書寫風格完全不同於一九七〇年代之前的於梨華。

以當時她建立起來的書寫技巧，應該可以創造更為優秀的小說，卻因為有過北京之行，反而著迷於中國文化大革命的狂熱政治運動。她的意識形態也許並未向左轉，但是內心的民族主義認同遠遠超過社會主義的接受。這是她生命中的一次重要轉折，也是她文學上相當巨大的突變。從此以後，她所寫的散文與小說，逐漸告別現代主義藝術，而漸漸呈現寫實主義的面向。對於台灣文壇而言，她的名字再度浮現已經是一九九〇年代以後的事。當時，台灣社會已經解嚴，而且也經歷了一場根本性變化的民主運動。威權體制逐漸鬆動、沒落，曾經掌控台灣立法機構的資深代表也終於退出歷史舞台，同時動員戡亂時期也正式宣告終結。總統民選變成了台灣民主生活最重要的一環，從此自由的空氣瀰漫在這小小的海島。在海外曾經參加過釣魚台運動的左翼知識分子，又回歸到台灣，重新發表他們的全新作品。其中最受矚目的應推劉大任、郭松棻、李渝、李黎，都不約而同告別了左派運動時期的激情，而在文學創作中慢慢沉澱下來。整個大環境的改造與開放，當然也張開雙手歡迎於梨華的歸來。

在台灣文壇重新復出的於梨華，陸續交出幾部重要作品，如《傅家的兒女們》、《三人行》，似乎也是留學生文學的遺緒。但是最大的不同是她不再寫留學生的生活，而是著墨於海外第二代華人的故事。這是相當重要的轉變，曾經在陌生異域翻滾掙扎的留學生，逐漸超越最初的折磨與痛苦。代之而起的是，他們開始迎接較為安穩的家庭生活。《又見棕櫚，又見棕櫚》出現過的飄泊、失根、流浪的情節，從此煙消雲散。於梨華的小說，自然也開始處理第二代華人的煩惱，就像她在《三人行》所描寫主角陸耀先的生活狀況：「在美國的所謂成功了的學人，在五子登科（位子、房子、車子、妻子、兒子）及頭頂變禿、腦子生鏽、肚子長油之後，往往會有一種由茫然而惘然的感覺。」生命情境隨著生活環境的改變而改變，這種客觀條件也決定了留學生文學的質變。早期那種充滿了衝突、矛盾、對抗、批判的精神，從故事裡加速退潮。從而浮現出來的生活固定模式，使小說的內在張力也跟著削弱了。

台灣文壇所迎接的於梨華，仍然是懷念中的小說家。批評界所出現的不時可以看見「又見棕櫚」或「又見於梨華」的字眼，表面上對她帶著強烈的情感，但無論是訪問或評論，不免流動著一股惆悵。這種變化自然與她的中國認同息息相關，或確切而言，他們內心裡所熟悉的於梨華，已經變得非常陌生。畢竟她在一九七〇年代的突變，使許多評論者感到無所適從。遠在一九七六年的《文藝月刊》，曾經刊出一篇蕭毅虹所寫的〈於梨華何去何從〉，特別懷念於梨華的早期小說。這篇文章指出：「於梨華原是我相當喜歡的作家之一。她敏銳的心靈、熱切的直觀、剖析人性的執著以及脫略的筆觸，使得她的作品充分地表現出她所挖掘到的、現實生活中真實而不免冷酷、苦樂而不免無奈的一面，讀來極易引人嗚慼而怦然心動。」這段評語精確點出了台灣讀者為什麼喜歡她過去的作品。蕭毅虹的文字特別引述於梨華當年從北京回來時所說的話：「這次回來以後，我從前『為文藝而文藝』的信念現在已經動搖了。……我覺得他們所講的都非常有理，文藝應該要為政治服務，文藝應該作為政治的工具。」這樣的言談，完整彰顯了她對自己小說的否定，反而一面倒支持毛澤東的文藝政策。曾經享有過言論自由的現代小說家，卻願意接受中共的政治干涉，甚至放棄自己的言論自由去擁護毛澤東思想，確實讓台灣讀者無法適應。

文化大革命結束之後，於梨華顯然已經驚覺自己對中國認識的錯誤，最後又回到原來她所信仰的文學道路。她的回歸，自然經歷了相當劇烈的辯證思考，但是在文學創作上，似乎也失去了她早年的敏銳與靈動。這說明了稍後的評論，都以「又見」一詞來概括重逢之後的於梨華。二〇〇三年，廖玉蕙發表一篇訪談錄〈又見於梨華〉，提到的文學作品都是她早年的小說，如《夢回青河》、《又見棕櫚，又見棕櫚》、《焰》、《又是秋天》、《變》、《歸》、《考驗》，對於她最新的作品如《一個天使的沉淪》、《在離去與道別之間》，有某種程度的保留。一九九〇年代以後，她陸續寫出的小說所受到的矚目逐漸稀少，究其原因，可能與她的政治認同有密切關係。她回到台灣的次數越來越少，所寫的長篇小說在發行上有一定的局限。就審美而言，似乎也與台灣新世代讀者極為隔閡。

一九八〇年代以後，台灣文壇更形開放。許多新世代作家的書寫策略，迥異於戒嚴時代的風格品味。在年輕讀者之間，於梨華的名字漸形陌生，而她的留學生小說與新世代無法構成對話。一九六〇年代的作家群除非持續寫作，或是作品不斷改寫，才有可能維持既有的吸引力，例如余光中、洛夫、白先勇、王文興、楊牧，一直沒有離開台灣文壇，他們的作品也不斷受到討論而慢慢經典化。相對而言，於梨華與台灣的聯繫，彷彿是斷了線的風箏。或確切而言，她筆下的美國華人生活，距離年輕的靈魂太過遙遠。

較為值得注意的幾篇評論，如孫康宜所寫的〈於梨華筆下的性騷擾〉，便是討論小說《一個天使的沉淪》所呈現的脆弱人性。故事裡的小三子，是一位美麗小女孩的暱稱，在香港探親之際遭到姑丈的覬覦。一個純潔的女孩受到強暴後，被無邊的黑暗所籠罩，而帶著罪惡感開始逃家、吸毒、墮胎。這是現代都會典型的醜陋故事，所謂人性是巨大的深淵，孫康宜指出，這個悲劇事件所代表的是現代家庭問題，當父母無法理解女兒的心理狀態時，便得不到任何救贖而持續沉淪下去。

瘂弦為於梨華的另一部小說《在離去與道別之間》寫序，以〈於梨華小說中的校園經驗〉為題，指出於梨華小說內容的轉變。當年她是留學生文學的開創者，如今那批留學生都升格成為學校的教授。他把這部小說拿來與錢鍾書的《圍城》相互比較，他說：「這部書的深層意涵，

於梨華《又見棕櫚，又見棕櫚》

在於以人性的觀點，探討知識與道德、學格與人格的關係，以及從心理學和社會學的角度，去詮釋士林百態，知識分子的偽善、矛盾及軟弱。」瘂弦預言於梨華的豐富校園經驗，足夠讓她寫出一部北美版的《儒林外史》。

李子云以〈洋溢著一種生命的力量〉為題，評論於梨華所寫的《屏風後的女人》。這部小說同樣也是在描寫留學生變成學人之後的生活方式，李子云說：「在這本小說集中，看到的已不再是當年的夫妻矛盾，而代之以兩代人之間，甚至三代人之間的衝突。除去第一代移民和他們在美國長大的子女之外，還加上他們與他們的父母之間的衝突。」這種代溝不僅僅是兩個時代的差距，中間還挾帶著東方與西方文化之間的隔離。世代差距與文化差距，構成了留美學人的矛盾糾結。

從失根到生根的故事流變，代表著於梨華從一九六〇年代到新世紀的文學旅程。早期的故事像急流那樣，穿越頑石累累的河道，從山谷沖刷而下。其中噴濺出來的浪花，特別動人魂魄。一九八〇年代以後，那道激流緩緩迎向平原，許多矛盾衝突也次第沉澱下來。她仍然維持著說故事的能量，而且還可以不斷說下去，卻不免帶著某種寂寞感。曾經受到新批評家夏志清的高度評價，意味著那正是她創作生命的巔峰。台灣的文學生態經過幾度改變，讀者對於異國生活的題材似乎不再抱持好奇，從而對異國的華人生活也失去興趣。在文學史上，於梨華為台灣創造了全新的文體，也為那個封閉年代的心靈作了最佳詮釋，這樣的地位無可動搖。

二〇一五年十二月廿八日　政大台文所

南方，是光與熱的源頭

1

我永遠無法忘懷，十八歲時，清晨站在左營樓上的陽台，向東望去，看到天邊有一道綿延的山稜線。青春時期的南方記憶，就永恆地停留在那時刻。那時朝陽可能還停在水平線上，強烈的光正好被大武山遮蔽了，所以站在嘉南平原的末端，只能看到龐大的山影。中央山脈迤邐到南邊時，以一座高聳的山形彰顯它的存在。那雄偉的意象，正好定義我離鄉前的心情。晨起讀書，是我聯考前養成的習慣。那時曾經默默向大武山發誓，有一天我一定要超越它。這樣的誓願，終於應驗。果然我後來就被放逐在海外，很久以後才得以返鄉。

大武山與嘉南平原，是我在海外漂流時的終極信仰。懷著肅穆的山色，揣著平原的燈光，是我在海外時期可以活下去的理由。南方，是我生命中光與熱的源頭。即使離鄉那麼久，我的城市，我的故鄉，總是以最生動的面貌回到我夢中。從海外悽愴回到台灣時，第一個願望就是立即回到左營。縱然十八歲那年考上大學就離開高雄，但是每年寒暑假都一定回到自己的家鄉。那裡的蓮池潭，以及帶著時間顏色的古老城牆，都是我眷戀徘徊的地方。整個童年時期，一直到我的啟蒙階段，都是在那寧靜的地方過渡完成。如今進入晚天時期，高雄從來都是我永遠的認同。

每當國外新聞提到台灣或是高雄，都一定牽動了我敏感的神經。我常常把自己視為台灣土地所伸出來的一株觸鬚，在陌生的水域探索全新的感覺。曾經在一個不眠的晚上，我寫下一篇散文〈深夜的嘉南平原〉，那是我熾熱懷鄉的一個副產品。浩瀚的海洋，殘酷的政治，切斷我與自己土地的聯繫，但是切不斷我在靈魂深處的擁抱。畢竟我早期的知識啟蒙，思維方式，價值觀念，都是在那平凡而溫暖的土地孕育而成。那個城市，有山，有海，有河，那是上天賜與這地方住民的最好禮物。放在國際景觀來看，很少有一個大城市擁有如此的條件。甚至放在台灣的版圖上，幾乎沒有一個城市可以望其項背。這樣具有優勢的自然環境，常常使我感到驕傲。

2

我在一九六五年離開家鄉，而這本書所介紹的青年作家，正是在那段時期出生。我好像與他們交錯而過，當我向成年、中年的階段邁進時，他們才正要展開對這個城市、這個世界的認識。捧讀書稿之際，我與他們都是屬於同一個城市，卻分屬兩個不同的世代。離開高雄時，城市面貌還保留著許多殖民時代的建築，甚至壽山與高雄港都是屬於禁區，那樣開闊的城市，我們卻被囚禁在山的另一邊，全然看不到海洋，當然也望不見海平線。一九六〇年代以後出生的新世代，開始迎接民主運動的浪潮。他們的心靈，就是開闊的海洋。

我還在故鄉的時期，還可以看見美軍顧問團的宿舍，那是冷戰時期的印記。高雄港從來都不是開放的空間，而是一個軍事禁區，永遠隱藏著巨大的祕密。而我們那個世代，總是神祕地被關在外面，只能從愛河的終點或西子灣的岸邊，看見祕密禁區的一角。因為那是黨國的城市，許多建設都掌控在當權者手上。至少到我遠赴台北之前，家裡的自來水永遠是帶著臭味。如果說我的青春時期是次等公民的待遇，並不為過。我的不幸，其實就是台灣命運的一個縮影，而且一直都覺得，這樣的命運無法改變。

《來自陽光，帶有鹹味的筆》

我在故鄉缺席的時候，新世代誕生，也慢慢迎接一個就要改變的時代。很多朋友告訴我，高雄是一個非常生猛的城市，說話方式非常豪邁，語言表達也近乎粗野。這就是高雄，就是沒有教養的南部。我的日本朋友曾經說，台灣的高雄就像日本的大阪，舉手投足的方式全然不同於優雅的東京。他那樣的譬喻並沒有傷害我，相反的，我感到驕傲。於我而言，高雄人是特別大器而豪放，直來直往，毫不修飾。必須是具備這樣的性格，所以才會在民主運動中，創造了美麗島事件。

高雄的新世代在成長過程中，確實見證了城市面貌的轉變。我去觀賞林靖賢導演的影片《愛琳娜》，有許多場景完全是我陌生，但是看到高雄港時，情緒特別激動，幾乎欲淚。那是我所不認識的故鄉，卻是新世代文學孕育的地方。在影片裡，看見廢棄的工廠，也看見煙囪林立的工業區。我在心裡暗暗告訴自己，我就是從那裡出來，那也是我認同的標誌。那種草莽的氣息，正是高雄文化寄託的所在，而且也是培養年輕寫手的重鎮。他們的作品不是為高雄而寫，但是字裡行間總是帶著南方的光與熱。

在人口流動特別旺盛的後現代，似乎很難確切定義什麼是高雄作家。貼近他們的文字時，似乎可以聽見夜裡火車穿越平交道時的敲打聲，似乎可以聽見海港的什麼地方傳來輪船的笛聲。這本書介紹了三十位高雄作家，那是世代交替的莊嚴儀式。尤其高雄從城市升格為都會時，作家筆下所能傳遞的信息就更加豐富。文學不能用城市的格局來框限，但是我相信，他們的想像力想必也帶著城市的魂魄。從靜態文字，可以看見年輕生命所呈現的城市活力。作品的形式橫跨詩、小說、散文、影劇，總是會傳出帶有南方城市的氣味。王家祥、王聰威筆下的港區風情，李進文筆下的漁村，言叔夏的工業區，胡長松所眷戀的柴山，凌性傑記憶中的摩托車，凌煙所關切的歌仔戲，夏夏以詩彰顯颱風的災難，許嘉澤無法忘懷的中央公園，郝譽翔難忘的山，林達陽所珍惜的青春戀情，孫梓評熟悉的橋下風景，郭漢辰回望的霓虹燈，馮翊綱的眷村記憶，黃信恩的左營故事，楊佳嫻徘徊的夜市，潘弘輝的小港青春時期，騷夏念念的小港機場，蔡素芬的鹽埕童年，鄭順聰的西子灣夢想。他們作品的內容之豐富，正好定義了高雄文學的特質。無論是感傷、悲痛，或熱愛，一定是帶著南方城市陽光的顏色，也夾著港口襲來的海風。高雄文學的入口，就從這本書開始。

二〇一五年十一月六日　政大台文所

風車詩社的文化暗示

——為《日曜日式的散步者》紀錄片而寫

1

殖民地現代主義運動所展現的藝術，一直是相當迷人的議題。一九三五年成立的風車詩社，發行詩刊僅僅四期，卻引發了文學史上無盡的討論。為什麼乍起乍滅的詩社，能夠釋放出致命的吸引力，確實是饒富興味的問題。毫無疑問，一九三五年是殖民地史上極為關鍵的一年。那年，台灣總督府在台北舉辦了「始政四十週年台灣博覽會」，顯然透過這樣的豪華展覽向整個東亞宣告，台灣正式進入成熟的現代社會。對於曾經是瘴癘之地的台灣而言，在短短四十年，就從傳統社會徹底改造成為現代資本主義的殖民地，等於是把人類的歷史進程，濃縮在最短的時間內完成現代化。風車詩社的誕生，似乎也為這樣的社會改造做了最佳旁證。

縱然只是發行了四期的《風車詩刊》，卻為台灣殖民地文學史投下一道燦爛的光芒。即使在二十一世紀的今天，也不能不讓人投以專注而深情的回眸。從文學史的演進來看，一種美學的誕生往往需要漫長歲月的釀造。同時也必須容許更多創作者的參與，才有可能展現藝術特質。這份詩刊，為殖民地文學綻放了奇異的花朵。它完全沒有任何歷史軌跡可以遵循，也沒有任何社會條件足堪前衛藝術的實驗。詩社的城市台南，其實也並不屬於現代化都會。如果要解釋它的存在，也許只能從帝國範圍內的美學發展來觀察。

必須是經過大都會文化的洗禮，也必須是心靈受到現代主義運動的衝擊，才有可能在亞熱帶的土壤上開出異端之花。當時殖民地台灣的文學，基本上是以寫實主義為主流，作品裡往往暗藏著濃厚的社會反映，而且也充滿了批判與反抗。風車詩社無疑是逆著時代潮流而前進，為台灣文學突破了時代限制，也為台灣作家帶來全新而陌生的美學。如果說風車詩社是文學史上的意外與例外，亦不為過。然而，一旦有具體作品正式誕生，便深刻在殖民史上留下鮮明的痕跡。藝術的評價，從來不是檢驗它有多少讀者，也從來不是測量它在讀書市場上的流傳多廣，而是在探索作品本身的內涵與深度。其中表現出來的美學極致，才是文學史家的重要關切。

風車詩社的重要詩人楊熾昌、林修二、李張瑞，走在殖民地社會的最前端。蓄積足夠的勇氣，為台灣人心靈進行大膽的文字實驗。他們所結晶出來的前衛藝術，與當時台灣庶民的生活方式，簡直是處在兩個極端。他們遭到的抨擊，無非是寫出來的詩行脫離整個社會，或者他們被指控耽溺在自己的唯美而孤立的想像。寫實主義詩學的代表，正是台南郊外的左翼鹽分地帶詩人。他們無法忍受超現實的藝術，它不能勝任傳達受壓迫的台灣人心聲。他們以「薔薇詩人」或「貝殼詩人」的稱號，來概括風車詩社的格調，顯然有其焦慮的理由。在殖民地社會，台灣人永遠次等於日本人，而無產階級永遠次等於資本家。這種不公平現象，才是殖民地作家所要揭露的殘酷事實。薔薇或貝殼的命名，就在指控風車詩社無視於台灣社會被壓迫的事實。

從《風車詩刊》的作品來看，可以發現楊熾昌或林修二的批判精神顯然相當薄弱。或者確切地說，他們對藝術的高度關切，遠遠超過對社會的深度關懷。但是從文學史的角度來看，他們的反抗精神也許較弱，卻從未喪失被殖民者的立場。更進一步而言，身為詩人，最重要的實踐並非只是在反映現實或批判現實，而是在創作過程中，如何追求飽滿的藝術性。在批判的實踐上，這群超現實詩人也許繳了白卷，卻不能因此而否定其文學史的位置。恰恰相反，他們的想像引導著殖民地的讀者，走到最遙遠的邊境，觸探到被壓抑的心靈是如何生機勃勃。他們通過文字實驗，鍛鑄新的語法與句式，把內心世界幽微的感覺挖掘出來。那樣的實驗，其實也牽動了許多敏銳的神經，為殖民地藝術找到全新疆界。

在他們的詩行之間，讓我們後世讀者察覺，多少飛翔的意象，承載著殖民地知識分子的無窮追求。殖民地文學的精神內容，並非永遠處在緊繃的反抗情緒。在某些鬆軟而神祕的時刻，對於無法企及的感情世界，殖民地心靈也會憧憬著，嚮往著，試探著。相對於鹽分地帶詩人的寫實傾向，風車詩社創造了另一個精神出口，使生命中的多少苦悶、多少壓抑找到紓解空間。那是殖民地文學的另一種高度，可以看見知識分子在抵抗之餘，並沒有放棄藝術的夢想。

2

《日曜日式散步者》的拍攝，可能是電影工作者的第一部嘗試，以影像方式詮釋殖民地的前衛運動。風車詩社所獲得的藝術啟示，無可懷疑是來自帝國的影響。尤其是帝都東京，在一九三〇年代就已經是充滿了速度感的都會，從街車到霓虹燈，從戀愛到現代舞，正好與殖民地台灣的城市劃清界線。風車詩社的詩人都曾經在帝國留學，也汲取了都會的帝國美學。所謂留學，並非只是在追求知識而已。在帝都生活中，他們也受到異國情調的濡染，從而北國的顏色、氣味、溫度，在無形中也注入他們的血液。在那繁華的都市裡，殖民地心靈簡直毫不設防。讓這些南國知識分子，默默接受人格改造。縱然停留的時間何等短暫，他們內心所承受的文化震盪，恐怕無法以簡單的語言交代。

帝都東京是一隻巨大的蜘蛛。在那裡留學的殖民地知識分子，彷彿是飛蛾那般遭到捕捉。鄉土的本色，木訥的性格，在節奏迅速的都會生活裡，逐漸遭到消化。百貨店的燈光，音樂會的聲調，十字路口的人影，使他們的內心不再寧靜，他們必須敞開胸懷，讓新感覺、新語言、新節奏逐漸改造原有的生命。當他們離開帝都返鄉時，其實是帶著全新的靈魂回到台灣。

殖民地知識分子都有各自不同的回家方式，有些人受到左翼思想的衝擊，最後投入了殖民地的反抗運動，如小說家楊逵，鹽分地帶詩人吳新榮。有些人則受到前衛藝術的影響，使自我靈魂更具敏銳而纖細的感覺，終於把細微的藝術帶回家鄉。新感覺派小說家劉吶鷗，便是在上海租界地開啟新的天地。而小說家翁鬧，則心甘情願駐留在東京的浪人街，最後窮困病逝。風車詩社的創作者，選擇回到故鄉台南，也把帝都的異國情調一併帶回。如果沒有經過帝國美學的洗禮，如果沒有深刻體會都會生活的速度，如果沒有閱讀日本現代運動的作品，楊熾昌、林修二、李張瑞就不可能建立他們的詩風。《日曜日式散步者》所呈現出來的光與影，無論是色調、節奏、氛圍，不能不使觀賞者也陷入那喧囂吵雜的都會空間。

影片中出現的人影、高樓、火車、汽車，甚至是商品招牌、摩登女郎的意象，相當準確呈現了帝國都會的繁華與憂鬱。許多重複的節奏感，也彰顯了現代都會的無聊、孤獨、寂寥。都市景象是那樣熱鬧，卻掩飾不住內心的空洞與單調。而那種疏離感，或是孤島那樣的人格，正是前衛藝術所嘗試要去表現出來的。在錯綜複雜的幢幢人影間，內心孤獨的感受反而特別鮮明。如今回頭捧讀風車詩社的作品，看來是那樣唯美，那樣憂愁，又那樣乾淨。那是經過多少心靈的洗刷與提煉，才能獲得那樣精緻的詩句。殖民地台灣沒有風車，那純粹是帝國的舶來品，卻暗藏了過於豐富的異國情調。

一九三〇年代的前衛詩人，帶著後現代與後殖民的讀者回到前衛的都市。我們幾乎可以想像，這群詩人浮沉於大都會的亂流中，也許曾經失去了文化方位，但是他們終於沒有沉沒。他們帶著飄搖的心靈，泅泳回到故鄉，也帶回陌生異質的現代感，回到亞熱帶的鄉土懷抱，為文學史的流變，創造了一幅全新的圖像，證明殖民地的知識分子，無懼於時代的阻撓，勇敢向前衛藝術飛奔而去。《日曜日式散步者》為我們做了最好的見證，影片中的最後一幕，是戰後李張瑞無可遁逃的命運，慘死在白色恐怖的冷酷判決中。無論他們所追求的藝術有多現代、有多前衛，卻無法遁逃台灣人的歷史宿命。最前衛的詩人，卻遭到前近代威權體制的凌虐，彷彿那是全世界殖民地的共同命運。台灣掙脫了殖民地統治，卻又迎接了另一個再殖民的統治，那是《日曜日式散步者》的悲涼詮釋，也是殖民地前衛運動的悲劇終結。

二〇一六年五月五日　政大台文所

日新又新的新感覺
——翁鬧的文化意義

翁鬧是一個傳奇性人物，就像夜空裡劃過一道彗星，稍縱即逝。那道光芒極其稀薄，卻又相當迷人。在台灣文學史上，受到的議論未嘗稍止。就像日據時代所有新文學運動的作家，懷抱北上東京的願望，只為了能夠在帝都文壇被看見。翁鬧在一九三五年到達東京時，台灣新文學運動正發生左右分裂。如果他留在台灣，他究竟會走社會主義運動，還是選擇現代主義運動，是一個令人深思的問題。如果從當時台灣的社會環境來判斷，翁鬧可能不會寫出新感覺派的小說。畢竟，資本主義與都會生活在台灣還未到達成熟階段。顯然沒有一個恰當的美學土壤，來孕育現代主義作品。

歷史從來不容存在假設性的問題，因為已經發生過，就不可能捲土重來。但是，像翁鬧這樣受到矚目的作家，生命何其短暫，生活何其痛苦，為什麼值得後人再三咀嚼？由於他的早夭，反而使他在文學史上留下一個難解的謎。他所創造的藝術高度，對同輩作家而言簡直是遙不可及。這種文化差距，不僅僅是帝國與殖民地之間的距離所造成，也是鄉土寫實文學與都市現代文學的隔閡所造成。殖民地的、寫實的、鄉土的這些特質，可能很容易定義充滿批判精神的在台作家。而這樣的定義，卻很難概括翁鬧的文學格局。

新感覺派文學崛起於一九二〇年代《文藝時代》，完全是由橫光利一、川端康成所開創。關東大地震的災難之後，日本文壇重新洗牌，左翼文學臻於高潮階段，而新感覺派文學也在這段時期宣告誕生。左翼作家強調的是集體解放，他們強烈批判資本主義帶來的貧富不均，也批判帝國政府與財團的勾結。相對於這種反抗性的文學，新感覺派要求的是積極挖掘個人的內心感覺；並且追求從時代枷鎖解放出來，以獲得個人美學的自由。橫光利一的小說《春天乘著馬車來》，把時代的光與影，現代的速度感，個人內在的終極渴望，都藉由文字的鍛鑄而釋放出來。新感覺派的風潮，強烈衝擊著來自殖民地台灣的作家。

首先是來自台南的劉吶鷗，一九二三年到達東京，正好迎接新感覺派的誕生。這種歷史的巧合，似乎改變了這位殖民地知識分子的心靈軌跡。他在一九二七年遠赴上海，也把東京流行的藝術美學帶到租界地的魔都。他的遷徙途徑，不能不使後人提出一個問題：如果他回到台灣，殖民地土壤是否有可能容許新感覺派文學生根？以台灣文學史來印證，當時的台灣只有一個作家受到注意，那就是賴和，當時他正在創作〈一桿稱仔〉與〈鬥鬧熱〉。這兩篇小說，意味著台灣作家正在嘗試使用漢語，而且也還在摸索現代小說的形式。知識分子面對一個龐大的殖民權力，恐怕沒有心情營造內心細微而精緻的感覺。他肩負著思想解放的使命，顯然無法照顧個人心理層面的渺小波動。劉吶鷗如果選擇回到殖民地，今天就不會有他在文學史上的所受的評

翁鬧（1910-1940，繪圖／黃昶憲）

價。恰恰就是他前往大都會的上海，在霓虹燈光輝映的十里洋場，恰好可以接納他在新感覺派美學的耽溺。

將近十年之後，翁鬧也投入帝都的生活。以他的窮困潦倒，似乎無法培養耽美的新感覺。然而，東京的繁華媚惑著殖民地青年的心靈，就像一隻小小的飛蟲，落入現代都會的巨網裡。這位殖民地作家到達都會時，也正是日本統治台灣屆滿四十年的時候。縱然台灣總督府刻意舉行「始政四十週年台灣博覽會」，但是海島現代化的高度與深度，尚不足與殖民母國相提並論。身為次等國民的作家，自有其特定的文化限制。他是橫跨三種語言的知識人，包括中國白話、日語與台語。這種複雜的文化交錯，自然而然形成他靈魂深處的感覺。

當他投入新感覺派的文學創作時，其心理感受與日本作家的距離其實相當遙遠。在面對現代化的成就時，先天就產生一種文化位階的高低。必須理解這種苦澀的滋味，才能接近他心靈深處的情緒波動。無論是〈天亮前的戀愛故事〉或〈殘雪〉，都可清楚看見翁鬧有意無意之間洩漏某種自卑感。那不只是對女性愛意的未遂症而已，也強烈暗示著帝國與殖民地之間的無可彌合。新感覺派強調為藝術而藝術，也揭示心理底層的微妙變化。翁鬧的文學意義，正好點出日本作家與台灣作家截然不同的感覺。

如果觀察較早到達東京的巫永福，更可以幫助說明翁鬧內在的矛盾情結。在〈首與體〉那篇小說，典型顯示了殖民地知識分子在思想與行動之間的矛盾。「首」代表著某種價值的嚮往，「體」則意味著具體實踐行動之欠缺。來自鄉村型的殖民地台灣，對於現代化當然懷有高度期待。然而他的生命根源，仍然深深種植在台灣土壤。這篇小說耐得起長期的反覆討論，就在於作品內容恰如其分反映了台灣作家的兩極矛盾。巫永福如果繼續留在東京，也許可能會比翁鬧更早成為新感覺派的實踐者。但是他終於回到台灣，回到現代化不完整的殖民地社會。客觀的歷史環境，決定了巫永福不可能持續創作新感覺美學的小說。

相形之下，翁鬧即使淪落在東京的都市邊緣，竟寧可維持波希米亞式的流浪生涯。或許是大都會霓虹燈放射出來的燦爛色彩，或許是城市電車傳來敲打的鈴聲，在他魂魄裡釀造鬼魅的引力。這種五光十色的現代感，絕對不可能出現於海島台灣。他失去生活的能力，卻獲得靈魂上的滋養。大約也只能從這個角度來詮釋，才有可能了解這位疾苦作家所遇到的悲慘命運，也更能理解現代化的大都會生活對他所造成的文化衝擊。

翁鬧在台灣文學史上受到的議論，毫不稍讓於富有抵抗精神的賴和、楊逵或呂赫若。有關他的研究，永遠不會過時。他所生產的文學作品，縱然極其有限，卻容許後人擁有一個無窮想像的空間。他的美學內涵足以道盡現代性的迷人與惱人，也足以顯現殖民地作家的追求與挫折，以及內心的理想與幻滅。真正的藝術，永遠禁得起反覆的挖掘與咀嚼。或許，還有遺漏的史料未曾發現，這樣的殘缺可能就像翁鬧生命那樣，留下巨大空白，卻值得讓後人不斷填補。黃毓婷的這部翻譯，應該是到目前為止最為完整的一冊。她的譯文精確而清麗，足可負載翁鬧的靈魂到當代讀者手上。十餘年前，黃毓婷是我教室裡的一位學生。她遠赴東京大學讀書之後，信息便斷斷續續。如今她交出這本翻譯，已足夠讓師生情誼失落許久的空白再度填滿。

二〇一三年十月廿一日　政大台文所

張深切文學的歷史意義

一、歷史夾縫中的張深切

殖民地作家文學評價的重新評估，大約在一九八〇年代以後逐漸蔚為風氣。三十餘年來，有關殖民地文學的討論，可以說進入一個相當成熟的狀態。到目前為止，一九二〇年代、三〇年代的重要作家，他們文學的業績與成就，以及他們對社會、政治所具有的意義，幾乎都受到全面討論。相對於賴和、楊逵、呂赫若或龍瑛宗所受到的重視，張深切所扮演的角色，似乎稍稍被忽略。論政治運動，他早年在廣州所進行的台灣獨立革命運動，應該算是先驅者。論文學運動，他在一九三四年台灣文藝聯盟成立時所扮演的關鍵角色，也應該具有舉足輕重的地位。論歷史記憶的保存，他在戰後所寫的四本厚厚的回憶錄，遠遠勝過同時期日據作家所留下來的紀錄。然而，在歷史評價上，張深切一直沒有被視為歷史舞台上的主流人物。

對於文化事業，張深切從日據到戰後，都抱持巨大的野心。他在劇場運動上的貢獻，似乎也毫不遜於同時代的戲劇工作者。在創辦雜誌方面，他不僅是三〇年代《台灣文藝》的主要發起人，在四〇年代，他在北京也是與周作人合辦《中國文藝》的要角。從海島到古老的亞洲大陸，他的活動範圍可以說相當廣闊。即使是以中國新文學傳承的脈絡來看，他在二〇年代與中國新文學的大師魯迅也曾經有數度的過從。解讀一位歷史人物的格局，似乎應該從縱的時間軸來考察，同時也應該從橫的空間軸來評估。所謂時間的軸線，便是把他放在不同的年代進行分析。所謂空間的軸線，則是把他放在政治、社會、文化的不同脈絡來透視他。無論從任何一個角度來看，張深切都是一時的人物。他的歷史投影拉得很長，但是所得到的評價卻相對稀少。這是一個罕見的現象，也是蓬勃的台灣文學研究中極為寂寞的一位。

他在《我與我的思想》自序裡，坦白承認：「最近為了自己常被人誤會誤傳，因是吃了不少的虧，生恐再遭『讒生投抒』之禍；不得已，乃決定藉這韜晦的時期，寫一篇表白我與我的思想。」這段話寫於一九四七年九月，也就是二二八事件發生之後的緊張時期。如果知道當時的狀況，張深切事實上一直在逃亡中。所有親友不僅不敢保護他，而且家中照片凡是出現張深切的面孔，都會被挖空，以保安全。局勢之險惡，幾乎可以想像。當他說，「常被人誤解」，顯然是實情。戰爭期間，戰後初期，他的政治立場不免受到強烈誤解。在《台灣文藝》時期，由於他站在楊逵的對立面，而使整個文藝聯盟發生分裂，這項歷史公案至今還沒有獲得清楚的解釋。再加上楊逵在戰後的歷史地位不斷提高，張深切的位置就越來越被邊緣化。左翼知識分子認為他是右派，而右翼知識分子則認為他是左派。他確確實實是一個殖民地反抗者，但是因為與周作人一起合辦《中國文藝》，好像又被懷疑是一個通敵者。然而，在北平時期，他的所作所為，也遭到日本興亞院當局的懷疑，甚至還派憲警監視。

具體而言，他在統治者與反抗者之間的夾縫裡，找不到安頓的位置。在左派與右派的意識形態對立中，他也無法找到恰當的依歸。在中國與台灣的政治立場之間，他的國族認同似乎也找不到清楚明確的定義。在政治運動與文學運動之間，他所提出的主張，似乎很少受到多數人的呼應。如果以楊逵的志業來對照，當可發現，他是農民運動者，左派思想者，文學實踐者。從這三個領域來看待楊逵，有一個輪廓非常清晰的形象，浮現在讀者面前。換言之，從意識形態、階級立場、行動實踐的三個層面來看，都有一個信念主軸貫通起來。相形之下，張深切的不同行動，好像都是各說各話，很難一以貫之。

然而，爭議如此高的歷史人物，還是有其重要的文化意義。尤其他所留下的一部回憶錄《里程碑》，又名《黑色的太陽》，是橫跨二十世紀初期到六〇年代的可貴見證。他在不同時期所遇見的不同政治領袖，都可在這部回憶錄找到罕見的影像。整個殖民地時期的反抗與挫敗，也可在他的文字紀錄裡找到旁證。而更重要的是，他在歷史洪流中浮沉時，可以說親自涉入帝國主義、殖民主義、資本主義的無情沖刷。拉高一點來看，這部文字豐富的回憶錄，正好反映一位知識分子在承受權力干涉時，所產生的寂寞、孤獨、頹廢、掙扎，簡直給後人帶來歷歷在目的見證。或者更確切地說，如果吳濁流所謂的「亞細亞的孤兒」一詞可以成立的話，張深切正好是一個恰如其分的典型人物。

他生在一個精神出口全面遭到封鎖的時代，縱然果敢投入了政治反抗與文學書寫，他心裡確知，在他有生之年，完全看不到台灣社會獲得解放的可能。從這個角度來觀察，我們不能不承認，這是一位悲劇型的人物。知其不可為而為，在一定程度上是具有浪漫精神。他可能不是居功者，從歷史評價來看，他應該是開創者。回到一九三〇年代的歷史情境，當台灣社會陷入經濟蕭條的深淵，而殖民者正在擴大權力壟斷的關頭，他號召台灣文學運動者集結起來，在台中成立台灣文藝聯盟。僅此一點，這樣的貢獻就值得大書特書。他曾指出，組成這個文藝團體，既是「確保台灣精神文化的基礎」，也是「對異族表示堅毅不移的抵抗」。從文學史的角度來看，便可發現這項行動的深層意義。因為這是當時台灣作家陣容最為整齊的結合，其目的在於創造具有台灣特殊性格的文學作品。就後殖民的思考而言，那是對殖民者最為直接的批判。

張深切在文藝聯盟裡，採取兼容並蓄的寬容態度，希望讓左右兩翼的台灣作家可以盡情發揮他們各自的想像。不過，他也懷疑「偏袒的、機械的、狹義的」意識形態，認為文學應該與時代並駕齊驅，隨著「歷史的演進而演進」。這種提法，顯然與左翼文學運動者的階級立場相違。具體而言，張深切不是左派的階級立場者，而是鮮明的右派民族立場者。階級路線與民族路線的相互頡頏，構成了一九二〇年代台灣政治運動的主軸。而兩條路線的抗衡，也延續到一九三〇年代的文學運動。站在右派立場的張深切，最後終於不能不與鮮明左派的楊逵發生衝突，而兩人的對立，也無形中成為他戰後歷史評價的根源。

在二二八事件期間，台灣知識分子都被迫保持高度的沉默。在那段危疑時期，作家留下的文字紀錄極為罕見。例如吳濁流寫出《黎明前的台灣》，楊逵為銀鈴會的油印刊物《潮流》所寫的發刊前言，都是當時最嚴厲時期所留下的文字。而張深切在逃亡藏匿時，卻寫出《我與我的思想》，《獄中記》，以及《在廣東發動的台灣革命運動史略》，可以說是最為多產的一位。

選擇在最險惡的環境留下歷史紀錄，想必有他的用心所在。

他畢生所有的著作，《里程碑》應該是公認的一部歷史證詞。當他用黑色的太陽來形容自己所穿越的歷史階段，便足以彰顯他命運之黯淡。因為日本帝國主義的旗幟是太陽旗，戰後來台灣接收的國民黨政權，旗幟也是太陽旗。因此，他的書名便有強烈的暗示，也就是從殖民時期到戰後時期的台灣處境，都是處在黑色太陽的籠罩下。《里程碑》完成於一九六〇年代，但是書中的紀錄，則是止於日本戰敗。在第四冊的最後一段，他說：「祖國勝利了，台灣光復了，恨其不倒的敵國都垮下去了，誰不喜歡，誰不高興；但我呢，養育我的父母，生我的雙親都死了，他們臨終時沒有一位見著我，如今我又拿不出什麼可以安慰他們在天之靈，這不孝的大罪如何贖得？怎麼叫我不哭！」

完成回憶錄時，應該有喜悅之感，他卻以慟哭作為結束。戰爭結束那麼久，在當時戒嚴時期，恐怕張深切沒有獲得解放的感覺。他的父母在殖民地時代受到高壓統治，自己又受到政治權力的高度干涉，這才是回憶錄微言大義之所在。完成回憶錄以後的張深切，似乎開始進入頤養天年的階段。他的兒子張孫煜所寫的〈懷念我的父親張深切先生〉，幾乎可以讓後人窺見他不快樂的一生。他說：「家父不是無政府主義者，也不是共產主義者，是一位道道地地的信奉民主自由者，是一位永遠不滿於黑暗現實的戰士；日治時期，因為堅持抗日，號召台灣獨立民主自由而入獄；戰後以為宿願已償，可一展抱負，不意更可怕的國民黨恐怖專政接踵而來。」身為長子，貼近觀察父親的一生，終於寫出如此令人浩嘆的文字，其心中之虧欠與遺憾，躍然紙上。台灣歷史發展過程，一直受到曲解與誤解，與張深切的生命來對照，正好得到確切的印證。

二、張深切的歷史評價

張深切去世於一九六五年，當時正是戒嚴體制臻於最高階段。這樣一位曾經穿越轟轟烈烈的時代，無論在政治領域或在文學領域，都曾經扮演相當關鍵的角色。由於台灣社會患有歷史失憶症，再加上黨國鷹犬的密切監視，這位風雲人物只能默默以終。較諸一九七六年吳濁流的去世，或一九八四年楊逵的離去，他所受到的歷史評價，就相對比較少。台灣文學與台灣歷史的研究，必須要等到一九七〇年代中期，才出現曙光。由於失憶症的嚴重影響，台灣社會對於先人曾經努力過的業蹟，幾乎是停留在模糊隔閡的狀態。張深切沒有得到恰當的重視，自是可以理解。一九九八年《張深切全集》終於宣告出版，顯然已經遲到了。面對他遺留下來的龐大作品，不能不令人感佩。他在殖民地時期，曾經到過廣州、上海、北京，並且也曾經與魯迅有過見面的機會。在戰爭時期的北京，他還與魯迅的弟弟周作人合作，創辦《中國文藝》雜誌。必須要等到全集出版以後，當代讀者才首度認識了他清楚的歷史軌跡。

張深切跨越的領域太廣，同時在政治運動與文學運動，進行雙軌式的追求。對於他的相關討論，往往只能就一定的領域去考察，例如他參與了廣州、台灣獨立革命運動的歷史，就不能從文學角度去看待。又如他介入了一九三四年，台灣文藝聯盟的成立，就無法以他個人的政治主張來評價。誠實而言，張深切能夠在殖民地時期使用漢文書寫，已經是非常不容易的事。比起他的朋輩之使用日語書寫，確實有其值得注意之處。然而，他的漢文表達能力，有時欠缺邏輯思維，有時辭不達意，反而阻礙了後人對他的理解。

從思想的光譜來看，他應該是屬於中間偏右的溫和派，在一定程度上，他是屬於自由主義者。因此，從事政治運動時，他對於左派知識分子抱持一定程度的批判態度，這說明了為什麼日後他會與農民運動者楊逵決裂的原因。如果專就他的文學主張而言，他的創作精神與藝術立場，都是採取開放的態度。在一九三〇年代，發生台灣話文論戰與鄉土文學論戰之際，他認為所有的文學一旦書寫出來，便是屬於鄉土文學。自由主義者的思考往往有一種局限，便是很難接受左派知識分子的激進立場與批判態度。由於無法接受這樣的言論或主張，反而暴露了他自由主義的限制，欠缺一種寬容的態度。

這本有關張深切的資料彙編，第一部分是有關他友人所寫的回憶片段，第二部分則是後人，尤其是一九九〇年代以後，所發表的研究論文。距離他去世，已經超過三十年以上。如果沒有黃英哲教授的奔走，並蒐集相關史料，則日後的《張深切全集》也許無法出版。收在這本書裡的黃英哲所寫〈張深切的政治與文學〉，是相當重要的一篇。這位受過歷史訓練的學者，把張深切的生平分成八節來討論：一、張深切在日據時期台灣知識分子中之定位，二、關於民族意識之覺醒，三、「台灣自治協會」時期，四、「廣東台灣革命青年團」時期，五、戲劇活動與政治運動，六、「台灣文藝聯盟」時代，七、《中國文藝》時代，八、返台與歸隱。這可能是張深切去世後，最為全面的介紹，對於後人的理解頗具貢獻。一九二三年，張深切參加上海的台灣自治協會，可以看出當年他並未與左派知識分子有任何隔閡。因為這個組織同時容納了左派與右派的運動者，又過一年，張深切參加廣東的革命青年團，仍然與左翼色彩的知識分子有所往來。這個團體主張台灣獨立，主要原因是殖民地知識分子對於中國的絕望，認為不可能「回歸祖國」，遂有獨立之志。

張深切從政治運動轉向戲劇與文學運動，濫觴於一九三〇年。他創立台灣演劇研究會，特別揭櫫「文藝大眾化，須從演劇做起」的主張。這是因為他在東京時期，觀看過日劇《金色夜叉》所獲得的靈感。這樣的轉向，是由客觀環境所決定，因為一九三〇年以後，日本警察開始對台灣政治運動者展開逮捕，所有的思想與主張很難找到伸張的空間。他應該是最早覺悟的政治運動者，即使是從事戲劇與文學活動，也可以表達對殖民地統治的批判。一九三四年五月六日，張深切作為台灣文藝聯盟的發起人之一，開始了他的文學時期。參加這個組織之後，他與楊逵的政治理念格格不入。身為左派知識分子，楊逵強調文學作品應該具備階級立場。相對的，張深切則主張文學應該強調民族立場。只要是台灣作家所寫出的任何作品，都是屬於台灣文學。由於政治立場的衝突，終於導致台灣文藝聯盟的分裂。一九三六年，聯盟裡具有左派色彩的作家，包括楊逵、賴和、賴明弘宣布退出，另外組成《台灣新文學》雜誌，而《台灣文藝》也在同年八月宣告停刊。

黃英哲指出，張深切早期的政治活動以及在台灣的文學活動，都受到日本特高警察的監視。一九三七年中日戰爭爆發後，張深切特地前往北京。由於具有「漢族出身之日本帝國臣民」的身分，他以中日親善的名義前往淪陷區。他與周作人合作，創辦《中國文藝》，在創刊號〈編後記〉特別強調：「吾人不怕國家的變革，只怕人心的死滅，苟人心不死，何愁國家的命脈會至於危險，民族會至於淪亡？」這樣的見解，仍然是從民族立場出發。而這樣的民族內容，則是以漢人的觀點來概括。在一定程度上，他與周作人之間存在著緊張關係。稍後，日本特務懷疑他的政治立場，遂逼迫他離開這份雜誌。張深切戰後在一九四六年回到台灣，第二年立即經歷二二八事件，並開始逃亡。這是他最不得志的階段，黃英哲的文章寫到此處，幾乎充滿了悲涼與嘆息，尤其對於張深切晚年台語片的拍攝，更加彰顯他從事戲劇、電影活動所遭到的歧視與羞辱。這篇論文確實概括了張深切一生的起伏動盪，對於他人格與志業的描述，可以說相當濃縮而精簡。

相對於黃英哲的概括敘述，邱坤良所寫的〈從文化劇到台語片——張深切的戲劇人生〉，則是大量集中於張深切在台灣戲劇運動上的貢獻。這篇文字討論了戰前張深切的演劇經驗，他特別強調這位知識分子所受到的不公平待遇，尤其是他在一九五四年完成的《孔子哲學評論》，竟在出版不久即遭查禁。在思想封閉的年代，日據知識分子的苦悶，當可想見。他一直在尋找精神出口，遂投資於電影事業，並在一九五七年拍攝《邱罔舍》的影片。未料，賣座不佳，導致負債累累，頗受打擊。從此開始進入他悽苦的晚境，雖在台中經營了一家「古典咖啡室」，成為他人生最後的精神寄託所在。

在這段期間，張深切寫了幾冊電影劇本，包括《邱罔舍》、《婚變》、《生死門》、《再世姻緣》、《人間與地獄》、《荔鏡傳》，以及電影小說《遍地紅》。在這些劇本裡，他大量使用閩南語作為對白，可以看出他的用心良苦。其中最有趣的部分，邱坤良指出，便是利用台語的發音強弱，來製造歧異性的表達。例如，邱罔舍理髮時，告訴師傅「不剃留著要享福」與「不剃，留著要享福！」這兩句話等於是對理髮師的一種調侃，把民間生活語言做了生動的表述。又如，他使用台語的「惘」，在劇本中做不同的表達。例如，「惘你的死人，惘你的腳倉」或

「我干擔要看你惘耳耳，你趕緊惘，快！」輕聲的惘，有摸的意思，第四聲的惘則有迷惘的意思，同時也有捉弄的意涵。邱坤良這篇文章，可以說是學界第一次仔細研究張深切劇本的論文。從現在的角度來看，他的表現手法，或許失諸於幼稚，但是，必須把他放回當時的政治、社會、文化的脈絡，去了解他的心情，就可以體會到這位電影先驅「與激流作戰」的熱情與毅力。

有關戲劇的討論，本彙編收入另一篇年輕世代學者所寫的論文〈論張深切的《邱罔舍》劇本對民間文學的繼承與改造〉。從題目可以體會，作者林培雅並沒有說張深切對民間文學的貢獻，而是以繼承、改造的字眼來描述，確實有其微言大義之處。作者集中在《邱罔舍》這個劇本的討論，特別指出張深切是延續日據時期文藝大眾化的主張，寓教於樂。作者說，當時台語片基本上充滿哭哭啼啼的聲音，張深切則反其道而行，刻意用鬧劇或笑劇來取代那時的電影風氣。這篇文章以表格分成幾種鬧劇的戲段，包括「新年戲弄小孩」、「戲弄賣麵的」、「戲弄理髮匠」、「戲弄轎夫」、「放大砲」、「鱸鰻精轉世」、「戲弄賣柴的」、「戲弄算命的瞎子」、「戲弄伯父」、「助三叔納妾」，以說明當時民間故事的書寫者，如靜香軒主人、李獻璋等人，在他們民間故事的蒐集裡，都出現同樣的情景。作者由此證明，張深切是繼承了過去的既有故事情節。但是，也有改造的部分，為的是讓整個故事更加生動有趣。流傳到今天的張深切劇本，可能是屬於靜態的文字，但進一步去考察的話，便可發現他當年的用心良苦。

幾位新世代學者重新討論張深切的文學軌跡，容許我們可以進一步了解這位悲劇知識分子的人生曲折。崔末順教授博士論文〈現代性與台灣文學的發展〉（二〇〇四），其中的一節是「張深切的道德文學論」，重新檢討日據時期台灣文藝聯盟成立時，發表的一篇〈對台灣新文學路線的一提案〉。這是在浩瀚研究的縫隙裡，她找到一個可以切入的缺口。作者在於強調，在殖民地社會台灣作家所提的文學主張，大約就是張深切所分類的主觀的人道主義或道德主義，與以科學社會主義為背景的階級道德主義。事實上，張深切的這種提法，是為了避開右派與左派的敏感字眼。崔末順指出，張深切所要建立的文學路線，既不是強調經濟因果的普羅文學，也不是重視生理變化的自然主義文學，而是建立在人的生理變化，再加上經濟因素與民主生活的台灣氣候風土。這可能是有關張深切文學主張，分析得最為精闢的一篇文章。具體而言，張深切的書寫策略，刻意以道德文學一詞來彌補普羅文學所無法達成的民族性或地域性，同時也為了過度強調民族主義的右派路線，而以道德文學來強調民族主義文學。就像作者所說，張深切從來不是一個社會主義者，當他選擇合法性的文學運動時，就已經投入了右派陣營的文學主張。從這個角度來看，他後來會在北京加入「東亞共榮協會」，也是由他的理念而導致的。這篇文字相當深入挖掘了張深切的思想發展軌跡，頗值得再閱讀。

另外一位年輕學者黃惠禎，她所寫的博士論文《左翼批判精神的鍛接：四〇年代楊逵文學與思想的歷史研究》，其中第二章有一節，集中於討論「楊逵與文聯張深切等人之爭」。日據時期左右新文學家的對峙與對話，已經是文學史上的一樁公案。他們都在爭取文學大眾化的論述權，如果回到歷史現場，落實在具體的雜誌環境裡，可以嗅出左右雙方都在爭取編輯權。當時的日本作家田中保男，認為台灣文藝內部成員具有「血」的不同，作者又同時引述當代日本的台灣文學研究者河原功所說的，台灣文藝聯盟內部，分成左派如，楊逵、賴明弘、賴慶、廖毓文、李獻璋、吳新榮，以及右派如，張深切、張星建、劉捷。雙方其實都是由於血的不同，而發生經營的派系化，甚至自以為是的編輯。這樣的分析，可能更符合當時的文學生態與意識形態。雙方分裂的爆發點，就在於藍紅綠所寫的〈邁向紳士之道〉，招到張深切的退稿，而引發不同陣營的爭論。那種暗潮洶湧的實況，可能已經不是我們後人能夠貼近並想像的。

年輕學者黃文成所出版的博士論文專書《關不住的繆思：台灣監獄文學縱橫論》，特闢一節討論張深切的監獄生活。其中以張深切所寫的《獄中記》為中心，在這本回憶錄裡，特別點出幾個當時的台灣「御用仕紳」，包括辜顯榮、林熊徵，在書中被稱為辜逆、林逆，說明張深切本人所強調的民族立場。作者也指出，張深切在文字裡，把當時的台灣社會形容為「一座大監獄，監獄裡滿目皆是牆壁、鐵鏈、看守和汗臭薰人的囚衣」。他甚至進一步形容，監獄是「超越民族界線之日籍牢囚」。這樣的形容，可以說非常精準而入木三分。張深切在監獄裡面的觀察，其實已經提供後人可以窺見在殖民地生活的困境。他的反諷尤其強烈，只有在監獄裡，所有的民族界線、階級界線、性別界線都被拆解，每個人的身分都很平等。這篇文章也特別點出，張深切在監獄裡閱讀了聖經、孔子、老莊、佛教經典以及馬克思主義的論著，彷彿監獄是台灣政治運動者的先修班。因為涉獵了這些書籍，反而使他出獄後，能夠具備絕佳的知識判斷能力。

本書收錄的最後一篇文章，是日本學者木山英雄所寫的〈讀張深切「北京日記」〉。木山英雄是日本學界的周作人專家，寫過一篇長文〈周作人陷落顛末〉，後來改寫成專書《周作人「対日協力」の顛末——補注『北京苦住庵記』ならびに後日編》。而張深切是跟周作人合作，在北京主編《中國文藝》。從台灣作家的角度去描寫周作人，正好可以看出周作人與他的學生沈啟无是如何決裂。如果我們考察周作人所寫的《周作人回憶錄》，其中有一章是寫「破門事件」，就在於交代這位大師是如何與學生發生嫌隙。所以木山英雄藉由張深切的「北京日記」，而透視了其中政治鬥爭的細節。木山英雄指出，當時周作人掛了一個閒差「華北教育委員會之教育督辦」，由東京日本文學報國會所派來的「文化使節」林房雄，則拉攏沈啟无來對抗周作人。木山英雄特別強調，他對照了張深切的《里程碑》以及周作人所寫的《北京苦住庵記》，發現兩人所敘述的事實沒有衝突，因此，更加可以證明《里程碑》史料的可靠性與可信性。

本彙編所收的前半部文字，都是張深切本人的著作序言，以及同時代的朋友所寫的追憶與追悼。他同時期的作家包括洪炎秋、徐復觀、陳逸松、郭德欽、林芳年、巫永福以及他的兒子張孫煜，從他們的文字幾乎可以看到戰後時期，張深切的落寞與落魄。曾經在一個時代裡，懷抱改革志業的台灣知識分子，經歷過多少驚濤駭浪的不同生命階段，也承擔了民族解放與文學運動的重責大任。卻在殖民地結束，國民黨來接收之後，被迫扮演一位沉默、委屈、挫折的老人。年少時期，胸懷大志，就是要改造時代的政治環境。這樣一位野心勃勃的青年，反而在戰後，被徹底改造了晚年。編輯這本書時，不免對於跨越時代界線的知識分子，懷有悲憫心情。歷史不可能重演，我們只能以這樣一部彙編，重新回看他既豪壯又苦澀的一生。

二〇一四年十二月五日　政大台文所

張深切《張深切全集》

楊牧散文的抒情詩學

楊牧是屬於印刷時代的詩人，他也許趕上了迅捷的傳真機，卻不必然追得上真幻莫辨的網路世紀。這世界演變得過於迅速，當所有記憶可以存檔在雲端時，詩人還是比較相信置放在手邊的稿紙。縱然字跡泛黃，甚至紙張開始起毛，他仍然相信，自己所寫下的一字一句，飽滿地負載著真實的情感。文字不是虛無縹緲的符號，而是從心靈底層湧發上來的生命質感。無論墨水顏色有多陳舊，蜿蜒的筆畫始終緊緊抓住時間不放。從內在思考到字跡浮現，那是一貫作業。畢生創作出來的每一詩行，每一句型，無不以著墨跡鏤刻而成。

楊牧散文，是詩的延伸。他在詩與散文之間的雙軌營造，構成了戰後美學的重要風景。他是台灣現代主義運動的先行者，更是抒情傳統的傳承者。然而，他散文藝術高度的形成，也受到西方浪漫主義的濡染。閱讀他的詩與散文，可以發現他不僅橫跨東西方的美學，而且也出入古今。他在現代文化與古典精神之間取得平衡，從而具體表現在創作的實踐。

他的學術志業，以古典的《詩經》為起點，那正是中國文學「詩言志」的抒情源頭。他關注中國新文學作家如周作人，徐志摩，朱湘，也正是傳統詩言志的延伸。這種強調「情動於中，發言為詩」的美學，也遙遙與西方浪漫主義詩派相互呼應。楊牧所著迷的詩人，英國的濟慈，愛爾蘭的葉慈，恰是西方浪漫精神的重要據點。知識上的涵養，足以暗示他畢生在文學上的追求。

在作品裡，不時可以發現他動用古典的冷僻文字。為什麼他酷嗜如此？曾經在一次詩朗誦會上，楊牧大約這樣回答：恰當使用古典字眼，可以使它重新復活。這種毫不猶豫的嘗試，本身就是屬於浪漫的詩情。勇敢面對傳統，試探傳統，驅使傳統，絲毫無損他的現代精神，反而豐富了文字的意象與意義，也加寬加深他的美學尺度。創作的目的，並非只是展現自我的才情，而是能夠帶動詩人周邊既有的文化能量。朝向古代招魂，使古典起死回生，無疑就是楊牧詩學最迷人的藝術。化古為今，又豈僅是浪漫而已，他無疑是在試探自我生命的韌性與張力。

自《葉珊散文集》以降，他就不斷尋找散文的各種可能形式。白話文畢竟是一種過於貧弱的語言，如果怯於鍛鑄，懼於改造，便永遠停止在「我手寫我口」的層面。台灣現代主義者如余光中、白先勇，都是具備充分勇氣的語言革命者，帶領台灣文學進入另一藝術高度。青年楊牧，很早就參加這個革命行列，而且成果斐然。他的書寫工程令人矚目之處，就在於投入詩與散文之間的焊接。當他還在三十歲的年代，就已經完成《年輪》這部詩文交響的作品。到今天為止，似乎還沒有多少創作者敢於嘗試類似的實驗。

《年輪》之後，有《疑神》，之後又有《星圖》。三本作品羅列起來，幾乎可以窺見詩人

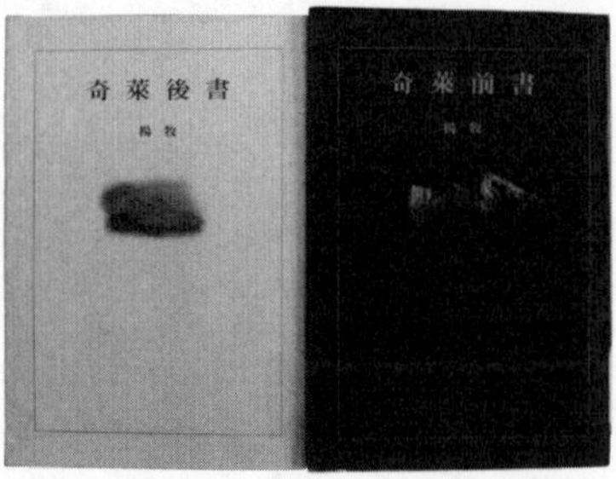

楊牧的《奇萊前書》與《奇萊後書》

內心世界的翻滾騷動。楊牧的詩學與哲學，都以散文形式呈現出來。他的筆鋒，觸探了愛欲生死的奧祕。自稱「安那其主義者」（anarchist）的楊牧，在世俗中全然不服從政治權力，對於人間的名利誘惑不為所動。他的最高嚮往境界，無非就是浪漫主義的真與美。他質疑戰爭，質疑宗教，質疑政治，世俗的權與力最後都要歸於虛無。唯一毫不懷疑的，是永恆的詩與愛情。藉由詩與散文兩種文體之間游移擺盪，他找到藝術精神的安頓。那是他獨一無二的信仰。

他散文書寫的峰頂，定位在《奇萊前書》與《奇萊後書》的兩部回憶散文。他的生命始於性的啟蒙，知識啟蒙，政治啟蒙，進而在知識與藝術中的反覆求索，以及在陌生土地的浮游飄泊，終而覺悟故鄉花蓮才是他終極的歸宿。他在漫長旅途上所嘗到的怔忡，懷疑，追尋，嚮往，準確描繪了一位戰後知識分子是如何塑造，如何成長。經歷了時代的多少倉皇與折磨，都注定要沉澱成為一首苦澀而甜美的長詩。在台灣文學史上，他構築起來的回憶工程，是何等悲壯，又何等壯美。

楊牧是印刷文化的最後世代，直到今天，只要持續寫稿，他仍然眷戀著藍色墨水的蜿蜒筆跡。那種篤定、沉毅的手感，容許他以著信心寫出抒情詩與敘事詩，也讓他寫出寓言與劄記。而更重要的，也讓他寫出風格獨特的懺悔錄。他的抒情近乎詩，而詩，正是他靈魂裡唯一的神。

二〇一四年九月一日　政大台文所

當紫色變色時

——讀謝里法《變色的年代》

戰後初期是一個既迷人又惱人的歷史階段。從國民黨接收到二二八事件，中間只有一年四個月。在那段壓縮的時間裡，迸發出來的文化能量，非常豐富而龐雜，到今天仍然令人感到不可思議。在那樣短促的時間裡，如何掌握當時知識分子的心理狀態，對於史家可能是極大挑戰。當大和民族主義驟然消失，而中華民族主義忽然在台灣登場，那種迅速的翻轉，自然使知識分子的文化認同產生危機感。在那個時代，哪個人沒有過去？但是，歷史舞台上的背景迅速被抽換時，原來的價值觀念或政治立場，是不是還可以繼續保持下去？站在相同舞台、不同背景的台灣人，顯然面臨一個角色必須變換的急迫感。

迎接一個新時代，在喜悅中揉雜了深層的徬徨，在期待裡也伴隨著高度的失落。一九四五年八月十五日之後的台北城，忽然在街道上流傳著不同的語言。在戰爭末期，大概只聽見日語與台語。日本投降後，一夜之間，浙江話、福州話、上海話、四川話，此起彼落湧入街頭巷尾。新時代已然降臨，旗幟也跟著變色。同樣是象徵太陽，政權卻已經轉移。一九三八年出生的謝里法，以著孩童的眼睛，見證大人們的倉皇神色。涉入時代交替的洪流裡，即使在幼稚的心靈中，也能感受到沖激的力量。長大成人後，當他能夠以油彩描繪他的內心風景，成長歲月的早期記憶仍然對他的靈魂不停召喚。出身於台北大稻埕的他，長年就在庶民文化的流變中，受到薰陶。他的記憶特別豐富，有些是得自聽聞，有些是來自閱讀。全部匯集起來之後，便形成巨大力量，要求他書寫下來。

繼二〇〇九年《紫色大稻埕》的小說之後，他又寫出《變色的年代》。他具有歷史慧眼，能夠穿透各種遮蔽，而抓住關鍵事件與關鍵人物。前一本小說是以日據時代的「台展」為中心，寫出資本主義發展與現代化過程中畫家的誕生。這本小說，則是以戰後初期所建立的「省展」為主軸，描繪知識分子在文化變遷中的舉止進退，這是他最為敏銳之處。日據時期與戰後初期的台灣美術家，能夠找到相互觀摩、相互切磋的場域，莫過於官方所舉辦的美術展覽。美展必須經過篩選的過程，決定誰進來誰不進來，頗有武功較量的意味。在入選與淘汰之間，正好可以彰顯藝術家內心的得失輸贏。這種心理變化，可以解釋文化發展的幽微過程。美展進行時，也可以吸引當時的最佳心靈聚集在一起。在臧否畫家之際，暗暗透露人心的好惡。或者確切地說，那正是一個人格表演的展覽場。僅此一點，正好可以窺見謝里法的史筆，史法，史識。

在嚴肅的美術史研究之外，他選擇小說形式來呈現具體的人物，恰恰允許他可以把不確定的時間與空間融合起來。他架設了一個虛擬的舞台，邀請心目中的美術創作者投身演出。他想像出來的歷史世界，既然不必受到特定時間與空間的限制，小說中的畫家出場時，當然也獲得肆意縱橫的表演。

一九四五年十月二十五日，台灣行政長官公署成立時，代表台灣戰後歷史的開端正式奠定。行政長官陳儀，浙江人。他受命來台主政，理由很簡單：由於曾經留學日本，並且娶日本女子為妻，相當熟悉日語；又因為曾經擔任過福建省省長，因此也非常熟悉閩南語。一九三五年，台灣總督府在台北舉行「始政四十週年台灣博覽會」，陳儀曾經以省長的身分來台演講，稱讚台灣人很幸福，因為能夠接受日本現代化的洗禮。他從來不曾預見十年後，居然是以國民黨官員來接收。那時，他以勝利者的身分表示台灣人受到奴化教育。短短十年之間，現代化變成奴化，歷史的嘲弄，竟是如此不堪。

小說的關鍵人物是蔡繼琨，陳儀身邊的台籍說客，協助行政長官與台灣人士溝通。蔡繼琨是音樂家，在小說中準備籌辦一個盛大音樂會。由於他的穿針引線，活躍在當時文壇藝壇的重要創作者，正好可以串起來。如果從世代的標準來看，一九四五年的作家與美術家，大概正處在盛年時期。他們都是在二十世紀初期誕生，受過完整的日本教育，光復時進入最成熟的中年階段。穿越生命中途時，家國出現劇烈變動，精神上自然要受到強烈考驗。尤其是來自中國的文學藝術，源源不斷融入台灣社會，舊有的美學價值，當然也進入一個盤整階段。台展搖身變成省展，官方也從日本轉為中國，如果說那是一個危疑時代，也是恰如其分。

那可能是台灣思想文化最為活潑豐富的階段，因為舊的威權體制宣告終結，而新的統治機構也還未成形。曾經被壓抑的左翼知識分子，再度破土而出；同時，從中國來的左翼藝術家，也在文壇藝壇展開活動。小說中，來自中國的黃榮燦、朱鳴剛、麥非、黃永玉，慢慢與本地畫家進行對話。不僅如此，日據時代曾經轉向的左翼知識分子如濱田隼雄，民俗工作者池田敏雄，也尚未被遣送回日。曾經參加過台展的畫家郭雪湖、楊三郎、藍蔭鼎、廖德政、李石樵、顏水龍、楊啟東，不時在小說中進出。音樂家如呂赫若、高慈美，藝評家如王白淵，都先後次第登上舞台。這是一個相當精采的畫面，當時最好的頭腦，最好的藝術，透過想像而聚集在一起，其中激盪出來的火花，簡直是光芒萬丈。

謝里法《變色的年代》

這些重要人物能夠相互遇見，絕對有其可能。他們不僅僅是為了省展而相互吸引，其實當時的行政長官公署也成立了文化單位，如台灣省編譯館，便是有意使中國文化與台灣的日本文化彼此交流。魯迅的朋友許壽裳擔任館長，他底下的台灣研究者楊雲萍，也供職於這個單位。不僅如此，在陳儀的許諾下，成立一個半官半民的「台灣文化協進會」，由半山市長游彌堅主持。這個文化機構發行一份期刊《台灣文化》，係由日據共產黨員蘇新主編。在刊物上發表文章的作者，兼容並蓄，出現了左右派的信仰者。直到一九四七年事件爆發之前，幾乎能夠發言的知識分子都從未保持沉默。因此從語言來看，國語、日語、台語同時出現。從政治立場來看，左派，右派，阿山，半山，靠山紛紛並立。從藝術來看，作家，畫家，音樂家也焦慮地求其表現。一年四個月的時間，是那樣匆促。台北城市的格局，是那麼有限。壓縮的時間與空間，簡直無法容許蓄積已久的文化能量爆發出來。

謝里法抓住稍縱即逝的歷史，突破時間空間的限制，讓每位人物發出聲音。如果要用嚴謹的歷史角度來考察，不免有時空倒錯之虞。但是，他的書寫策略卻是以小說形式呈現，整個想像力無形中就獲得擴張。從前他在寫大稻埕的畫家故事時，是以紫色來描繪。為什麼是紫色？因為那是台灣文化的黃金時期。在一九三〇年代的殖民地，每位創作者都處在紅得發紫的階段。那種受到壓制而又釋放毫無拘束的創作活力，可能是歷史上少見的時期。戰後初期，當政治權力還未完全控制之際，每位藝術家幾乎都可視為心靈的工程師。他們正準備擘造一個巨大的時代，但政治環境並未帶來任何許諾。在短短的時間內，便盛極而衰。把小說闔上時，似乎可以聽到從歷史深處傳來一聲嘆息。當紫色變色時，一股悲哀的情緒不禁幽然升起。

美術是一種空間創作，歷史是一種時間旅行，當空間與時間結合時，感覺就會立體起來。寫完《紫色大稻埕》的謝里法，經過四年的釀造，又完成這部《變色的年代》，他的孜孜不倦，不免令人刮目相看。在畫筆擱下之際，正是他的史筆展開的時候。在台灣畫家中，以文字干涉歷史的衝勁，當以謝里法最為旺盛。從一九八一年在紐約認識他之後，就可以感受他富有強烈的歷史感。必須誠實承認，當時我對台灣歷史仍然還停留在混沌狀態。尤其在研究左翼運動之際，謝里法最初所寫的《日據時代台灣美術運動史》，對我建立史觀助益甚鉅。長期居住在異域的大都會，並沒有使他與台灣社會、台灣歷史有任何隔絕。在那段自我放逐的歲月裡，他總是專注凝視台灣，並且也在時間上往殖民歷史進行探索。如今他已定居在台灣，他的思維與台灣的天空、河流、土地、人民一起呼吸。共時性的生活，使他產生繁複的歷時性想像，也許不久的將來，一九五〇年代以後的台灣畫壇，或許又可以在他筆下搭起另外一個歷史舞台。這樣的期待，應該不會太奢侈吧。

二〇一三年四月二十日　政大台文所

歐陽子的細讀實踐

歐陽子是台灣文學史上傳說中的名字。沒有人遺忘她，凡是關心台灣文學的研究者，無不對她長年的沉寂保持高度好奇。如今她發表長篇散文〈日本童年的回憶〉，彷彿是一聲驚雷，想必會在讀者內心產生震動。她生命裡的三個據點，日本，台灣，美國，都在靈魂深處留下深刻的印記。出生在廣島的歐陽子，顯然對自己生命的原初懷有強烈鄉愁。在步入七十五歲的今天，終於站在時間的高處回望，想必有她無法忘懷的記憶與情感。她文字裡所遺留的蹤跡，恐怕不只屬於她個人，或許在某種程度上，也暗示了台灣人的歷史宿命。沒有人可以選擇他的出生地，甚至沒有人可以選擇他的歷史。台灣人所穿越過的日本經驗，曾經在今年選舉中招來絕情的審判，那是審判者的傲慢與偏見。歐陽子寫出這些文字時，也許可以協助後人撥開政治的迷霧。

歐陽子文學之令人懷念，是因為她在蒼白年代留下動人的藝術創作。她描寫的不是外在環境，而是內心風景。那種氛圍，那種奧祕，並非是朋輩所能輕易渲染。她的短篇小說集《秋葉》，可以說是屬於開創性的典範。短篇小說所營造出來的微妙心理之刻畫，往往使人嘆為觀止。她為我們提供了一個示範，便是點出心情與表情之間的距離有多遙遠。外在所看見的故事，以及內在所看不見的感情，從來都是沿著兩條不同的敘述脈絡在發展。讀者可以輕易抓到故事內容，卻無法掌握內在情感的無窮變化。歐陽子小說構築起來的美學，即使在今天重新閱讀，也仍然可以看見文字底層所呈現的美感，是何等垂直縱深，像斷崖那樣岌岌可危，呈現難以企及的險境。

《秋葉》這冊小說集，最初命名為《那長頭髮的女孩》，列入「文星叢刊」，出版於一九六七年。這部作品帶有現代主義的實驗性質，在文字上稍嫌鬆懈。必須要等到一九七一年，重新改版為《秋葉》時，作者又仔細重新校訂，剔除文句中的贅字，使小說結構更為精練嚴謹。最新版本問世之際，也正是台灣在國際社會遭到重大挫折，許多男性作家開始嚴肅思考文學的實用性，助燃當時社會內部所燒起的民族主義情緒，從而也焦慮地尋找批判對象。在那狂飆時期，《秋葉》的再版反而淪為民族主義的祭品。一九七三年，《文季》特闢批判歐陽子的專輯，對這本小說集展開圍剿。在論戰過程中，《秋葉》所彰顯的現代主義技巧，被指控為美帝國主義的文化樣板。中華民族主義所挾帶而來的是男性中心論思維，歐陽子遂被指控小說所描寫的女性黑暗，為現實社會帶來不良的示範。

民族主義者所背負的家國之痛，全然轉嫁在一位女性作家身上。這是典型的時空倒錯論，畢竟書中所收的作品，都完成於一九六〇年代。歐陽子並不能預見時代政局的轉變，而且也不可能依照客觀形勢從事小說創作。即使《秋葉》修訂本完成於一九七一年，女性作家也沒有義務去承擔國家的苦難。這場論戰，正好顯示男性中心論的民族主義者之傲慢與偏見。在那非常時期，女性作家忽然被賦予傳統道德與社會教化的任務，準確反映出男性批評家的虛偽、虛矯、虛構。當女性在那時代還受到壓抑與歧視，那些男性道德論者，從來並未替台灣女性說過任何正義的話。這場論戰真正透露的訊息是，男性永遠是扮演著審判者的角色，所掌握的權力也永遠比女性還高。

對於道德問題與國家苦難，歐陽子的答覆非常從容。論及自己的小說，她指出：「我總是在揭露他們自己都不敢面對的內心的罪，以及他們被迫面對現實以後的心靈創傷。對於他們的這種創傷，我是懷著悲憫之心的。」而面對所謂的社會寫實時，她說：「人間的現實困難實在太多，如果必須先解決這許多困難，才能把餘力交付給文學藝術，休想有一天能夠有這樣的『餘力』。那麼文學藝術是否就應該死亡？」這是相當銳利的回應，反而凸顯了男性批評家關懷現實的浮華身段，而且他們才是真正自囚於象牙塔的寫手。

從現在的文學生態來看，要求作家高舉道德的旗幟，要求小說反映社會現實，都已經是非常腐朽而陳舊的思維。歐陽子所展現的答覆，正好可以看出她的文學態度遠遠走在時代之前。她對自己的小說創作非常嚴謹，直到一九八〇年，《秋葉》的第三個版本付梓時，她仍然字斟句酌地修改小說內容。那種自我要求，完全是新批評的實踐。新批評的精神，在於強調作品的細讀，以及檢驗內容的完整結構。身為作者的歐陽子，她也採取批評家的身段，再三要求把早期的作品修改到最佳狀態。她以同樣的慎重態度，重新閱讀白先勇的短篇小說集《台北人》，

歐陽子《秋葉》

而終於在一九七六年完成評論集《王謝堂前的燕子》。這本專書可能是新批評實踐的一個典範，不僅以敬謹之心細讀白先勇的作品，而且以務實態度為日後批評者示範她的實踐精神。

她編輯的《現代文學小說選集》上下冊，出版於一九七七年。她再度實踐新批評的精神，選輯了《現代文學》的重要代表作，到目前為止，那是僅見的審美回顧，總結了《現代文學》的藝術成就。她的散文集《移植的櫻花》出版於一九七八年。其中最重要的文字，當推歐陽子接受夏祖麗訪談的〈關於我自己〉。有關她的成長過程，創作經驗，以及藝術觀，在訪談中都有完整的回答。從此以後，雖有零星的作品與訪談出現於報刊雜誌，凡是論及歐陽子的研究者，大約都停留在上述的出版品之間游走。據說，她旅居美國德州奧斯汀時，曾經完成四十餘萬字的長篇小說，卻因發現結構失敗，而全部毀棄。這又給予研究者無限的遺憾，如果她保留殘稿，徐徐圖之，或許會向台灣文壇交出一份傑出作品，也未可知。

身為《現代文學》的創刊者之一，她的名字與白先勇、王文興、陳若曦總是排在同一行列。他們是現代主義運動崛起的星群，不僅是全新美學的推動者，同時也是創作的實踐者。當白先勇發表〈玉卿嫂〉，便預告他日後將展開《台北人》系列的回憶小說。而王文興著手〈欠缺〉的短篇小說時，也開啟了日後令人議論的成長小說。歐陽子所發表的最初作品〈半個微笑〉，顯然另闢蹊徑，投入了心理小說的營造。這群現代小說運動者在出發之際，就不曾受到祝福。

他們追求的路數，既不符合國民黨的文藝政策，也很難匯入五四文學感時憂國的傳統。後來崛起的鄉土文學評論者，也指控他們與台灣現實脫節。甚至統派意識形態論者，也譴責他們的精神是屬於西方現代主義的亞流。在眾多審判中，現代主義運動者不為所動，持續朝向藝術峰頂攀爬，終於為日後文學發展蓄積了美學流域的源頭。歐陽子所承受意識形態的審判，並沒有使她放棄最初的創作信念。經過一九七七年鄉土文學論戰的洗禮，她與《現代文學》的創刊者，仍然堅持自己的文學信仰，反而使現代主義運動更為雄辯，也更為壯闊。

發表這篇〈日本童年的回憶〉，可以讓我們發現歐陽子的書寫策略，依舊是遵循新批評的細讀原則。她以大姊美惠在一九七八年寄來的十八封信為基礎，再度運用細讀與慢讀的方式，重新建構她童年的記憶。從塵封箱底挖掘出來的家書，挾帶著家族的豐富生命紀錄，又帶給她相當巨大的心靈衝擊。在大姊手跡裡，她看見父親的身影，也意外獲得母親的叮嚀。她溫潤的回憶文字，不僅重返出生地廣島，也使戰爭時期的避居地岡山又浮現出來。她與父母親同樣懷有寬容與同情的胸襟，看待那苦難時期的人與事。文字中所釋放出來的戰爭殘酷氣氛，歷歷在目，令讀者彷彿也置身於歷史現場。從大姊家書過渡到她的散文書寫，隱然傳遞著家族的感情，猶似淡淡的水墨緩緩暈開，渲染成一幅滿懷慈悲的圖像。這位早年的現代主義擘造者，不再強調人的內心衝突，而是站在一個更高的角度，俯望童年時期的明亮與幽暗。其中所暗藏的文學信念，完全融入文字的實踐裡。捧讀這篇回憶，不能不使我們更加強烈眷戀著她的藝術成就，也對她堅持的新批評原則抱持更深的敬意。

二〇一四年十二月廿四日　政大台文所

歷史縫隙中的生命力

——寫在《大國民進行曲》演出前

日本投降的短短六十天裡，是台灣史上罕見的權力真空時期。日本殖民總督已被解除統治地位，而國民政府的接收還未到達台灣；從一九四五年八月十五日到十月二十五日的這段期間，島上所有市鎮街道未見任何警察出面維持秩序，也未見台灣民眾企圖反抗的絲毫動靜。在這六十餘天裡，整個社會景象近乎出奇的平靜。那樣的歷史環境，很有可能被誤認為是世外桃源。

見證過這段歷史經驗的台灣人，記憶已呈褪色凋零，即使在官方檔案裡也似乎沒有確切的紀錄。如果查閱私人日記，或許還可以找到蛛絲馬跡。目前常常被引述的文獻，是日本人塩見俊二留下的《祕錄・終戰前後的台灣——我的終戰日記》。塩見曾經任職於戰爭時期的台灣總督府，在被遣送回日之前，留下他第一手的觀察。另外則是台灣作家吳濁流在一九六〇年代完成的《無花果》，由於是事後追記，比較像是回憶錄的性質。這兩冊史料，各自代表官方與民間，合而觀之，可供窺探當時的圖像。

戰爭結束，對於任何社會都是進入復甦的歷史階段。但是對台灣來說，卻是屬於改朝換代。這是驚天動地的巨大事件，無論是政治體制、民族認同、價值觀念、語言表達、生活方式，都必須經歷一番徹底的改造。然而，思想改造或人格改造都不是輕而易舉的過程，而是整個生命投入全面洗禮與嚴酷考驗。

懷舊情緒與期待情緒在權力真空期的台灣社會發酵。懷舊者確知日本統治已正式宣告終結，但是對於自己已經習慣的日本語言與東洋思維顯然還有某種程度的眷戀。畢竟在日常生活中接觸的飲食與歌謠，已經與個人生命緊密連接。期待者對於未來的日子充滿未知，在無可預測的情境，他們帶有豐富而瑰麗的想像。確切地說，在這段危疑又憧憬的短暫歲月，島上住民各有夢的懷抱。國家認同的議題，也在這個階段變得既嚴肅又開放。

吳濁流在這段時期的心情，正如《無花果》所說：「島民似一日千秋，又像孤兒迎接溫暖的母親般的心情，等待祖國軍隊的來臨。」最值得注意的一個景象，就是島民自動組成維持治安的團體，使整個社會臻於夜不閉戶、路不拾遺的境況。他說：「尤其在夜間，像冬防警衛一樣，由各地的青年輪流擔任，而一絲不亂地把真空狀態平安度過；這件事，乃是島民的榮耀而值得大書特書。這時候的島民的心理，是一種對日本人的示威，意思是說：瞧吧，我們的國家，我們的國民。」如此描述，相當傳神地點出在時代還不明確的灰色地帶，島上住民內心的自傲與自豪。

歷史是不是那樣準確如吳濁流所說，島民都專心一致等待祖國的來臨？由於記憶已經模糊，文獻又殘缺不全，其中有太多的缺口漏洞。對於後來的台灣知識分子，他們總是情不自禁對已經失去記憶的斷裂處，注入一廂情願的主觀想像。權力真空的地方，可能也是各種企圖心湧出之處。至少在那段時期的部分士紳似乎計畫要釀造台灣獨立運動，辜振甫是其中的一位重要角色。如果把歷史縫隙中的台灣概括成為迎接祖國的歡欣樂土，就不符合客觀的歷史事實。

殖民體制結束後，各種不同的國族認同相互角逐在人類歷史上並不足訝異。即使在改朝換代特別頻繁的中國歷史裡，知識分子或書生對於舊朝的懷念，已是儒家忠君觀念的典型傳統。朱元璋建立明朝時，開國臣子中間對蒙古元朝懷有強烈鄉愁者，可謂不乏其人。清朝覆亡後，民國肇建初期，仍有不少文人對清帝抱持忠貞不二之心。王國維在北伐成功時，已知清帝復辟無望，遂選擇投池自殺，以謝君王。這樣的歷史先例，可供日後寫史者借鑑。輕易以種姓觀念或民族主義審判時代交替時的百姓，既是時空倒錯，也是非常不道德的手法。

從這樣的歷史角度回看戰後初期，台灣社會裡若是有知識分子對日本殖民統治懷有感情，實不足為奇。一個國家，一個政權，不能為人民創造安身立命的空間，卻在事後使用各種民族主義情緒加以譴責鞭笞，並不可能因此而贏得民心。民族主義是一種自發性的命運連帶感，是一種發自內心天性的生死與共情感。如果必須使用暴力、訓練、制約的方式強迫民眾接受，那已不是屬於發乎情、止乎禮的民族主義，而是不折不扣的獨裁威權主義。透過如此絕情的灌輸，民族主義並不可能從此孕育誕生。

戰後初期的六十天，對漫長的歷史來說，也許是過於短暫。但是，對文學藝術工作者而言，這段真空期反而可以填補豐饒的記憶。因為是權力真空，原來加諸身上的枷鎖與束縛驟然卸下，島上住民壓抑許久的真正情感至此得以大量釋出。如果有瘋狂癲癡的行為舉止，忽然出現於看似解放卻未解放的台灣社會，應該也不是過於吃驚的事吧。

金枝演社推出的舞台劇《大國民進行曲》，在歷史縫隙中看到台灣生命力。那種超乎尋常的想像，顯然已不是歷史家或文學家所能企及。劇中表現出來的歷史透視，讓後人對於異常時期的異常行為感受一種悲憫的同情。也許他們的劇情荒唐而荒謬，調情而調笑，但是從人性角度來觀察，反而是合情合理。人生如戲，戲如人生；或是，歷史如夢，夢如歷史，幾乎都可用來詮釋戰後初期四處流竄的情緒與願望。那種生命力潛伏在社會底層，在恰當時機仍將汩汩冒出。

窺探余光中的詩學工程

余光中詩筆所到之處

余光中的詩學工程，幾乎與台灣戰後的新詩傳統等長同寬。如果要觀察台灣詩壇的藝術流變，似乎可以在余光中生命的不同階段看到縮影。從最早的格律詩，到現代主義的實驗；從新古典主義的嘗試，到現代與傳統交融的實踐，不僅可以看到他個人的身先士卒，也可以看到時代的驚濤駭浪。他不僅多產，而且持久，同時開展出龐大的影響流域。作為台灣現代主義運動的先鋒，他頗具膽識，也充滿霸氣，往往造成多少豪傑的風起雲湧。他已經擁有超過六十年的創作經驗，甚至更進一步朝向七十年的目標前進。到今天為止，戰後詩史的邊境，簡直就是余光中腳步所到達之處。

余光中的詩風，有時是浪漫抒情，有時是知性論理。他不僅向傳統汲取詩情，也勇敢向西方擷取果實。在食古不化的年代，他很早就使傳統詩學獲得全新生命。在西而不化的時期，他也劍及履及地西而化之。由於消化能力很強，他可以進出古今，橫跨中西。正如他所自承，他的藝術有兩個傳統，一個是自詩經以降的大傳統，一個是自五四以降的小傳統。他活用傳統的觀念與態度，或許是得到艾略特的點撥，但經過咀嚼消化之後，全都融入他的血肉。無論他是呼喚風雨，或是旁徵博引，最後都屬於他個人的生命。他勇於嘗試，無懼漢文與西語的鍛接，總是能夠開出新的美學。他也放膽喚醒古代的靈魂，容其穿梭在他的文字藝術想像。如果說，古典是永遠的現代，余光中應該是相當重要的擘造者。

他不僅是詩人，散文家，批評家，也是戰後台灣的翻譯高手。余光中的翻譯藝術，並非只是停留在中翻英或英翻中的層面。把內心想像轉化成具體文字，也應該是一種出神入化的翻譯。把散文書寫濃縮成精練的詩行，或者把簡短詩句稀釋成散文作品，也是一種近乎魔術的高明翻譯。以藝術的文字從事批評，並且可以進入創作者的心靈，解讀作品的奧妙，更是屬於一種上乘的翻譯。在現代與傳統之間，他扮演的是巫師的角色，不時召喚遠逝的魂魄，使其起死回生。在東方與西方之間，他又搖身變成醫師的身分，使病痾沉重的翻譯，變成大眾可以接受的易解文字。他是具有古典精神的現代主義者，也是具有西洋文化背景的漢語創作者，同時更是暗藏美術與音樂靈視的文字營造者。

早年他曾自稱是藝術的多妻主義者，就在於彰顯他兼容並蓄的開放態度。因為是開放的，所以容許一切讀者自由進出他的世界。由於跨越不同的藝術領域，往往使他的文字表演出奇制勝，使讀者目不暇給。余光中的藝術成就，誠然是由詩、散文、批評、翻譯累積起來，但基本上還是以詩為依歸。精確地說，他的靈魂觸鬚伸展到不同的視覺與感覺，最後都收攏在詩學的造詣之上。他的散文藝術，拉長又捶扁，無疑是得力於詩學的鑽營。他的批評策略，集中而深入，其實也是他詩學的倒影。他的翻譯手法，對位而對味，未嘗不是來自他詩學的敏銳嗅覺。而他的詩學技巧，也延伸到散文創作。

必須把余光中的詩、散文、批評、翻譯四個領域統合起來，才能清楚看見他真實的藝術成就。文學形式是經過人為的分類，那是為了方便讀者的偏愛。但是就創作者而言，凡是他訴諸文字所表現出來，便是他文學生命無可分割的一環。要進入他的藝術世界，不能偏廢任何一個領域的企圖與追求。確切地說，在生命的任何一個階段，他都同時投入四種不同領域的嘗試。他相當自覺地要擴張自己的生命版圖，那不僅僅是要與時間相互追逐，同時也是要在地理空間上不斷推向最遠的邊境。熟悉他文學風格的讀者，都會察覺在他美學的範圍裡，往往充滿了時間感與空間感。就時間感而言，他具備濃厚的歷史意識；就空間感而言，他也彰顯鮮明的地理意識。因此，在閱讀過程中，余光中驅遣的文字絕對不是屬於平面，而是常常帶給讀者一種縱深的立體感。

他所負荷的歷史意識，可以分為兩個層面來看，一個是浩浩蕩蕩的中國古典歷史，一個是顛簸反覆的中國近代史。古典歷史帶給他深遠的文化鄉愁，近代歷史則帶給他傷痕累累的童年鄉愁。他早年的詩作，汲汲於擷取西方的文化傳統，在那段時期，就已經完成《梵谷傳》的翻譯，同時也開始大量學習理解佛洛斯特（Robert Frost）的詩學。朝向西方的視野，使他看見西洋現代詩的豐富與博大，從而也看見西方現代藝術的起承轉合。由於受到梁實秋的影響，他的詩作仍然停留在徐志摩新月派的影響之下。他的分行藝術，基本上沒有脫離五四時期的格律詩。必須要進入詩集《萬聖節》時期，他才開始自覺地介入詩的現代化。而所謂現代化，其實還徘徊在所謂的西化階段。在那段實驗時期，他的歷史意識與地理意識似乎還未成形。從格律詩到現代詩，無疑是余光中美學的一次重要跳躍。但是他最成熟的作品，還需要一段時間才宣告誕生。

一九六〇年代初期，是余光中詩藝成熟的關鍵階段。那時，他已完成《五陵少年》與《天狼星》的重要詩作。他一方面描繪同時期台灣詩壇的生態，一方面則回頭向中國古典索取靈感。對於當時現代詩人的脾性來說，余光中的嘗試簡直是一種劃時代的冒進。當時許多現代詩人相信，如果要使創作技巧提升，就必須從反傳統的思維出發。或精確一點來說，現代詩的誕生，必須以傳統美學的消亡為代價。《天狼星》那首長詩，卻是從中國古典神話找到詩情。這種反其道而行的追求，正好與強調加速現代化的詩人發生悖反。因此，長詩發表之後，立即引起洛夫撰寫〈天狼星論〉來批判。

余光中與洛夫之間的論戰，現在已經升格成為戰後台灣詩史的一個經典。兩人所提出的詩觀，無疑是為後來的新詩發展提供一個範式。洛夫認為，詩人應該寫出現代人的危機感與孤絕感，應該為當代台灣詩學找到現代精神。余光中提出他的答覆，詩的現代化不必然要背叛傳統，而應該是在古典詩學中探索生動的活力。他指出，全盤西化是一種「浪子」，全盤傳統則是屬於「孝子」。美學的誕生，並不是在「委託行」與「古董店」之間相互拉扯，而是應該在現代與傳統之間，找到連結的平衡點。所有的論戰，都不可能提出最終答案；真正的答案，應該是在創作的實踐中具體浮現。

通過這場論戰之後，余光中開始進入他自稱的「新古典主義」時期。所謂新，指的是現代；所謂古典，指的是傳統。余光中與洛夫，並不因這場論戰而發生決裂。但是兩人的詩風，則出現天南地北的轉折。余光中展開《蓮的聯想》之後的豐收階段，包括《敲打樂》、《在冷戰的年代》、《白玉苦瓜》的重要作品。洛夫則開啟《石室之死亡》的生命詩作，以及後來的《外外集》、《無岸之河》與《魔歌》。一九七〇年代，跨過現代主義的高峰之後，洛夫也開始朝向傳統回歸，使余、洛兩人的論戰，獲得較為清晰的答案。

相應於詩學的追逐，余光中的散文也跨入飽滿圓熟的階段。如果散文可以包括批評的話，那麼這段時期，無疑是他創作生命中的一個峰頂。在散文藝術方面，他交出《左手的謬思》、《逍遙遊》、《望鄉的牧神》、《焚鶴人》。在批評領域，他也結集出版《掌上雨》，以及挾帶在散文集裡的其他詩論。他在最旺盛的時期，也同時出版許多翻譯，包括《錄事巴托比》、《英美現代詩選》，以及他個人詩作的英譯《Acres of Barbed Wire》（滿畝的鐵絲網）。這都是一九七四年，余光中赴港任教之前的作品概況。等於是他全部的創作領域，包括詩、散文、評論、翻譯，至此宣告完備。幾乎可以說，當他進入中年時期，就已經確立他個人文學志業的版圖與疆界。四個領域所開展出來的格局，多元而豐饒，足夠讓後來的文壇與學界，展開窮追不捨的探索與研究。

余光中詩學的展開

在不同的創作地點，余光中都可以找到他創作靈感的泉源。在旅行過程中，往往也挾帶著一定的時間感與空間感。生命的不斷移動，總是不經意在他作品裡面，注入一定的歷史意識與地理意識。如果以較為武斷的方式來區分，他的創作歷程可以包括台北時期（一九五二—一九七四）、香港時期（一九七四—一九八五）、高雄時期（一九八五—）。在台北時期，遠隔台灣海峽，他的望鄉情緒不免帶著過度膨脹的緊張。到達香港時，由於毗鄰著他所說的母親大陸，他反而產生愛恨交織的矛盾。回到高雄之後，他的台灣意識疊疊上升。這種內在的美學變化，無疑是余光中風格的特質。可以觀，可以群，可以怨的脾性，形成他變幻多端的幽微抒情。他下筆時，總是剛柔並濟。面對家國之痛，詩中文字挾帶著悲憤與抗議。擁抱兒女之私，溫暖的筆釋出無限繞指柔情。

在現代詩人行列裡，余光中可能最注意詩的速度、節奏、音樂性。在收與放之間，簡直可以影響讀者的呼吸。他可以使平面的文字化為立體，頗能掌控漢字的特性。無論是氣味、溫度、色彩，在恰當時機自然注入詩行之間。從少壯時期到遲暮之年，未嘗有一刻偏廢詩的氣勢。他特別注意意象的濃縮與稀釋，藉以掌控感情的升降，而且從未溢出他的目測與預測。他的手腕具備 Midas touch，足以使文字點石成金，也足以使語法起死回生。即使從事散文創作時，也未嘗鬆懈他固有的文字鍊金術。投入文學批評時，也是他詩學的延伸。他對別人的分析，其實就是對自己的要求。進行翻譯工作時，他不僅警覺外文與中文之間的對等嫁接，也以準確的文字把外文中的藝術效果移植過來。

他構築起來的詩學世界是那樣精緻而豐饒，使讀者進入之後，彷彿身處一個玻璃迷宮，其中既有反射，也有折射，輝映出來的意象深邃而多重。這說明了為什麼他跨過中年之後，就不斷在詩壇上開啟無窮議論。他所造成的影響，對於朋輩與後輩，可謂綿延不絕。他所吸引的讀者，並不止於小小的台灣。即使在改革開放之前的中國，余光中詩學也已經受到廣泛矚目。凡有井水處，就有他的詩作傳播。放眼華文世界，余光中已經成為一個時代的共同記憶。因此，有關他作品的詮釋與研究，可以在天涯海角俯拾即得。這是因為他的作品具有致命的吸引力，有人可以欣賞他的宮牆之美，也有人可以窺探他的堂奧之深。如果說「余光中學」可以成為一門學問，則所有相關的評論文字已足以建構一個相當穩固的領域。

黃維樑所編的《火浴的鳳凰：余光中作品評論集》（一九七九），《璀璨的五采筆：余光中作品評論集》（一九九四），可能是最早總結余光中相關作品的評論集。前者是余光中香港時期之前相關評論的結集；後者則是回到台灣以後，有關余光中藝術成就的評論結集。余光中的產量豐富，即使已屆八十五歲，創作力似乎沒有衰退的跡象。他在中年時期曾經寫過一篇文章〈誰是大詩人〉，指出一位重要作家的最低錄取標準，必須是長壽。他對自己的年齡相當敏感，對於自己的美學更加敏感。在高齡之年，仍然有長詩持續發表。他的文學世界極其廣邈而高深，能夠探索的寬度可以說層出不窮。

本書所收的評論，跨越詩、散文、評論、翻譯四大領域。半世紀以來累積的文字，可謂浩瀚無窮，因此也造成選擇上的困難。書中每一篇文章，只能視為余光中詩學的小小標本，似乎可以作為窺探他豐富美學的一個窗口。以小搏大，也許可以協助讀者更接近他文學世界的菁華。在詩的成就方面，以洛夫的〈天狼星論〉作為起點。在詩觀上，洛夫與余光中的立場相互對峙，他們對美學的要求，出入甚大。從相反的觀點切入，更可以看見余光中的正面價值。洛夫的意義，無疑是建立嚴肅詩學的重要基礎。

另外一篇值得注意的重要評論，是鍾玲的〈評「火浴」〉。鍾玲是余光中的學生，卻寫出值得後人稱頌的詩評。她特別指出，〈火浴〉的初稿在結構上並不完整，因為這首詩描寫詩人在火與水之間的掙扎，最後終於選擇投入火焰之中。原詩只寫出對火的抉擇，便立刻進入對火歌頌的結論。鍾玲說，詩人選擇了火之後，應該還需要有一個橋段的鋪陳，來描述詩人的靈魂如何在火中完成。一個學生果敢指出老師作品的缺陷，等於是為台灣詩壇建立一個批評的範式。余光中接受了這樣的批評，而且重新修改他的初稿，添加另一段火的試煉於原詩之中。整頓之後的新作，果然比初稿還要完整而成熟。師生之間的批評與受評，一時成為詩壇佳話。由此可以發現，余光中詩學之所以能夠成其大，正是在經過點點滴滴的批評過程中，慢慢累積自己的美學，而終於成就一個龐大的詩學領域。

收在這本評論選的論文，有關詩的討論數量最多。從一九七〇年代開始，余光中在台灣詩壇受到的評價，逐漸豐富起來。正如前面提到余光中的整個藝術世界，全然是從詩的創作展開。以詩為基礎，才朝向散文、批評、翻譯的不同層面發展。一九七〇年代的重要刊物，如《幼獅文藝》、《純文學》、《龍族詩刊》，陸續出現有關詩人作品的討論。在《龍族詩刊》上，陳芳明就以「余光中作品評論」為系列，有計畫地進行美學探討，前後發表了五篇。余光中在一九六〇年代一直扮演現代主義的辯護者，那段時期的相關評論，幾乎都與論戰結合在一起。必須進入下一個十年，他的美學已經穩固下來，從而有關他的評價逐漸發展成為顯學。如果說余光中的文壇地位是在《文星》時期奠定，則七〇年代就是他產生影響力的時候。

余學的研究，濫觴於一九七〇年代，發展至今，四十年已經過去。其中以詩為最大宗，其次是散文與批評，最後才是翻譯。由於一九七四年余光中赴香港中文大學，擔任中文系主任。他又開啟香港時期的詩文創作，也同時在當地創造更多的讀者。香港一地延伸出來的評論，立即跟著激增。余光中的詩風與文風，也在這段期間有了新的格局。具體而言，他的詩藝，因為地理空間的轉變，反而有更劇烈的提升。香港的評論家，如黃國彬、黃維樑、樊善標，都是在那段時期受到余光中美學的召喚，而成為重要的詮釋者。

七〇年代末期到一九八〇年代，中國結束文化大革命，整個文學空氣開始呈現活潑狀態，余光中的作品在中國境內吸引龐大的讀者，相關的批評也在不同期刊蓬勃湧現。余光中詩學的延續，最初只是島與島的銜接，時代閘門在中國升起之後，竟像火種的燃燒那樣，在古老的土地成為燎原之勢。中國較為嚴謹的評論家，包括流沙河、溫敦儒、江弱水。他們的詮釋，意味著一個新的美學原則之誕生。因此，要觀察與余光中相關的評論，大約可以分成台灣、香港、中國的三種視野。本書的編選，也是盡量從三個不同地區尋找較具代表性的抽樣。

在詩學方面，論者比較偏重詩行之間的關鍵意象，如中國、火焰、放逐、鄉愁。這些意象主導著詩人的思維模式，並且也彰顯當時他的心理結構。在那飄搖不定的年代，當台灣被迫退出聯合國，知識分子的心靈，似乎也充滿動盪不安的情緒。如果整個海島開始進入冰涼的階段，那麼余光中偏愛火的意象，顯然就有他重要的精神寄託。尤其他的詩集《在冷戰的年代》，也正好可以襯托那段時期的心靈感覺。從《五陵少年》的創作開始，他就使用「燧人氏」來暗示他對火焰的嚮往。稍後，他又翻譯了美國詩人佛洛斯特的一首短詩〈冰與火〉。把兩種背反的感覺並置在一起，造成兩種價值的衝突拉扯與緊張。因此，藉由充滿熱度的火來抵禦冷戰時期的冰涼，以及台灣在國際社會的孤立，正好高度暗示詩人的精神面貌。有關這方面的討論，包括鍾玲的〈評「火浴」〉、李有成的〈余光中詩裡的火焰意象〉、陳芳明的〈冷戰年代的歌手〉，都可以顯示詩人作品在國家危疑時期的焦慮與關切。

七〇年代中期以後，余光中進入他生命中的香港時期。香港是貼近中國大陸的一個殖民地，那裡是當時整個華人世界享有言論自由的地方，卻也是各種意識形態交戰的一個領域。余光中以外文系教授的身分，主持香港中文大學中文系主任，正好使他的學術與文學橫跨在外文與中文之間。他的教學一方面重新回顧五四以降新文學運動的發展，一方面也有從容空間整頓詩經以降古典文學的傳承。由於相當接近他的文化母土，鄉愁特別濃厚。但也由於中國文化大革命已經到達末端，政治氣氛仍纏繞知識分子的思考。他這段時期的詩與散文，逐漸呈現崇尚古典的強烈心情。但是在一定程度上，也反映著他與政治之間的緊張關係。尤其受到香港青年「左仔」的批判攻擊之後，他更有捍衛中國古典文化的決心。出版了散文集《聽聽那冷雨》、《分水嶺上》，詩集包括《白玉苦瓜》、《與永恆拔河》、《隔水觀音》。這些作品意味著詩人的作品更加圓融成熟。他的筆不僅可以深入傳統，也可以干涉現代。因此香港時期，就成為他生命中相當特殊的一個階段。夏志清在稍早的一篇論文〈余光中：懷國與鄉愁的延續〉指出，「後世讀者可能歡迎他的抒情散文，有甚於他的詩」。這項見解，似乎也代表當時某些讀者的偏好。但不能不注意的是，如果沒有龐大詩學的成就來支撐，他的散文氣勢也許不會受到如此高度的矚目。

香港時期的詩與散文，其實都受到同等重視，包括黃國彬〈余光中的大品散文〉、王灝〈從激越到沉潛——細說余光中詩中的中國意識〉。在詩方面，則有溫儒敏〈生命因藝術而「脫苦」——讀余光中〈白玉苦瓜〉〉。而縱論式的總結評價，則有流沙河〈詩人余光中的香港時期〉、秀實〈道是無情卻有情——談詩人余光中的香港情懷〉、劉慎元〈試論余光中「香港時期」的創作風貌〉。這些都足以說明，他在香港的停留並非抱持過客心態，而是以他的全部生命擁抱那小小孤島。而又從內心深處的感發，湧出無可壓抑的情緒，經過藝術的過濾、篩選，使複雜的想像沉澱為動人的詩篇與文字。他當時的心境，似乎可以理解。面對香港的九七大限，並且瞭望台灣的鄉土文學論戰，幾乎不是個人生命可以負載如此龐大的歷史重量。時局的瞬息萬變，政治的風雲變換，簡直就在拷問、凌遲他的內心世界。或者可以說，香港時期生產出來的作品，是在各種力量的衝擊之下而錘鍊鍛鑄。

值得注意的是，香港時期的余光中似乎有更多機會遨遊世界。旅行的經驗觸動了他沉埋已久的地理想像。從年少時期他對地圖就有高度偏愛，同時透過地圖的閱讀，也情不自禁對遙不可及的遠方產生想像。他的文學世界，不僅具有濃厚的時間意識，同時也帶著豐富而深邃的空間意識。地理書寫，成為他一九八〇年代以後的重要思考方向。一九八五年他回到台灣，也把他的旅行書寫蒐集成書，包括散文集《記憶像鐵軌一樣長》、《憑一張地圖》、《隔海呼渡》，詩集則有《夢與地理》。他彷彿又進入生命的另一個豐收季，已經到達出神入化的程度，凡是他的想像所及，都可以用詩或散文的形式具體呈現出來。有關這方面的評論，包括鍾怡雯〈風景裡的中國——余光中遊記的一種讀法〉、周芬伶〈夢與地理——余光中詩文中的雨書與地圖學〉。就像周芬伶所說：「詩人一方面繼承古典的意象與文字，一方面建構自己的意象與地圖學。旅遊與蒐集是他往外擴大想像與世界的途徑，從而建立自己的世界觀、宇宙觀，要之，他對空間極為敏感，舉凡上自天文、下至地理，皆有感懷，他的詩文中描寫星象、地理景觀的頗為可觀。可說是歌詠空間，或寓時間於空間的詩人。」這段話精確指出，余光中的藝術已經到達一種高度，足以把時間空間化，又把空間時間化。不僅可以在現代與傳統之間自由進出，也可以在東方與西方之間橫跨去來。

余光中的詩學變化，不僅是通過時間與空間的移動而開出新的境界，但不可否認的，他自己的年齡成熟，也帶給他許多領悟與啟悟。他在跨過中年之後，出版的散文集《焚鶴人》特別寫到：「人入中年，憂患相迫，感慨漸深，寫詩自然而然會漸趨客觀。人到中年，要不多閱世也不可能，閱世既多，那『世』就會出現在詩裡；至於怎麼出現，則視詩人藝術之高下了。」因此，在討論他的旅行書寫時，就不能不考慮他的生命在不同年齡層的旅行。這種旅行是非常主觀，決定他看待世界的方法。反過來說，在不同年齡階段，他也受到世事的感染與影響，從而造成特定階段的心境。確切而言，在時間與空間上的移動，也牽動著他心理上的變化。尤其他從父親身分升格為祖父時，似乎整個生命空間又加寬加大，使他看待生命的態度更為深沉。在他的詩與散文相當精確，反映了他生命的不同階段。他中年時所寫的〈我的四個假想敵〉，幾乎寫出世間所有父親的心情。當上天，不知姓氏的神祇把他點化成為祖父時，他的詩風也為之一變。親情詩與散文在他作品裡數量極多，有關這方面的討論，當以鄭慧如〈余光中的親性歌吟及其文學史意義〉為代表。這篇論文集中於討論「余光中的親性天倫之詠，起於對亡母的孺慕，繼之以對妻女的懸念、對亡兒的哀悼、對孫兒、孫女的眷眷，及對舅家的耿耿」。這可能是有關余光中評論中，值得重視的一篇。

他回到台灣後，便定居高雄，這是他生命地理的一次重大調整。從前他都是從台北看台灣，後來是從香港看台灣。如今則坐南朝北，換了另一個角度觀察台灣。如果台灣文學裡面，有所謂的南部書寫，誠實而言，余光中比任何鄉土派作家還創造了更豐富的南部詩與散文。他所寫的詩〈春天從高雄出發〉，如今已經成為高雄市的招牌歌，點出詩人本身的自我定位，同時也影響了許多作家對地理台灣的看法。

外文系出身的詩人，在翻譯方面的成就也相當可觀，遠在一九五七年，他已經完成《梵谷傳》、《老人與海》的翻譯。一九六〇年，出版《英詩譯注》，並且參與香港美國新聞處主編的《美國詩選》，同時還包括林以亮、梁實秋、夏菁、張愛玲的共同翻譯。一九六八年，他個人出版《英美現代詩選》上下冊的翻譯。一九七〇年，翻譯《錄事巴托比》，同時把他自己的作品譯成英詩《Acres of Barbed Wire》（滿畝的鐵絲網）。一九八三年，翻譯王爾德《不可兒戲》。一九八四年《土耳其現代詩選》。稍後他又翻譯三冊劇本《溫夫人的扇子》（一九九二）、《理想丈夫》（一九九五）、《不要緊的女人》（二〇〇八）。他對英國浪漫主義的嚮往，可以從《濟慈名著譯述》（二〇一二）的完成來窺探。這方面的成就，不僅在於匯通東西美學的對話，同時也是在測試他個人對文字掌控的能力。翻譯是一種高度美學的試驗，不僅要對西方藝術作品的人文背景相當熟悉，同時也要對東方文化的美學瞭若指掌。畢竟在不同文化領域所生產出來的作品，不可能在另外一個文化中找到對位的美學。收在本書裡的三篇文章，包括金聖華〈余光中：三「者」合一的翻譯家〉、蘇其康〈翻譯定位重探〉、單德興〈既開風氣又為師——指南山下憶往〉，都容許我們看見余光中在翻譯方面的造詣。其中單德興在美國華文文學的研究，以及在西方重要經典的翻譯上，都受到余光中的啟發與影響。

台灣、香港、中國的學界，對於余光中的好奇與著迷，可謂日益升高。余光中所造成的吸引力，不只在於他的詩文創作，也在於他在評論與翻譯上所成就的氣象。每個領域都蘊藏著豐富的礦產，等待更多的研究者去挖掘、探索、發現。由於他創作的生命持續而長久，從未出現過任何斷層，因此他所展現的格局，其實已經造成相當程度的困難，即使以一輩子的時間去閱讀他，大約都只能熟悉他部分的面向，簡直無法以整體而全面的視野去掌握他。即使在編選這冊評論集時，面對的竟是浩瀚的文本，可以說是一望無際，不知如何找到定點。瞎子摸象，在於彰顯軀體的龐大，無論是觸及到腿部或腹部，都無法概括巨大生命的全部。如

余光中（攝影／陳建仲）

果使用挖之不盡、取之不竭來形容余光中的詩學，絕對不是誇大之詞。現在最麻煩的問題是，已經到達八十五歲的詩人似乎還未出現停筆的跡象。當他的讀者逐漸變老，余光中的創作心靈反而是越老越年輕。他只要創作詩的一行一句，對於研究者就構成威脅，面對這樣巍峨的存在，讀者不能不屏息注目。那是一種千里跋涉的挑戰，究竟要保持怎樣的距離才能看得清楚，這已經是一個問題。當詩人不斷製造困難、製造問題，正好可以說明為什麼他的讀者越來越多，而且年齡層越來越低。余光中無疑就是崇山峻嶺，即使抱持觀光心態，也會帶來呼吸困難。然而，也正因為這座險惡的高山坐鎮台灣，也使得這小小海島被華人看見，被全世界看見。

陳芳明作品集 01

晚秋夜讀

作　　者　陳芳明
總 編 輯　初安民
責任編輯　林家鵬
圖片編輯　林家鵬
美術編輯　林麗華
校　　對　潘貞仁　陳芳明　林家鵬

發 行 人　張書銘
出　　版　INK印刻文學生活雜誌出版有限公司
新北市中和區建一路249號8樓
電話：02-22281626
傳眞：02-22281598
e-mail：ink.book@msa.hinet.net
網　　址　舒讀網http：//www.sudu.cc

法律顧問　巨鼎博達法律事務所
施峻中律師
總 代 理　成陽出版股份有限公司
電話：03-3589000（代表號）
傳眞：03-3556521
郵政劃撥　19785090 印刻文學生活雜誌出版有限公司
印　　刷　海王印刷事業股份有限公司

港澳總經銷　泛華發行代理有限公司
地　　址　香港新界將軍澳工業邨駿昌街7號2樓
電　　話　(852) 2798 2220
傳　　眞　(852) 2796 5471
網　　址　www.gccd.com.hk

出版日期　2017年7月　初版
ISBN　978-986-387-179-8

定　價　330元

國家圖書館出版品預行編目資料

晚秋夜讀 / 陳芳明 著；
--初版，--新北市：INK印刻文學，
2017. 07 面；14.8 × 21公分（陳芳明作品集 01）
ISBN 978-986-387-179-8（平裝）
1.書評
011.69　　106007606